U0506115

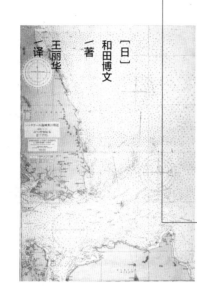

海の上の世界地図

欧州航路紀行史

〔日〕和田博文 著
王丽华 译

海上新世界

近代日本的
欧洲航路纪行

社会科学文献出版社
SOCIAL SCIENCES ACADEMIC PRESS(CHINA)

目　录

序 章

海上世界地图

——欧洲航路的一个世纪

外务省通商局所编《香港概况》（1917年5月，启成社）中收录的《香港及九龙租借地全图》的局部。租借地的交界线，东至东经114度30分，西至东经113度52分，南至北纬22度9分，囊括了大片区域。点线圈出来的部分是割让的土地。欧洲航路上的旅行者见识了各式各样的世界地图，有的世界地图可以确认自己从远东日本到欧洲大都市的移动轨迹；也有的地图如上图一样，将英国为首的欧美列强对亚洲和非洲进行殖民化的历史进程予以平面化的展示。此外，还有表现日本与列强抗衡过程中向外扩张势力范围的地图。

欧洲航路航海图——地中海东部与新加坡海峡

19世纪后期至20世纪上半叶，日本人前往欧洲的通道主要有三条，分别为欧洲航路、西伯利亚铁道和经由美国的路线。其中，使用最频繁且对日本人世界观影响最大的，当属欧洲航路。三宅克己在《遍历世界》（1928年11月，诚文堂）中指出，对于初次去往欧洲的人，推荐其走欧洲航路。因为在途中，你不仅能在香港被"英国人在东方的妙手经营"所震惊，还可以在新加坡目睹"日英两国的势力"。而且，前往欧洲过程中，在沿途停靠的港口不仅可以掌握"刀叉及西洋浴室的正确使用方法"，还可以学会简单的英语。也即，欧洲航路不仅具有"船上大学"的功能，还可以利用它来研究"出洋旅行的学问"。

日本邮船最早从横滨港起程加入欧洲航路，是在1896年（明治二十九年）3月15日。第一艘邮船叫"土佐丸号"，途经神户、下关、香港、科伦坡、孟买、塞得港（埃及）、伦敦等地，最终停靠在了比利时的安特卫普。当然，在那之前的幕府末期至明治时代上半叶，英法的军舰及邮船也是从横滨起程的。追溯历史可以发现，越是早期的轮船其体积越小，长途航海也越发困难。以前，轮船到了上海或香港都要停下来，从那里再转乘别的军舰及邮船，前往马赛或伦敦。

不同体量的船只当然情形有别，一般只能由大副在舰桥上操作轮船。大副与手握轮船指挥权的船长一起来决定轮船的安全航行和航向。航行途中为了把握自己（轮船）的位置与周围的环境，必须用到航海图。航海图上记录有经度和纬度，可以确认轮船在大洋中的位置。通过航海图，还可以确认陆地的地形、岛屿的形状、障碍物和主要灯塔的分布等信息。航海图上也记录有海水的深度，由此可以了解船底与海底是否保持有足够的距离。航海图上还用特定的记号将航海必要事项标记了出来，并用文字对航路途中的危险事宜进行了提醒。航海图的比例尺并不是统一的。如果是长距离航海，需使用比例尺不足百万分之一的航海图。如航行中需确认沿途陆地的情况，需使用比例尺不足三十万分之一的航海图。如需调查沿途港湾与水路的详细数据，则需使用比例尺为五万分之一的港泊图来确认航向。

1885 年（明治十八年）9 月，邮便汽船三菱会社与共同运输会社合并，新组建了日本邮船公司。同时，英国海军省也于两年前的 1883 年 2 月发行了航海图《地中海·东部海域》（*Mediterranean Sea_Eastern Sheet*）。该航海图高达 104 厘米，宽 72 厘米，由弗雷德里克·约翰·埃文斯（Frederick J. Evans）船长监修。如航海图的题目所示，该图涵盖了意大利与西西里岛以东及地中海东部的广大海域。该航海图后分别于 1907 年和 1912 年再版，并于 1914 年 8 月 28 日增印。增印一个月前的 7 月 28 日，第一次世界大战爆发，同年 8 月 4 日英国对德宣战。宣战两天后英国邮船停止了在地中海的航行，往返于欧洲定期航路的只剩下了日本邮船。在地中海局势日渐紧迫的情形下，该航海图被重新印刷。

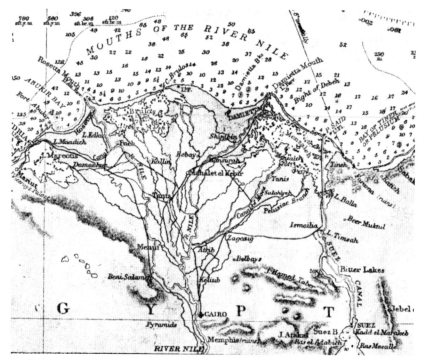

航海图《地中海・东部海域》（1883 年 12 月，英国海军省）之苏伊士运河（Suez Canal）附近。

　　曾在日本邮船上工作过的高山谨一在第一次世界大战结束两年后的 1920 年 12 月，基于自己乘坐欧洲航路的体验创作了《西航杂记》（博文馆）一书。该书不仅对沿途停靠的港口进行了介绍，还对航路作了解说，是一本不可多得的游记著作。想必当时也有很多游客将这本书当作航路指南而倍加珍惜。上图是《地中海・东部海域》这幅航海图上苏伊士运河（Suez Canal）附近的一部分。在此，不妨结合航海图与高山著作中记述的内容，体验一下苏伊士运河的一段旅行。沿着运河北上，便靠近了苦水湖（Bitter Lake）。高山在书中指出："翻开《旧约全书·出埃及记》，仿佛回到了数千年前，摩西将犹太救出埃及，带领他们到达西奈山的情景跃然纸上，令人心潮澎湃，意趣盎然。这些湖口正是他们逃离虎口的太古时代的海。"

穿梭于苏伊士运河的邮船上的，还有水上领航人。苦水湖是他们的换班地点，所有往来邮船都要在这里稍作停留。继续航行到巴拉湖（Lake Balla），就能在左岸看到古代骆驼商队的中转地阿尔坎塔拉村。在第一次世界大战期间，土耳其军方企图封锁苏伊士运河，沿叙利亚而来的商队路线一路进军，在阿尔坎塔拉与英国军队发生激烈交锋。英军戒备森严，最后以土耳其军队惨败告终。据说运河上曾漂满了土耳其士兵的尸体。继续北上穿过曼扎拉湖（Lake Manzala）后，很快即抵达地中海的入口——塞得港（P.Said）。

下图是高山谨一在《西航杂记》中收录的塞得港自制地图。运河左岸是曼扎拉湖，右岸的沙漠和岩田尽收眼底。沿着运河继续北上，就是图中 a 所在的"阿巴斯西尔玛运煤船定点停靠站"。穿过这里，缓缓向前来到 B 所在的位置。左右两岸都是"修理汽艇、驳船、疏浚船或挖泥船等船只或邮船停靠的码头"，鳞次栉比。再向前继续行进，便来到日本邮船停靠的"街市正面"。煤炭和粮食在这里装船。船上乘客利用装船的时间可以下船参观塞得港。"烈世夫"就是主持开凿苏伊士运河的斐迪南·德·雷赛布（Ferdinand Marie Vicomte de Lesseps），参观他铜像的日本人不计其数。这条街上，"白人街""市街"与"土人街"形成鲜明的贫富对比。位于白人街与市街的酒店洋溢着法国的浪漫情调，酒店周围四季常青。但是土人街却非常"不干净"，令人作呕。

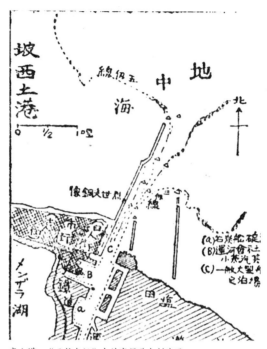

高山谨一《西航杂记》中的塞得港自制地图。

　　从塞得港航行到地中海，邮船在"蓝天碧海"间顺着西北方向继续前进。此处航海图上标记有"12""14"等数字，意指海洋的水深。因为这是英国的航海图，所以单位不是米而是英寻（Fathom）。1 英寻大概是伸开双臂的长度，约1.8 米，相当于日语中的汉字"寻"。12 寻约为 21.8 米，14 寻约为 25.5 米。航海图上基本没有与陆地相关的数字标识。但是在记录火山等的海拔时，会使用英尺（1 英尺约等于 0.305 米）作单位。高山谨一写道，从塞得港起程约行 25 海里（约 46.3 千米）处，"向左便可望见遥远的水平线上，尼罗河东流河口所在地矗立着杜姆亚特灯塔"。航海图《地中海·东部海域》上"Damietta Mouth"的下方，有"Lt.Rev."字样。"Rev."是 Revolving 的缩略，为"灿若星河的灯塔设置于此"之意。

欧洲航路使用的航海图并不全都是用英语标记的。朝比奈秀雄在《航海图与海底测量》（《岩波讲座地理学》第 5 卷，1931 年 7 月，岩波书店）中写道："如要索取相关地域的航海图，太平洋及印度洋沿岸的各图在水路部刊行图志目录中均有记录。其他地域的航海图则需要向各统治国索取，或者不得不参考英国版航海图。"在地中海航行，一般使用英国版航海图。但是，在行经新加坡海峡时，可以使用日本水路部发行的航海图。

下面来看日本水路部发行的《新加坡海峡东口附近》航海图。该图正下方记载有"昭和十四年六月二十九日刊行 水路部长小池四郎"，右下方有"昭和十四年七月五日印刷发行 印刷者发行者：水路部"等字样。该图高约 96 厘米，宽约 68 厘米，比例尺为十万分之一。这是日语版的航海图，上面写有"根据 1936 年以前的英国及荷兰航海图制定 原图由英国及荷兰于 1930 年以前测量制作"等内容。1919 年在伦敦召开的国际水路会议上，各国都希望航海图的单位能够统一为"米"。但是英国和意大利坚持主张用"英寻"（寻）。日本水路部发行的航海图上下方都标有大大的"米（Metre）"字，便是出于这个原因。日本自 1920 年 10 月起开始使用米作为航海图的单位。水路部发行的航海图上印有英寻与米的换算表（1 寻＝ 1.82 米）。大概是为了避免混乱，才日、英航海图并行使用。

若要设想欧洲航路的往返情景，可窥探香港与新加坡之间这段最后的航程中所使用的航海图。北边是向东南延伸的马来半岛，南边是廖内群岛。邮船通

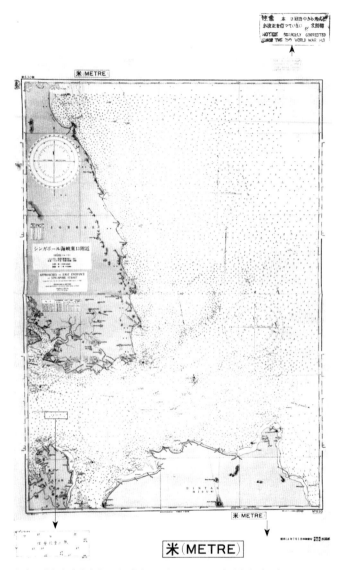

航海图《新加坡海峡东口附近》（1939 年 7 月 5 日，水路部）的局部图。

过二者之间的海峡向西航行，很快便能抵达马来半岛南端的新加坡。高山谨一在《西航杂记》中指出："看到民丹岩岛的灯塔后，再航行大约 100 海里，进入新加坡海峡，右手边是马来半岛的南端，左手边是廖内岛及巴达姆岛等大岛屿及星罗棋布的小岛。靠近马尔帕灯塔后，再有 40 海里即抵达新加坡。"廖内岛位于航海图的右下方，也即巴达姆岛左下方的陆地部分。

这是东经 104 度 40 分至东经 104 度的航海图，图上的新加坡海峡处，用日语标注有"强波浪""强涨潮""强涨潮及旋涡""涨潮及旋涡""向东航行时海水变色""禁止投锚区"等注意事项。同时，还用红色正方形标有"弹药投放区域"的标记。所谓红色，是指航海图右上方印的红色图章。图章中有些字迹已经模糊，无法识别，上面写有"注意本次战争期间基本 # 没有进行订正 水路部"等字样（# 是无法识别的字）。从这句话的英文标记可得知，"战争"指的是第二次世界大战。但是第二次世界大战爆发于 1939 年 9 月 1 日。此航海图发行于战争爆发两个月前的 7 月。因此，红色图章应是在航海图发行之后才盖上去的。

说到海上世界地图，大多数人首先想到的应该就是航海图了。但是除去船舶的工作人员外，看过航海图的人少之又少。因为航海图只在船舰上使用，若非受到船长的参观邀请，船舰一般是禁止乘客入内的。不过前往欧洲的日本人在旅途中也并非不携带地图。不论是实际的地图，还是根据印象绘制的地图，游客都会将旅途中的信息及所见所闻记录在上面，形成他们自己的世界观。当时他们携带的究竟是什么样的地图，或者说可能会带什么样的地图呢？

日本邮船公司的航海图与欧洲列强的世界分割图

日本加入欧洲航路的第一艘邮船叫"土佐丸号",于1896年(明治二十九年)3月1日从横滨出航。在赴欧之旅开始前的3月8日,人们在船上举行了庆祝活动。根据《"土佐丸号"欧洲启航庆祝宴会》(《东京朝日新闻》,1896年3月10日)这篇报道的内容显示,近藤廉平社长在致辞中对土佐进行了如下介绍。

该船吨位5402吨,于1892年在"大不列颠及爱尔兰联合王国"的贝尔法斯特下水。最初的船名为"伊斯兰",1894年12月购买于英国。但是当时正处于甲午战争期间,对外保持中立的英国政府拒绝交付船只,最后以不用于运输军队为条件同意开往日本。日本至此拥有了两艘下水的船舶。

"土佐丸号"购入的经过,生动地还原了19世纪末日本海运业起步时依附于英国的情景。在加入欧洲航路之际,日本邮船公司决定在伦敦设立分公司。日本邮船公司派遣七名员工,乘坐"土佐丸号"奔赴伦敦一事,当时还以"邮船公司伦敦分公司员工"(《东京朝日新闻》,1896年3月5日)为题进行了报道。

伦敦分公司的员工还负责在英国筹措新船舶的重要业务。时任分公司总经理的小川铸吉第一时间就乘坐外国轮船赶赴欧洲。根据《邮船公司的新汽船》(《读卖新闻》,1896年4月21日)的报道得知,那一年签订了五艘5000吨位以上的轮船的采购合同,其中两艘有望在当年驶达日本。

从横滨出发的"土佐丸号"第一站抵达的港口是神户，神户也为此举行了盛大的庆祝活动。据《日本邮船公司五十年史》（1935 年 12 月，日本邮船）记载，为了纪念"土佐丸号"的欧洲首航，他们还创作了歌曲《贸易繁昌之愉悦》。在此将第三节歌词引用如下："这是日本的荣誉，开拓航路驶往欧洲。通商日益频繁，我国的产品不断出口，没有抵达不了的国家。这强大的商业霸权，看在眼里心花怒放。贸易日渐昌盛，生意兴隆。"当时不只是造船依赖于英国，直到 1906 年，日本邮船公司外国航路的船长都没有起用过日本人。"土佐丸号"最初的船长也是外国人约翰·巴斯哥特·麦克米伦。

正如歌曲《贸易繁昌之愉悦》所颂扬的那样，欧洲航路的开设，促进了通商的繁荣。与船舶的制造和操作一样，通商方面日本也在努力追赶英国等发达国家。同样是海上世界地图，航海图上虽标有水深及主要灯塔、陆地地形及岛屿形状，但在上面标注了航路之后，地图就传递出截然不同的信息。日本邮船公司最初开设欧洲航路的 1896 年，英国发行了《大英帝国全球海陆商业路线图》（ *British Empire,Showing the Commercial Routes of the World and Ocean Currents* ）。这张地图上一并刊载着"西欧港口邮船航路"（Steam-Ship Lines from the Ports of Western Europe ）的信息。虽然该图只限定于从英国到美国再到加拿大的线路，但是邮船可以从利物浦到加拿大的魁北克及哈利法克斯，还可以到美国的纽约及费城。此外，还有连接格拉斯哥与纽约、南安普顿与纽约的航路。

申请乘坐欧洲航路上的日本邮船时，邮船公司会发放该公司宣传用的手册。其中收录的航海图是能让乘客有一个清晰认识的最初的海上世界地图。下面让我们来比较一下 1918 年 11 月第一次世界大战结束之后，到 1939 年 9 月第二次世界大战爆发为止的这段时间里，日本邮船公司发行的四册《欧洲航路指南》

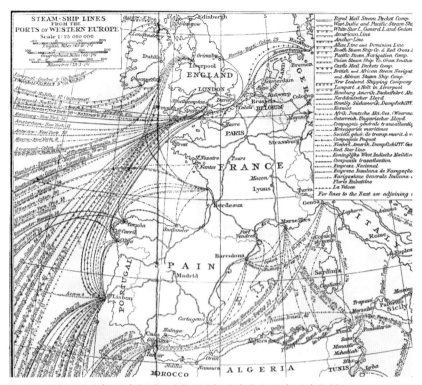

英国发行的地图《大英帝国全球海陆商业路线图》（1896）中的"西欧港口邮船航路"。

和《渡欧指南》里所记载的停靠港口和所使用的船舶。

　　首先是1919年10月修订的《欧洲航路指南》（发行年月不详，日本邮船）一书里的航海图。加粗的红线所标记的就是欧洲航路。航海图的特征是将出发地到目的地过程中沿途停靠的各港口连接起来。来看看从横滨出发，最终目的

图为 1919 年 10 月修订的《欧洲航路指南》一书的封面。过了新加坡再往西，有时在停靠港口很难用日元兑换到当地货币。去欧洲的话，如果有横滨正金银行的信用保证，就不存在这一问题。该书建议，欧洲航路上所需的经费，最好事先兑换成英镑，以备不时之需。

地是英国米德尔斯堡的航行。但是到米德尔斯堡的主要目的是装卸货物，船上的乘客可能要在前往安特卫普途中的某处下船。沿途停靠的港口有神户、门司、上海、香港、新加坡、马六甲、槟城、科伦坡、苏伊士、塞得港、马赛、伦敦、安特卫普等。返程时，不在槟城、马六甲、门司停靠。当时使用船舶的吨位，是 6000 多吨到 8000 多吨（《欧洲航路指南》的记载是 5000 多吨到 8000 多吨）。按吨位由大到小排列，有热田丸号、贺茂丸号、北野丸号、三岛丸号、静冈丸号、横滨丸号、伊予丸号、因幡丸号、佐渡丸号、加贺丸号、丹波丸号等11 艘。

接下来是 1928 年 2 月发行的《渡欧指南》（日本邮船）。在八年多的时间里，沿途停靠的港口发生了一些变化。不再有马六甲这一名字，取而代之的是科伦坡到苏伊士之间的亚丁、塞得港与马赛之间的那不勒斯、马赛与伦敦之间的直布罗陀等新增的停靠港口。但是，门司、槟城、亚丁是只有在去程才停靠的港口，那不勒斯是在返程才停靠的港口。同时，"贺茂丸号型船"在亚丁不停靠。这一时期使用的船舶的吨位越来越大。大型船舶从此前的8000吨级增至10000吨级。在1919年10月使用的船舶中，继续使用的只有热田丸号、贺茂丸号、北野丸号三艘。按吨位大小依次排列，新增的船舶有伏见丸号、诹访丸号、榛名丸号、箱根丸号、笥崎丸号、白山丸号、鹿岛丸号、香取丸号等。这样一来，航海所需的日程自然也就缩短了。去往马赛的航程由此前的47天缩短为43天，抵达伦敦的航程由此前的56天缩短为51天。

三年后的1931年1月，《渡欧指南》新修订版（日本邮船）出版发行。该指南中，沿途停靠的港口在"国内"部分有些变化，横滨到神户的航行在去程增

图为1928年2月发行的《渡欧指南》的封面。欧洲航路沿途停靠的港口中，上海、香港、新加坡等地，设有日本邮船公司的分店。在科伦坡、亚丁、苏伊士、塞得港、那不勒斯、马赛设有日本邮船公司的代理店。

加了四日市和大阪为停靠港口。同时，槟城不只在去程，返程时也会停靠。短短三年时间，8000吨级的热田丸号、贺茂丸号、北野丸号都退役了。取而代之的，是近12000吨级的照国丸号与靖国丸号被投入使用，由11艘体制变为10艘体制。日本造船业从这一时期起，不再依赖于英国。宣传手册上对此也作了介绍："邮船全部都是10000吨乃至12000吨的优质客船，其中，新船照国丸号、靖国丸号凸显出了现代造船技术的极致，与完美的客船装备相得益彰，名副其实地成为该航路最精锐的客船。这两艘姐妹船都是由长崎三菱造船所建造的。"据说这两艘新船抵达伦敦的航海天数缩短了四天，也即出发后的第47天即可抵达伦敦。

1936年8月发行了再版的《渡欧指南》（日本邮船）。与五年前的手册不同，篇首8页都是照片，共收录有20张照片。其中有6张是靖国丸号、榛名丸号的外观及照国丸号、箱根丸号的内景照片。后者除去男侍者，都是西洋人。这大概是为了凸显欧洲航路国际化追求的战略吧。其他照片都是沿途停靠的各港口及其周边的景致。看到上海、香港、新加坡、槟城、康提、亚丁、苏伊士、塞得港、开罗、那不勒斯、马赛、直布罗陀、伦敦等地的照片，乘客想必对不同于日本的异域风土与景致充满无限期待。邮船的一角设有名为"船旅的欢乐"的宣传栏，张贴有从日本乘坐邮船前往欧洲的两位游客游记中摘录的内容，这便是小说家横光利一与德国文学研究者中谷博的感想。"国内"的停靠港口取消了四日市，去程途中增加了名古屋。同时"国外"的停靠港口增加了台湾的基隆，去程及返程途中每月停靠一次。使用的船舶与1931年的相同。

图为1931年1月发行的新版《渡欧指南》的封面。不满3岁的幼儿，1人免费，第2人收取船费的1/4。3岁以上不满12岁的，船费半价。此外，还有家庭折扣、团体折扣、艺人团体折扣、运动员折扣等优惠政策。

图为1936年8月发行的新版《渡欧指南》的封面。乘坐筥崎丸号二等船舱的中谷博对船上高规格的饮食赞叹不已，称其毫不逊色于东京及大阪的一流餐厅。

　　将1918年11月起至1939年8月止的两次世界大战间隔期间日本邮船的宣传手册进行比较后，明显发现其使用船舶的规模在不断增大，航程时间在不断缩短。沿途停靠的港口虽有一些增减变化，但航路一直未变，基本上没有太大波动。在1936年发行的新版《渡欧指南》的航海图中，海洋及城市的名字开始用英语进行标记。但是与1919年的《欧洲航路指南》中的航海图相比，没有本质的变化。旅客可以对照着将停靠港口连接起来的红色粗线，在世界地图上确认自己位置的变化。

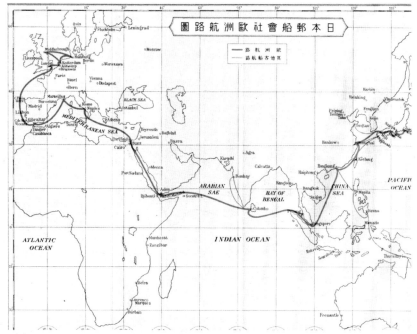

1936年8月发行的新版《渡欧指南》的航海图。

　　看这些航海图的同时，再放一张1930年伦敦发行的大型地图进行对照。将《世界政治和通讯》（*The World-Political And Communications*）（伦敦地理研究所）与这些航海图对照后，你对世界的认识和自我认识会发生什么样的变化呢？这张地图对大英帝国（British Empire）的四个构成要素分别用不同的颜色予以表示。所谓的构成要素分别为：①联合王国（United Kingdom），②自治领与印度（Self-governing Dominions and India），③直辖殖民地与保护国（Crown Colonies and Protectorates），④委任统治领（Mandates）。除此之外，地图上还用不同颜色标明了法国、葡萄牙、西班牙、荷兰、比利时、美国、意大利、日本、丹麦等有效殖民地。虽然掌握世界霸权的还是英国，但从中我们可以了解到20世纪30年代帝国主义国家对世界的瓜分情况。日本的势力范围当时也已经扩展到了朝鲜半岛、满洲、台湾、桦太南部、南洋诸岛，成为远东地区的帝国。

欧洲航路上乘客使用的航海图中红色粗线标出来的停靠港口，如若放到《世界政治和通讯》这一地图中重新进行查看的话，可以发现一些新的信息。所谓的欧洲航路，原本就是欧洲列强对亚洲进行殖民扩张过程中开拓出来的航海路线，而欧洲航路沿途的停靠港口，都是殖民地的主要城市或租借地。

用颜色区分的英国、法国、荷兰在东南亚的停靠港口

地图绝不仅仅是一种将空间数据进行平面化显示的客观资料。文森特·维尔加（Vincent Virga）在美国议会图书馆《地图的历史》（2009年5月，东洋书林，川成洋、太田直也、太田美智子译）一书中指出："地图与集团中的个人相关，同时又具有社会属性，为了能让某种文明的文化现象一目了然，就有必要制作地图来进行辅助。"由远东向欧洲延伸的日本邮船的航海图，便是19世纪后半期至20世纪上半叶日本追随西欧实现近代化目标的象征。欧洲航路的航海图，将日本人导向了怎样的"文化现实"？它又是如何体现的呢？

沿着航海图中标记的各停靠港口，船上的乘客在自己的意识深处渐渐形成了一幅心像地图。他们将自己的五官感受（视觉、听觉、嗅觉、味觉、触觉）所捕捉到的他者记入心像地图。这是通过个人的意识所获得的海上世界地图。所谓"他者"，意味着包含风土与气候、民族与语言、文明与文化、侵略与支配在内的异文化之间的交流历史。以这些要素所构筑形成的心像地图，也是对世界进行认知的一种场所。与此同时，心像地图注重的是以他者为镜，并从中折射出自己的形象。

曾担任日本邮船外航科长，后成为众议院议员的正木照藏在1900年（明治三十三年）曾乘坐过欧洲航路。前一年4月正木随同日本邮船公司的近藤廉平社长在外出游时去了美国，并视察了欧洲，同一年11月7日回到东京。正木乘坐从香港到德国的邮船，在访问上海的时候，正木连连感叹。他在《漫游杂录》（1901年10月）中写道："规模宏大、雄伟壮丽的西式住宅交错相连，倒影在水中摇曳，犹如欧洲大陆的某个港口。除去孟买，新加坡和香港都不及此地繁华和西洋风味浓厚。"1840年在鸦片战争中战败的清政府于三年后开放了上海港。法国租界于1849年在此设立租界，英法由于1863年合并组建了共同租界。日本还是幕末时期，上海已经处于英国与法国的统治之下。

1906年5月19日，从神户乘坐赞岐丸号的长谷场纯孝在抵达上海前的吴淞进行检疫时，就切身感受到了这一点。检疫船是清政府的船只，但检疫官员却都是西洋人。两年后就任众议院议长的长谷场纯孝对此表现出了作为一名政治家的关心。在《欧美游历日记》（1907年2月，长谷场纯孝）一书中，意识到列强之间的相互竞争的长谷场写道："英国多年来不断扩张自身势力，占据了显著的优越地位，当然，德国近年来也有非常显著的发展。"当时的德国，正在上海建设邮电局等大型建筑设施。与此相比，日本的势力是否有所增强呢？日本邮船公司及三井物产公司的壮大，增强了长谷场的信心。当时正值日俄战争后《讲和条约》签订的第二年，日本想要成为远东地区帝国的意识开始膨胀。长谷场主张"向海外发展正是当务之急"。

日本邮船的赞岐丸号经过上海之后停靠的港口是香港。根据鸦片战争后签订的《南京条约》，香港岛于1842年被割让给英国。1860年签署了《北京条约》，九龙半岛南端的街区也被割让。与正木照藏形成对照的是，长谷场认为，拥有令人自豪的东洋第一的"气势恢宏的经营设备和建筑"的，不是上海，而是香港。"港口船舶林立，山里都通了铁路。"彼时的香港是英国殖民地的军事重镇，也是东洋舰队与陆军的据点，守备兵有1000人。西洋风格的都市空间里，上下水道、缆车、医院、酒店等，文明的设备应有尽有。长谷场记载道，"若非亲眼所见""恐实在难以置信"。他尤为羡慕的是英国的殖民地政策，在《欧美游历日记》中他说道："实际上我国需要学习的地方有很多。"日本追随西欧的近代化，也就意味着要成为拥有殖民地的帝国。

在香港感慨于英国殖民地政策的不只有长谷场纯孝。林安繁曾于1901~1910年在大阪商船公司工作，并设立了香港分公司厦门派出机构。林安繁后来在宇治川电气工作，第一次世界大战后他想去考察欧美的电气业务，于1922年4月在神户乘坐鹿岛丸号。他在《欧山美水》（1923年6月，林安繁）一书中记载道，18年前的香港，"所有的事情都按英国人的一举一动来决定"。但是之后日本人在世界范围内越来越活跃。香港每年出口货物总额达1亿英镑，其中，发往英国的有1900万吨，发往日本、中国的有6300万吨，高出约3.3倍。他之后又参观了新加坡、槟城、科伦坡，在书中表示"感慨不已"。英国殖民地经营的"第一要义"是道路建设，其规模的宏大是日本难以企及的。

殖民地凸显了统治与被统治的关系。1928 年为了研究英国文学前往英国的本间久雄在《滞欧印象记》（1929 年 12 月，东京堂）中写道，香港以西的停靠港口"乌泱乌泱都是中国及印度劳工"。英国统治下的香港，西式的高层建筑林立，其近代化的都市景观远比日本银座要气派。但是夜幕降临后，高层建筑的屋檐下却躺满了和衣而睡的劳工。有席子的人还算好的，大多数人除了身上穿的一套衣服以外别无他物。英国人把他们从来都"不当人看"。不论在香港还是新加坡，都经常可以看到乘坐在人力车上的英国人辱骂车夫的情景，有的甚至用鞭子抽打车夫。这些本间都见到过。

英国东印度公司的托马斯·莱佛士（Thomas Stamford Binley Raffles）于1819 年从柔佛苏丹王的手中购入新加坡岛。1826 年新加坡与马六甲、槟城等一起成为英国的海峡殖民地。位于印度洋与太平洋之间的新加坡，在军事和商业上都具有极为重要的地位。1902 年乘坐浅间丸号军舰的海军少佐小笠原长生在《参加英皇加冕仪式赴英日志》（1903 年 4 月，军事教育会）中写道，英国殖民地政策的"巧妙""真的令人惊叹"。所谓的"巧妙"，不是指整备海军、奖励航海、占有殖民地等，而是意味着占有后"不试图作无谓的干涉、不做伤害当地人感情的事，只是将他们的所得据为本国所有"。

长谷场纯孝对此也持相同看法。英国组织了亚洲殖民地代表的军事会，殖民地的司令官及知事定期聚集在一起，讨论军事方针与行动，这些命令及指挥从新加坡发出，但是英国不完全依靠军事力量来压制。长谷场在《欧美游历日志》中指出，日本自称"战胜国民"，喜欢炫耀自己的威武，但是单靠武力并不

①

②　　　　　　　　③　　　　　　　　④

小笠原长生《参加英皇加冕仪式赴英日志》的卷首插图页收录的照片与照片解说词，将欧洲帝国在瓜分世界的过程中开拓欧洲航路的历史，与日本作为远东帝国步其后尘的情状形象地表示出来。①印度洋中三艘军舰会合。②通过苏伊士运河的一段。③在塞得港与备后丸号会合。④直布罗陀的要害。前往英国的浅间丸号的甲板上，在乐队的伴奏下，船员们练习社交舞蹈。"武骨汉"环抱转圈的姿势，像极了"练习柔道"。

能成为战胜者。长谷场认为，殖民地政策的秘诀在于"了解当地的人情，知晓其风俗，分辨其习惯，学习其宗教"。因此他认为应该对英国过去的殖民地政策进行研究，去其糟粕取其精华，以此确立"帝国永久之策"。

1919年10月修订的《欧洲航路指南》（发行年月不详，日本邮船）显示，日本邮船从新加坡出港后，会在马六甲和槟城停靠。16世纪初成为葡萄牙殖民地的马六甲在17世纪上半叶又成了荷兰的领地，在1824年的《英荷条约》中又归属于英国。作为海峡殖民地的新加坡在显著发展壮大的同时，马六甲却在不断衰退，最后从日本邮船的停靠港口名单中被除去。最早沦为殖民地的槟城，是马来半岛上第二大繁华地区，英国东印度公司于1786年设立槟城分公司。从东亚到东南亚的欧洲航路上的停靠港口，在1896年日本第一艘邮船土佐丸号出航很久之前，就已经成为英国的殖民地与租借地。船上的乘客像在大英帝国殖民地的历史一样，一一寻访沿途停靠的各个港口，回顾大英帝国的殖民历史。

前往欧洲时，即便乘坐日本邮船以外的欧洲邮船，心像地图也不会有太大的变化。法国游船会在西贡（今胡志明）停靠。1859年法国占领了西贡，三年后的《西贡条约》确保了这是法国在非洲以外最早的殖民地。西贡不仅是法属印度支那的贸易中心，也是法国东洋舰队的根据地。荷兰占有的东印度中心是巴达维亚（今雅加达），1619年担任荷兰东印度公司总督的简·皮特斯佐恩·科恩（Jan Pieterszoon Coen）占有了该地区，并将其作为荷兰的总据点。东印度诸岛由很多岛屿构成，巴达维亚位于爪哇岛的西北岸。在《世界地理风俗大系》第四卷《南洋》（1929年3月，新光社）中，有这样的感慨："日本人对这些岛屿""长期以来太漠视了"。

马来半岛以西的停靠港口与远东地区的帝国世界地图

在欧洲航路上，马来半岛是日本乘客能感受到日本文化的最西的地域。与去程相比，从返程游记中更能看出这种切身的感受。1910年（明治四十三年）从伦敦回国的朝日新闻社特派员长谷川万次郎（如是闲）在《伦敦》（1912年5月，正教社）中写道，即便同属东洋，新加坡海峡以西和以东，文化情趣迥然不同。为此，"长期往返这一带的船员"会说，由西返回新加坡，"有种回到日本的感觉"。下图是漫画家冈本一平在《纸上世界漫画漫游》（1924年10月，实业之日本社）中收录的画作《新加坡（二）——浴衣女与土著车夫》。因为这是日本人聚集的街道，所以有"日本齿科"的广告牌。画面中，身着碎点花纹浴衣的女子在与车夫交涉人力车车费。冈本在画的后面还补充道："来到新加坡，感觉一只脚已经踏进了日本。之所以这么说，可能是因为英国让人感到神经紧张吧。"

马来半岛最大的城市新加坡，当时聚集了很多日本人，日本人俱乐部的经营也异常活跃。新加坡日本人俱乐部编的《行走在赤道》（1939年10月，新加坡日本人俱乐部）与修订后再版的《行走在赤道》（1942年3月，二里木书店）这两本书便是证明。后一本书中收录有1920~1936年英属马来全土居住的日本人数变迁表。1920年是5548人，1936年是8385人，基本没有什么变化。十七年间，人口从5500多人增至8500多人。在1936年的8385人中，新加坡居住的有4117人，约占半数。

前一本书中收录了很多形成新加坡日本人社群的商社及商店的广告。涉及多个行业，既有银行、轮船公司、进出口商社等，也有杂货食品店、服装店、照相馆、美容院、餐厅、医院、药店等与生活密切相关的店铺。高山谨一在

冈本一平描绘的《新加坡（二）——浴衣女与土著车夫》
（《纸上世界漫画漫游》）。

《西航杂记》中写道，自从日俄战争结束后的 1906 年左右开始，橡胶产业日渐兴盛，随着向南推进政策呼声的浪潮，日本人数量也在不断增加，同时也引入了盘腿坐在榻榻米上的日本人的生活习惯，还形成了单靠日语也可以生活的社区。如果存在显示是否能感受日本文化的世界地图存在，20 世纪 20 年代至 30 年代的新加坡，定会位列其中。

从科伦坡继续向西，日语就不再通用了。这里远离日本文化圈，船上的乘客可以看到英国入侵亚洲的轨迹。1600 年，英国打败西班牙舰队夺取了海上霸权，成立了东印度公司。到 18 世纪后半叶，基本确立了对印度的统治。印度东南锡兰岛（今斯里兰卡）在 1798 年被纳入英国殖民省管辖，港湾、道路、上下水道、学校、博物馆、植物园等，都拥有了完备的近代化设施。其中最有名的

新加坡日本人俱乐部编
的《行走在赤道》新修订
版（1942 年 3 月，二里木
书店）中收录的日本人社
区的照片。①在"日本人
街之局部"（正面的高楼是
帝国总领事馆）这幅照片
的右侧，能看到"田尾商
店""吉定商店"的广告
牌，左边能看到"花屋商
会"的广告牌。②"新加
坡日本人俱乐部本馆"的
建筑。③"在外指定新加
坡日本人小学"。

①

②

③

与谢野宽、与谢野晶子《巴黎小记》中收录的"科伦坡的防洪堤"照片。

是为了能够抵御季风时海上波浪的袭击，耗费 37 年时间并投入巨额资金修建的防波堤。和歌诗人与谢野宽（铁干）在目睹防洪堤"巨大作用"的同时颇为惊叹，为此，与谢野宽和与谢野晶子在著作《巴黎小记》（1914 年 5 月，金尾文渊堂）中记述道："这与荒唐武断的日本新领土建设相比，有很大的不同。"

　　船舶从印度洋出发进入亚丁湾后，便来到阿拉伯半岛西南端的亚丁湾。小说家末广铁肠在《哑之旅行》修订合本第 7 版（1894 年 6 月，青木嵩山堂）中记述道："此处是印度洋进入红海的咽喉，寸草不生，酷热难耐，即便如此，英国人还是占领了这里，迅速在陆地修筑炮台，在海上驻扎多艘军舰。"印度洋热风吹拂下的亚丁，全年高温，数月无雨。从气候来看，是一片不毛之地，不适宜生活，但却是位于曼德海峡、可以监视红海入口的一处战略要地。英国从 1839 年起在此设立海军基地，并制定了应对海盗的策略。

　　苏伊士运河的两个出入口分别位于苏伊士海湾的苏伊士与地中海的塞得港。《世界地理风俗大系》第十七卷《非洲》（1928 年 12 月，新光社）中对苏伊士的异域风情作了如下描绘："这里是因为运河而开通的小港，不值一提。确实，烤得炽热的沙漠里星星点点散落着白色的房子，强烈日光反射下的阿拉伯少女黑色的眼眸，无意间魅惑了所有人的心。"他对于塞得港的记述也颇为冷淡："在港口，没有什么值得一看或值得一游的地方。"沿着防洪堤散步可以看看斐迪南·德·雷赛布的铜像，或在关山下远眺灯塔下出入地中海的船只。书中还写道："乘坐当日的火车，去开罗参观也是一个不错的选择。"

苏伊士与塞得港在 1869 年苏伊士运河开通后才繁华起来。自然，西洋人与当地人在阶层与经济上存在着明显的差距。时任内务官僚、后来成为众议院议员的守屋荣夫在目睹塞得港的景象后，在《欧美之旅》（1925 年 3 月，芦田书店）中描绘了以下情景：从地中海乘船出发的那天早上，甲板上挤满了卖土特产的商人。从上海上船的"高雅的"英国绅士，看到自己与夫人使用的安乐椅上放着织锦时，瞬间变成了"面目狰狞的魔鬼"。他叫嚣着，将商品扔在甲板上，还用靴子踩了几脚。之后若无其事地凭靠在安乐椅上，吞云吐雾，与头发花白的

守屋荣夫在《欧美之旅》中收录的塞得港的斐迪南·德·雷赛布的铜像。

夫人聊天。埃及商人脸上闪过"反抗的情绪"，但不久便转为一种诉说"无能者的悲哀"的表情。不过商人并没有道歉，而是重新开始做买卖。

停靠港口中的那不勒斯和马赛两地，并不属于英国霸权的管辖。前者是意大利第一港口城市。一般而言，旅行者对意大利南部的印象不太好。例如，博物馆的工作人员会索要小费，传说马车车夫会"敲诈人"。但是进入博物馆后，古代的艺术世界便迎面而来。此外，在距离那不勒斯一个小时车程的地方，是1800年前被维苏威火山喷发的熔岩与火山灰埋没的庞贝古城，可以在古城中行走。后者是法国第一港口城市，那不勒斯港口在法国确立对阿尔及利亚、突尼斯、叙利亚及法属印度支那的殖民统治的过程中发挥了重要作用。苏伊士运河开通后，该城市取得了突飞猛进的发展。因为有开往巴黎的列车，去往巴黎的日本人大多数都在马赛下船。

地中海欧洲一侧的各岛屿与其地理位置相对应，大多数都是各国的领土。马耳他岛是为数不多的一个例外。马耳他岛位于西西里岛南端。欧洲航路上包括日本邮船在内，大多数邮船平常都会通过意大利半岛与西西里岛之间的墨西拿海峡。但是战争期间，这个狭窄的海峡一度被封锁，位于西西里岛与非洲之间的马耳他岛就成为重要的战略据点。因为这是穿越地中海通往印度要道上的岛屿，英国便从1814年开始将其据为本国领土。1862年文久遣欧使节中的一员市井渡（清流）在《尾蝇欧行漫录》（《遣外使节日记纂辑二》，1929年4月，日本史籍协会）中写道，英国为了"专门牵制地中海的权力"，取得了马耳他岛的控制权。港湾周围修筑了城池与炮台，当时配备有7000名士兵。

位于西班牙南端，大西洋与地中海通道的直布罗陀海峡的直布罗陀，虽然不是岛屿，但也位于英国通往印度的要道上。根据1713年的《乌得勒支条约》，直布罗陀划归英国所有。高430多米的岩石上，架设有无数面向海峡的炮台。这里是英国大西洋舰队的根据地，港湾设备及船坞都很完备。《尾蝇欧行漫录》记载，"慕名前去眺望声名远扬的义八塔坚固的城寨"的一行充满无限期待，但船舶在10月27日下午6点多才经过直布罗陀海滩，什么都没看到。市川感慨地写道："最遗憾的事情莫过于此。"

在日本向欧洲派出遣欧使节，追求近代化的19世纪后半期，以英国为中心的列强开始瓜分世界，此举也被记入了海上世界地图。19世纪后半期至20世纪上半叶，通过欧洲航路前往欧洲的人们在接触异文化的同时，不断在思考何谓"他者"、何谓"自我"的问题。所谓"自我"，是一个多义的词语。将其放置于丈夫、妻子、恋人等的关系框架中，就会浮现出围绕"性"这一问题欧洲与日本的意识偏差吧。如果将"自我"这一词语放置于国家、国民等共同性意识框架中，就会凸显出追随欧洲列强过程中帝国发展的历程。这就是将"他者"与"自我"的版图，也即将海上世界地图进行涂改的过程。

日本人在欧洲航路纪行史中发出的关于自身与他者的声音并不一致，但是在多种声音的回旋中，存在着一种主旋律，那就是对亚洲进行殖民统治的欧洲列强的愤恨，对殖民地宗主国——英国的感叹，以及渴望成为远东帝国的愿望。在这些主流声音的交错中，不久便爆发了"大东亚战争"，并且出现了"大东亚共荣圈"的构想。在日本军的侵略下，1941年12月25日驻扎在香港的英军投降，第二年2月15日新加坡的英军也投降了。4月5日进入印度洋的日本海军航母部队对科伦坡进行了空袭，但并未登陆。"大东亚战争"对世界地图格局产生的影响，波及了20世纪上半叶日本文化所及的任何一个角落。

第一章

幕末到明治时期遣欧使节航海记

1861~1873

伦敦的皮卡迪利广场建成之前的皮卡迪利十字路口和摄政街，收录于《戈登家：祖辈的伦敦》(Gordon Home,The London of Our Grandfathers)（家园协会有限公司，1927）。这张照片拍摄于 1870 年前后。一行人乘坐的马车顶棚上，为方便乘客从后部直梯上来而设置了座席。岩仓使节团 1872 年 8 月 17 日抵达伦敦后，应该看到过这样的都市景观。使节团深刻地感受到，拥有最先取得产业革命成功的大英帝国所创造的文明，是日本近代化急需达到的目标。

[1]　文久遣欧使节的艰难航海与西洋体验

1862 年（文久元年）1 月 21 日，以竹内保德下野守为正使的 36 位日本使节从品川乘坐英国海军"奥丁号"前往日本。一行中还有后来成为著名启蒙思想家的福泽谕吉与剧作家福地源一郎（樱痴）。四年前的 1858 年，江户幕府与荷兰、英国、法国签署了《友好通商条约》。但在激烈的"尊王攘夷"运动的背景下，为了进行港口（新潟、兵库）与首都（江户、大阪）之间的开港开市延期交涉，以及与俄国进行桦太国境的划定交涉，幕府派出了第一批遣欧使节。后者的交涉未能成功。但是遣欧使节于 6 月 6 日在英国签署了开港开市延迟五年的伦敦备忘录。荷兰、普鲁士及法国都认同该备忘录。

文久遣欧使节的副使是松平康直石见守，松平的随同市川渡（清流）写下了《尾蝇欧行漫录》。市川将军舰冠以汉字"应典"，并说明其规模为 2000 吨位，包含医生在内的乘务人员共 312 人。因为日本尚未拥有近代化的码头，军舰只能停留于洋面上。正使与副使坐上了"军舰局"（操练所）准备好的小船。市川乘坐一人划的小船前来，到军舰途中花费了一些时间，同样是松

佩刀的市川渡（外务省外交史料馆所藏）。

平随同的野泽伊久太也写有《幕末遣欧使节航海日志》（《遣外使节日记纂辑
二》）。根据记录，一行从江户出发，经过 73 天的航行，才抵达"南安普顿"
（南安普敦）。

　　航海最初处于一种不安的气氛之中。据市川渡所言，在相模湾航行中，他
们遇到了荷兰的邮船。从荷兰邮船乘务人员处得知，最近葡萄牙士官乘船从上
海前往日本的途中，不幸遭遇暴风雨，轮船沉没海底，船上乘客全都葬身大海。
如果在平时，这不过是再平常不过的闲谈，但在航行中听到这些，任谁都会害
怕得缩成一团。而现实中，第二天他们的轮船就遇到"狂风大浪"而摇晃不定，
市川因为晕船什么都吃不下。船停在长崎时，半夜甲板上的半钟突然响起，原
来是船上装载的煤炭不慎着了火，场面一度十分混乱。东海怒涛汹涌，船足足
倾斜至 33 度。船内的用具都倾倒了，柜架上的东西全都掉了下来。当时的感觉
如同身处"七八月间暴风雨中小板屋中"，有的人害怕得惊魂不定，无法入眠。

幕末时期，前往欧洲的一行人目睹西洋与日本文明程度的落差，这种落差感从航行途中就已经产生。市川渡从长崎的稻佐登陆的，并视察了最新的炼铁所。"荷兰人建造的稻佐炼铁所"中有熔铁炉，利用蒸汽发电的力量带动车轮，同时也进行冶铁作业。市川感叹道："这可以说是精妙绝伦、千古未有的发电机。""荷兰人"的代表是来自荷兰的亨得利克·哈鲁德斯，是长崎海军传习所为了建造大型船舶，专门从荷兰招募的技师团的主任技师。在哈鲁德斯的指导下，长崎炼铁所从五年前就开始投入建设。离开日本后第一个停靠港口是香港，在那里市川目睹了军事能力和经济实力的绝对性差距。当时港内便停泊有20艘英国炮舰和30艘英国商船。

英国产业革命推动了冶铁技术的进步，蒸汽船与蒸汽机车带来了运输革命，统治着七个海域的大英帝国在19世纪夺取亚洲殖民地的竞争中手握霸权。在香港停留期间，市川渡参观了"枪支制造厂"，其制造的枪支达一万挺之多。紧接着他参观了"铸炮厂"，那里制造大炮和炮弹。大量的炮弹"堆积如山"，不计其数。遗憾的是他没有时间确认数值就离开了。抵达新加坡前，船内弥漫着一种紧张的气氛，打开的炮门上安装了炮弹，士兵们也都全副武装。原来，他们停留香港期间，未收到本应从印度发来的信息。他们猜测新加坡港内的美国军舰可能会对他们进行伏击，所以准备随时应战。美国的南北战争自1861年至1865年一直在持续。一行人当中，还有担任礼品代办职务的益头骏次郎。益头在《欧行记》（《遣外使节日记纂辑三》，1930年1月，日本史籍协会）中写道，美国南部向英国请求援军，北方则预备与英国开战。

令一行人最为惊讶的，应当是到达苏伊士之后的所见所闻。苏伊士运河开通于1869年，也即文久遣欧使节七年之后。因此一行人当时是乘坐火车前往开罗的，轨道是用铁棒拼接而成。沿路两旁都是柱子，上面架着电线。遇山则穿越隧道，遇河则横渡大桥，列车由蒸汽机牵引。市川渡写道："仅凭借这一车蒸汽的力量，便可以奔驰到千里之外，这不禁让我们瞠目结舌。"目之所及，心之所感，唯有惊讶。关于这次的体验，野泽伊久太也称赞道，"蒸汽机真是快啊"。益头骏次浪写道，不只速度快，声音也很大，甚至说话的声音都听不到。

文久遣欧使节使开港开市的交涉成功延期，英国首任驻日总领事、特命全权公使卢瑟福·阿尔科克爵士（Rutherford Alcock）为他们的交涉提供了帮助。最终他们交换了《日英修好通商条约》的批准书，在东京高轮设置了英国总领事馆。英国方面最初是反对开港开市延期的，但通过对日本国内情况的了解，

拿破仑三世（Napoleon III）接见文久遣欧使节（《世界画报》，1862 年 4 月 19 日）。

转而由反对变为支持。文久遣欧使节出发两个月后的1862年3月23日，阿尔科克爵士动身前往伦敦。这时担任翻译的森山多吉郎与调役渊边德藏同行。据《欧行日记》(《遣外使节日记纂辑三》) 的记录，最初停靠的上海港，三四层建筑的"高楼大厦"鳞次栉比，冶铁所及造船所随处可见的都市景观在渊边的脑海里留下了深刻的印象。

文久遣欧使节在去程和返程途中，在面临航海的重重困难的同时，还亲眼目睹了西洋的近代化进程。困难之一是食物不足，正副使另当别论，随从们则深受其苦。市川渡在《尾蝇欧行漫录》中记叙，在里斯本的时候，他们诉说食物不足之事，所以得以补充了些鸡蛋和干鱼，这令他们十分高兴。但是当时的航海主要依赖蒸汽与风力，一旦逆风强劲，顺风减弱，船速便大大减慢。地中海上的航行由于风的缘故时间大大延长，食物匮乏的问题再次出现。市川一面节省面包，一面从正使随从那里拿了些干饭和干鲍，才得以战胜"饥饿"。食物情况因航路和船舶有所不同，市川痛感事先做足准备的必要性。

在亚历山大港下船的一行人，翌日便乘坐火车出行。但是深夜列车停下不走了，船长尝试调节蒸汽来后退或前进，但火车依然纹丝不动。天亮之后"重新更换了蒸汽机"，才总算可以向前移动了。但是，在经过另一个小村落时再次"更换了蒸汽机"，仍然无法前行。一行人中有两个翻译，但由于不懂当地的语言，弄得他们一头雾水。到了下午，列车总算可以运转了。抵达苏伊士后，吃完饭，宾馆的主人和他们打招呼称，火车在傍晚时分会抵达开罗，不久就要到了。听到这话一行人都感到十分惊愕。因为利用电信设备进行联络，在当时的日本人看来是无法想象的。

从苏伊士起到新加坡，他们乘坐的是法国邮轮"欧洲号"。这艘船并非军舰，而是运送士兵和食物的船只。在新加坡换乘了1400吨级的法国军舰，船舱内的阴暗与闷热让人难以忍受。由于这艘船淡水储备不足，当作饮料来供应的，只有像开水一样的热水，一天只供应0.25升，市川感到"极度难受"。离开越南时，海上起了风浪，野泽伊久太在《幕末遣欧使节航海日录》中有这样的描述："波浪打入船内，人无定所，遭遇大难""连厕所等都被波浪侵袭"。即便如此，在新加坡换乘也是非常幸运的。紧接着骏景出港的"欧洲号"在暴风雨中折断了船桅，返回了新加坡。航海中最大的"大灾难"发生在台湾近海，波浪从中甲板及上甲板中进入船舱，客房都被水浸透了，连休息的地方都没有。

但是不论航海有多么困难，只要欧洲有值得一学的先进文明存在，横渡海洋的人依然络绎不绝。在香港停留的市川写道："听闻前人曾经为了学习荷兰的先进技术，不远万里乘船绕道好望角。"所谓的"前人"大概是指赤松则良、内田恒次郎、榎本武扬、西周等人。如同1862年文久遣欧使节替换一样，从长崎出发前往鹿特丹的他们，在荷兰学习国际法、经济学、军事及造船等相关知识。文久遣欧使节回到位于东京都芝区的码头是1863年1月30日。从品川出港以来，历时一年多。市川将可称为"宇宙一大壮举"的欧洲航行之感想写入了《尾蝇欧行漫录》一书中。

[2]　岩仓使节团所目睹的帝国主义对世界的瓜分

江户幕府末期的遣欧使节不只有文久遣欧使节。1864年（文久三年）2月6日，池田长发筑后守担任正使的第二次遣欧使节起程前往法国。当时幕府出于对攘夷派的担心，正在考虑封锁开港地横滨。第二次遣欧使节团的目的就是关于封锁横滨港一事进行交涉，因此也被称为"封锁横滨港谈判使节团"。就在池田就任外国奉行后不久的 1863 年 10 月，就发生了法国陆军少尉亨利·加缪（J. J. Henri Camus）被浪人袭击身亡的井上谷事件。因此，此行的另外一个目的，就是向法国政府赔罪，并向受害者家属支付慰问金。第二次遣欧使节在巴黎受到了拿破仑三世的接见，但是此行的主要目的却未能达成，一行人带着遗憾于当年 8 月 23 日踏上了归国之旅。第二次赴欧使节团中有个叫岩松太郎的人，他作为副使河津祐邦伊豆守的家臣一同前往巴黎。《航海日记》（《遣外使节日记纂辑三》，1930 年 1 月，日本史籍协会）就是岩松太郎所作的关于此行的记录。

遣欧使节在横滨乘坐了法国军舰"蒙面号"。岩松太郎在《航海日记》中重点描述了身处远东，处在闭关锁国政策下的日本人的"味觉斗争"。起程 3 日后的 2 月 9 日，即旧历一月二日，由于恶劣天气的影响，晕船也不明显了，岩松写道，"就着饼吃了快餐年糕汤，美味无比"。法国侍者送来了面包与牛肉，但是他碰都没碰就给退了回去。幕府为了遣欧使节一行准备了 13 箱白米，2 月 10 日开封食用。文中写道："随从人员聚集起来，在船上做了第一顿白粥，众人分而食之，高兴至极。"这么看来，岩松可能也参与其中做饭了。幕府还为他们准备了酱油与"松鱼干"（鲣鱼干），所以调料方面也完全不用担心。文中还写道，翌日"随从也共食白粥"，可见人们充分享受了日本料理的美味。之后法国人又送来了面包、牛肉以及貌似红酒的"酒"，这次只要了面包，牛肉与"酒"又都退了回去。

一行人在上海换乘了另一艘法国邮船。2 月 21 日供应的早餐、晚餐都是"口蘑煮牛肉、炸土豆、盐腌沙丁鱼、唐柑橘、砂糖、面包、米饭、酒"。口蘑煮物大概是酱油味的吧。但是航海一开始被拒绝的牛肉与面包却被安排进了伙食当中。记述中还写有"随从人员不满一日只有两餐的饮食规定，纷纷讨要面包"的内容。因为携带的日本料理食材不够用，于是一行人开始不自觉地去接触法国的食物。到了香港，一行人又换乘了别的法国邮船。岩松太郎在船上看到了对牛羊进行宰杀、肢解、烹饪的做法，写道"这其实也很简单"。以牛肉为食材做的口蘑煮物成为船上固定的伙食，面包也始终在不断供应。而使节们在吃糯米粉、鱿鱼干、泡饭、拌黄瓜的同时，却十分怀念渐行渐远的日本。

4月9日在地中海的亚历山大换乘别的邮船时，使节们已经渐渐适应了西餐。《航海日记》中还记录有"该船竟然供应了四道美食"的赞誉之辞。一行人已经适应了早餐食用咖啡与面包，午餐与晚餐的时候，甚至有人餐后将面包打包带回去。4月13日邮船停靠于西西里岛的墨西拿时，岩松太郎在文中称赞道，"午餐供应的是油炸鱼与米饭，美味至极"。同一天的记述中还有"晚餐也是美味的烤鱼"等内容。可见，两个多月的旅程中，一行人的饮食习惯经历了很大的变化。

第二次遣欧使节出发一年后的1865年6月27日，第三次遣欧使节从横滨起程了。幕府派遣外国事务奉行兼理事官柴田刚中等10人赴法国及英国，目的是签署冶铁厂的建设合同和进行军政调查。柴田曾经是横滨开港的负责人，也曾随同文久遣使节一行赴欧访问。冈田摄藏的《西航小记》（《遣外使节日记纂辑三》）一书便是关于此次航海的记录。当时，横滨港每月发三艘邮船。两艘是英国船，一艘是法国船。第三次遣欧使节乘坐的是英国邮船。

冈田摄藏的记录近似于备忘录，而不是关于航海中所思所想的详细记录。

久米邦武所编《特命全权大使欧美访问实录》第五编中收录的《埃及人的风俗》。塞得港的岩仓使节团一行目睹了"直径六七寸"（18~21英寸）的"移管"（铁管）埋设于沙漠的情景，那是从运河引水上来的通道。该书中写道，欧洲在上水道工程的费用投入上不惜血本。

但是英国邮船沿途停靠的大多数港口都是在大英帝国的统治之下，所以书中涉及了关于瓜分世界的记述。书中介绍，上海有公共租界（又名英美租界）与法租界，欧洲商社鳞次栉比。港口停泊有150～200艘邮船。抵达香港后，发现它并没有上海那么繁华。即便如此，在此停泊的商船也有100艘以上。街市上清洁卫生，灯火通明。不论是海上还是陆地，映入眼帘的都是近代化的都市景观，而日本当时还没有达到这样的繁华程度。

明治维新后的1871年12月23日，岩仓具视担任正使的使节团从横滨港出发前往旧金山。一行人的主要目的是与西洋各国友好亲善，视察近代文明，他们在美国停留了8个月后又向着大西洋进发了。在欧洲，他们主要参观了英国和法国，此外还遍访了比利时、荷兰、德国、俄国、丹麦、瑞典、意大利、奥地利、瑞士等国家。他们不断吸收西洋文明，并于一年半之后乘坐欧洲航路踏上了归途。1873 年 7 月 20 日，一行人从马赛出发，9 月 13 日回到了横滨。久米邦武所编《特命全权大使欧美访问实录》第五编（1878 年 10 月，博闻社）中，描述了归途中的情形。

苏伊士运河正式开通于 1869 年 11 月。幕末的三次遣欧使节都是在那之前，但是岩仓使节团有幸能够从苏伊士运河穿过。经过运河中央时，他们发现当地人养了很多骆驼。当时天气异常炎热，令人头晕目眩，而骆驼却悠然信步，这景象真是沙漠中的一道奇观。但是，真正吸引人注意力的，不只是与日本迥然不同的风土与文化。从苏伊士运河进入红海，一直到亚丁，旅途中一直酷热难耐。只有在邻近黎明时气温稍有回落之后，他们才能熟睡。附近的陆地极度缺水，寸草不生。红海出口的岛屿条件即便如此残酷，英国还租借了其99 年，并在此设置了灯塔和炮台。每隔 15 天会从亚丁送来新的士兵到岛屿上来，进行轮流执勤。这里与印度及澳大利亚相连，在战略与经济上都是极为重要的中转点。《特命全权大使欧美访问实录》中写道："国人的魄力无与伦比，能产生如此深远的影响。国势的盛衰与国民的魄力密切相关，技艺与财产都是次要的。"

8 月 1 日岩仓使节团乘坐的邮船，停靠在了"红海的往来要道"——亚丁。英国"购买了这块土地，作为东南洋航路的驿站"。亚丁湾的山上架设了炮台，有2000 名士兵把守。其中 800 人是英国兵，1200 人是印度兵。沿着欧洲航路航行，不仅能目睹 19 世纪 70 年代的殖民地范围，还能了解当时殖民地的历史。亚丁之后停靠的港口是印度西部的中心城市孟买。孟买"原来在葡萄牙的管辖之下"，后来归英国统治。孟买是棉花出口的贸易港。从出口量来看，印度产的棉花出口量仅次于

久米邦武所编《特命全权大使欧美访问实录》第五编中收录的"苏伊士运河河口"。

美国。但是，得益于 1861~1865 年南北战争的影响，孟买一跃成为世界第一大棉花出口地。孟买与印度东部的中心城市加尔各答之间，每隔一周就有英国邮船往返运行。

　　印度当时的首都是加尔各答，由英国派来的长官进行统治。加尔各答的中心是威廉堡，能驻屯 2 万士兵。以英国人为主的欧洲人居住在城砦以南一带，他们的欧式建筑非常壮观。《特命全权大使欧美访问实录》中记载，那一带不仅有市政府、法院、造币厂等，而且"房屋很美，道路设施完备，从东方初次来到这里的人，都会大开眼界"。当然，岩仓使节团已经看惯了美国及欧洲的都市景观。他们一行是从马赛起程归国，可以说是从"西方"来的游客，应该对加尔各答的都市景观不足为奇了。只是即便同是亚洲的都市，与远东的日本相比，殖民地都市的文明程度还是令人刮目相看。

1873 年 8 月 15 日途经"苏门答腊岛"时，岩仓使节团目击了帝国瓜分世界的过程。根据 1824 年的《英荷协议》约定，马六甲的荷兰领地与苏门答腊的英国领地进行对调，这样一来，此区域的英国及荷兰势力范围就最先确定了下来。但是苏门答腊西北部还有独立王国——亚齐王国的存在，在英国的默认下，自 1873 年 3 月起，荷兰趁势对亚齐王国发起进攻。这一年上半年双方发生了多次战争，荷兰节节败退。为此，荷兰从本国调来大批军队，准备再次发起进攻。"我们搭乘的邮船上，有荷兰本国派来的大将'洪斯·威汀'氏父子，还有两三名荷兰官员。到了新加坡后，又看到从荷兰本国及爪哇派来的军舰 37 艘，士兵一万人。"这段记述形象地表现出战争前夕的紧张局势。

如果荷兰占领苏门答腊全岛的话，就会对新加坡的贸易产生影响。《特命全权大使欧美访问实录》一书推测，双方交战最终都会以亚齐王国的胜利收场，原因可能在于英国人向亚齐王国出售了武器。同时，"日耳曼"（德国）也奢望"能在东南亚拥有属地"。为此，书中写道，"未来战争局势如何，值得期待"，敦促人们关注列强瓜分世界的进程。

第二章

19世纪后期列强统治下的亚洲海域

1863~1902

到 19 世纪末，与英国、法国、德国一样，日本也开始经营欧洲航路的邮船。第一艘邮船就是 1896 年 3 月 15 日从横滨港发出的"土佐丸号"。该照片展示了 3 月 19 日在停靠港神户为启航所举办的庆祝会上的情形（日本邮船公司编《日本邮船公司五十年史》）。"土佐丸号"是从英国购置的船只，此次航海，是日本为追赶征服了七大海域的大英帝国所做出的举动，意味着日本大航海的开启。这被称为日本的近代化之旅，同时也是与欧洲列强比肩的帝国之旅。

[3] 苏伊士运河开通前，伊藤博文及井上馨乘坐大型西式帆船前往伦敦

　　欧洲航路是连接远东与欧洲的水上航路，这一划时代的工程于1869年（明治二年）完工。沟通地中海与红海的苏伊士运河也于1869年11月17日全线开通，全长162.5千米。据让·德尔贝（Jean d'Elbée）著《苏伊士运河》（1940年7月，岩波书店，福冈诚一译）一书的记载，拿破仑三世乘船从地中海的入口塞得港出发，三天后抵达红海入口苏伊士，他乘坐的邮船前面，有67艘船领航，负责苏伊士运河施工的法国工程师斐迪南·德·雷赛布与拿破仑三世乘坐同一条游艇穿过了苏伊士运河。斐迪南·德·雷赛布1832年到埃及就任领事代理，1849年不再担任外交官，之后便投身于苏伊士运河的构想，前后花了20年的时间。

　　欧洲列强为了经营非洲和亚洲的殖民地，在海运扩张方面展开了激烈的争夺。苏伊士运河的开通，给帝国的权益带来很大的影响。在埃及总督赛义德·帕夏的协助下，斐迪南·德·雷赛布于1854年11月取得了工程建设许可。

穿过苏伊士运河的拿破仑三世的游艇（让·德尔贝《苏伊士运河》）。

"埃及苏伊士运河的入口"（《环游世界 太阳临时增刊》）。

英国认为这项工程会威胁到本国的利益，为此曾进行了多次强硬的抵制。埃及的宗主国土耳其于 1856 年 1 月也批准了斐迪南·德·雷赛布的施工权，承认法国在开通后拥有 99 年的租借权。斐迪南·德·雷赛布于 1858 年 12 月成立了万国苏伊士海洋运河公司。当初有 25000 名劳动者与骆驼投入了运河的开凿工程，直到 1863 年以后才引入了疏通机等设备。

经由苏伊士的航路，与经由南非好望角的航路相比，利物浦至孟买之间的距离缩短了 42%。列强的贸易发生了革命性的变化。

运河开通前的 1863 年（文久三年）6 月 27 日，长州藩士伊藤博文、井上馨、井上胜、远藤谨助、山尾庸三等五人，从横滨出发奔赴英国。动身两天之前，长州藩对从下关海峡经过的美国商船"彭布罗克号"（Pembroke）开炮，两周后又发生了向法国舰队及荷兰舰队开炮的"下关事件"。第二年 9 月 5 日，向英国、美国、法国、荷兰四国的联合舰队进行开炮，四国陆战队登陆后，摧毁了炮台。虽说是要"攘夷"，如果没有深刻了解列强情况，没有懂得航海及驾船技术的人才，还是无法在战争中取胜。为此，幕府向伊藤等人发布了到欧美留学考察的内部命令。谦澄在《孝子伊藤公》（1911 年 11 月，博文馆）中记载道，因此行是秘密出国，所以特意乘坐炭船到达了上海。

从上海到伦敦的旅途，在《伊藤侯赴欧谈》（《环游世界 太阳临时增刊》，1900 年 11 月，博文馆）中有所记述。在上海未找到前往欧洲的邮船之前，他们一直待在停泊于港口的船上，"吃的是要拿去喂狗的面包与残羹冷炙"。这些在船上经常一起商讨关系日本国运的攘夷相关事宜的二十来岁的年轻人，在上海却被当作"愣头青"对待。19 世纪 60 年代，帆船逐渐被蒸汽船所取代。他们一行

《环游世界 太阳临时增刊》的封面。借1900年巴黎世博会的契机，很多日本人周游了世界。在此临时增刊号上，收录有博文馆出版的大桥又太郎（乙羽）的《欧美见闻录》。

人虽然很幸运找到了前往欧洲运送茶叶的便船，但却是1500吨的大型西式帆船。伊藤博文与井上馨两人乘坐的轮船先行出发。两人硬是被塞进了船头水手房间旁边的狭小空间里。那里没有厕所，只能在甲板上解手。海上起浪的时候，船上到处是涌入的海水。他们的身份类似于船上的志愿者，在水手忙不过来的时候，会帮着拉绳索。

经过好望角抵达伦敦，已是四个月之后的事了。这期间的伙食是"干巴巴"的饼干和"桶装的咸牛肉"，前者时不时还会钻出虫子来。每周供应一次的大豆汤成为"最好的美味"。最发愁的还是饮用水。如果长时间不下雨，连润润喉都十分困难。他们本来不懂英语，但是抵达伦敦时已经会说"给我水，给我热水"等词语了。他们在伦敦停留期间，得知了1864年9月长州藩与四国联合舰队发生战斗的消息。伊藤与井上参观了天文台、大炮厂、军舰制造厂后，深刻感受到英国与日本的文明差异，并为之愕然。他们从旅馆的英国人那里听说，英国议会正在商讨征伐长州藩的议案。他们思量，长州藩贸然攘夷会引起"亡国"的危险，于是将求学的重任委托给同行的其他三人后就踏上了归国之旅。

苏伊士运河在 1869 年开通后，也成为列强竞相争夺的对象。1875 年 11 月，埃及总督伊斯梅尔·帕夏（Isma'il Pasha）出于财政困难的原因，被迫出售所持的苏伊士海洋运河公司股票 176000 股。英国将其买进，总持有数达到约 44%，随之又提高了运河经营的发言权。1877 年 4 月俄国向土耳其宣战，俄土战争爆发。英国也以保护运河的名义，于第二年 5 月向塞得港派遣了军舰。埃及苦于财政赤字的不断增加，自 1878 年 8 月起分别委托英国人担任财政部长、法国人担任公共事务部长，以此来管理国家财政。第二年 6 月，伊斯梅尔·帕夏迫于列强的压力，在土耳其的苏丹被迫退位。

1882 年 2 月，埃及国民党内阁成立，迈哈穆德·萨米出任首相，艾哈迈德·阿拉比出任军事大臣。5 月，英国要求解散萨米内阁，内阁暂停运行辞职。但是在群众运动日益高涨的背景下，内阁又进行了重组。6 月 11 日，亚历山大港发生暴动，约有 50 名欧洲人在暴动中死亡。有栖川宫炽仁亲王一周后从横滨出发，乘坐法国邮船"塔纳伊斯号"前往欧洲。林董编《有栖川二品亲王欧美巡游日记》（1883 年 5 月，回春堂）中曾记载，有栖川宫炽仁亲王 7 月 2 日抵达西贡时，在新闻中得知埃及的骚乱。他在日记中写道，"早就听说各国为争夺'苏伊士'运河的水路会封堵运河，而今才得到确切的消息"。

有栖川宫炽仁亲王乘坐的"塔纳伊斯号"邮船于7月28日抵达苏伊士港。当月11日，英国舰队炮袭了亚历山大港，英国议会于22日通过了远征埃及军费的议案。所幸的是，有栖川宫炽仁亲王在西贡通过新闻得知的"封堵"并未发生。"滞留的所有欧洲人都乘坐船舶避开了动乱"，禁止客人下船。"炮击亚历山大港后，运河封锁暂时解禁，当下英法对运河分而治之，各守其半"，所以邮船可以在运河上航行。7月29日"塔纳伊斯号"抵达塞得港后，随即起程前往意大利。英军登陆塞得港，是20天后的8月19日。9月15日英军占领开罗，阿里帕夏率领的埃及军队投降了。

同是在1882年水路赴欧，板垣退助12月17日通过苏伊士运河时并没有感受到局势的紧张。同年4月，在岐阜进行的自由民权运动游说演说中，板垣遭遇歹徒袭击后曾宣称"板垣虽死自由不死"，"吾虽死自由不死"这句话也因此出了名。遭到袭击7个月后的11月11日，板垣在横滨乘坐了法国邮船"邦鲁伽号"，后又在香港换乘了法国邮船"爱拉无极号"，前往马赛。师冈国所编《板垣君欧美漫游日记》（1883年6月，松井忠兵卫）中有记述称"埃及的英法移民杂居者甚多"，提到了英法两国进入塞得港之事，但并未提及战祸。

面向红海的非洲东部在此之后也一直骚乱不断。在英国的影响下，埃及统治着苏丹，但是19世纪下半期起埃及发起了有组织的反抗运动。这是自称救世主的穆罕默德·艾哈迈德领导的为推翻外国统治以实现解放的救世主运动。1883年11月由欧洲人担任将校指挥的埃及军在欧拜伊德（Al-Ubayyid）战役中战败。埃及虽然决定从苏丹全境撤退，但即便这样也困难重重。为了能够顺利退兵，英国方面于1884年1月将查尔斯·戈登将军派往喀土穆。但是苏丹北方部族与救世主一方联合，对喀土穆进行孤立。被叛乱军包围的喀土穆陷落了，戈登将军也于 1885 年 1 月阵亡。

与查尔斯·戈登顿将军抵达喀土穆的时间相同，一位日本军人也于 1884 年 2 月从横滨乘坐法国邮船"蒙塞莱号"起程前往欧洲。这便是十年之后甲午战争中担任第二军总司令的大山严。此次出行是为了考察军政。2 月 26 日在香港换乘法国邮船"萨克利昂号"，并于 3 月 15 日抵达亚丁。船穿过曼德海峡，进入红海。随行的野津道贯在《欧美巡回日志》（1886 年 6 月，广岛镇台文库）中写道，因为"近来埃及出了叛徒"，英国正在向亚丁"派遣新军"。

大山抵达亚丁港后，等待他的是一份从东京发来的关于埃及战况的电报，内容如下："埃及伪圣者兵与英兵激战一日，英第五十六连队殊死防守，但依然难以抵挡，只能暂时退下。数小时后再次发动攻击，取得胜利。此战埃及士兵死者 300 人，俘虏 15000 人。"野津道贯在日记中写道，"死者及俘虏数之众，令人难以置信"，但对埃及紧迫的局势只字未提。3 月 22 日，大山严与野津道贯乘坐的"萨克利昂号"穿过苏伊士运河，抵达塞得港。运河中往来船舶纵横交错，引人注目。野津道贯在日志中对此作出解释，"这是由于埃及英兵正在交战之故"。

[4]　英国的近代造船厂与殖民统治下亚洲的"下等社会"

长州藩的伊藤博文与井上馨赴欧之旅开启一年后，即 1864 年（文久四年，即元治元年），长州藩有个年轻人违背了幕府的禁令，动身前往英国。这个人就是绪方洪庵门下酷爱读荷兰书，并曾在长崎接触过英国文明的村田文夫。村田想亲眼看看海外文明的实际情况，于是在英国商人的介绍下，与佐贺藩士石丸虎五郎、马渡八郎一同前往欧洲。村田归国第二年后出版的《西洋见闻录》（1869 年 4 月，井筒屋胜次郎）一书中，对村田参观过的泰晤士河岸的"乌里奇造船厂"进行了介绍。造船厂长达"十九丁"（约 2071 米），生产各种军舰。书中指出，"英国精良的造船技术居万国之首的原因"在于"英国类似于日本四面环海，海外广阔的疆域上有很多属国，造船业自然就兴盛发达，航海技术高超精湛，造船技艺方面的发明也不胜其数"。

日本与英国一样，都是四面环海的岛国。村田或许也曾想过，日本如果能够拥有海外殖民地的话，日本的造船及航海技术也会得到很大程度的提高。不过，英国生产的船舶与日本不同，它们不是用木头做的。《西洋见闻录》中对"世界第一大舰""格莱特·伊斯特伦（Gertä）"号进行了如下介绍："这艘大型轮船主要由铁制造而成，船内大多零件也是铁制的，船的侧面是内外双重构造，即便外面受到损害，内部也安然无恙；上下分为两层，上部受到损害下部依然完好，下部受到损害上部也不受影响。"其优点不单单在于是铁造的，即便外壁受损，依然有内壁保护船体，上下一方受损，另一方还能保持完好。而且船身安有"车轮"，船尾附有"螺旋车"，利用蒸汽机车提供动力。

如果不冲破国家的禁令去欧洲一探的话，最终只能是井底之蛙。见识了英国的造船厂后，才发现文明的落差如此之大。村田于 19 世纪 60 年代发出的感慨，直到 19 世纪末也基本未发生变化。因翻译柯南·道尔的《夏洛克·福尔摩斯》（*Sherlock Holmes*）系列作品而广为人知的小说家水田南阳（本名荣雄）曾作为《中央新闻》的记者，于 1896 年远赴欧洲。水田在利物浦采访时的惊愕程度，主要体现在《大英国漫游实记》（1900 年 5 月，博文馆）中"船渠之乡"一词。利物浦云集了数百家经营船舶及羊毛等的大商会，并有通向世界各国的航路，是"世界级"的港湾。与此相比，横滨及神户只能是"日本级"的港湾。

1894年至1895年的甲日战争胜利之后，日本国内的国家主义开始抬头。水田荣雄对此进行了冷嘲热讽的批判："就这样的日本！还配称东洋的英国，世界的日本！战胜后的大国国民，几百年后还会这样吗？该醒醒了日本！起来吧日本！可耻啊日本！奋进啊日本。""东洋的英国""世界的日本""大国民"等称谓，是当时日本国内流行的自称。因此水田呼吁"该醒醒了""可耻啊"。明治之后的30年间，日本确实走上了近代化的道路。1894年9月17日黄海海战中，日本联合舰队击沉了清朝北洋舰队的五艘军舰。但是，若与英国在这三十年里取得的进步相比，日本取得的进步在水田眼里只不过是"儿戏"罢了。

"世界第一大舰"（村田文夫《西洋见闻录》）。

船舶从多佛尔海峡进入泰晤士河，在接近伦敦市区时，最先映入眼帘的便是伦敦塔桥。左右两边与道路相连的部分是两个开合桥，当大型船只通过时会自动打开。这架桥梁于1886年年初开工，1894年竣工。水田荣雄是1896年前往欧洲的，在完工不久就目睹了这架塔桥。此图展示的便是伦敦塔桥（《环游世界 太阳临时增刊》）。

　　泰晤士造船厂在这30年间，除了英国外，还为奥地利、希腊、西班牙、德国、土耳其、葡萄牙、俄国以及日本等国制造了舰船。合计803艘，共40万吨。英国数十个大型造船厂里，经常停放有大型甲装舰（有钢与铁装甲配备的军舰）。日本海军最早的近代战舰"富士丸号"也造于泰晤士船厂，并于1897年开始就役下水。"富士丸号"战舰有最高达487毫米的装甲，重12533吨。水田荣雄在英国考察时，14850吨级的"敷岛丸号"还正在生产之中。同时，在生产水雷艇、水雷破坏舰、吃水浅的河流用汽船等方面拥有世界一流技术的亚洛造船厂里，正在生产日本政府预订的六艘水雷艇中的一艘。看到这些，水田思量日本想要称耀于世界，还需要好几十年。

与村田文夫及水田荣雄相似，19世纪下半期大多数日本人赴欧洲的目的是想考察其近代文明进而借鉴学习，并将其带回到日本。与此相反，依光方成的目的则是想要考察欧洲的底层社会。依光在《三日元五十钱周游世界实录》（1891年1月，博文馆）中写道："我们日本人如此频繁地游历海外，其目的不是为了学术研究，而在于制度考察。然而，他们的考察仅限于上层社会，并只看到了表面的奢华之风，至今，未有人对西方世界下等社会的状况进行探究，也没有听闻有人透过外表，去挖掘西方底层社会的风俗习惯，并对底层人们的欢笑、悲伤、哀愁、愤怒、哭泣、嘲笑、辱骂等事实进行报道。"

依光方成出身于高知县的农民家庭，欧洲游学的机会来之不易。大概是1884年（依光写的是1885年，因他目睹了中法战争，所以推测为其前一年）的春天，到长崎访问的依光偶然听说有艘美国商船要起程前往香港。于是，他去拜见了船长并表达了自己想要乘船的意愿，最后获得了在船内当劳工的资格。他书名中的"三日元五十钱"，是他出发时所带的全部盘缠。他曾在大阪和京都学过英语，但还是不能和水手顺利交谈，于是在担任甲板男服务员的同时，他也常常利用工作之外的闲暇时间埋头读书。到了香港他等了好几天，都找不到开往欧洲的便船。后又听说有开往中国沿海的轮船，于是就去找美国船长商量，最后以学习西餐烹饪法为条件准许乘船。他连日本菜都不会做，但是照着烹饪书竟也渐渐学会做西餐了，就这样跟随轮船，他踏足了福州、天津和牛庄等地。

之后，依光方成以中国为中心，遍游了亚洲各地。他乘船从牛庄前往上海，在那里停留了一个多月。回到香港后结束了雇用合同。在香港生活了数月后才发觉，自己离开日本已经半年多了。依光为之深深感慨，"我首次探险的目的地本来是欧洲，但是却未能前往。在失望与消沉中，非常茫然。"后又听说有美国船要开往印度，便去与船长进行交涉，得到一份在船室担任男服务员的工作。此行途经西贡、曼谷、新加坡等地，不知不觉出国已经十个月了。之后，他在一艘经由孟买前往纽约的美国邮船上谋到了一份工作，至此，依光在亚洲的游历生活终于画上了休止符。

将近一年的亚洲游历体验并非毫无意义。虽然未能体验欧美的底层社会，但却目睹了亚洲的底层社会。最初乘船抵达香港时，他发现中国社会的底层民众竟然连孔子、孟子的名字都没听说过。他们的日工资只有 10 钱，其中 8 钱用来买鸦片，2 钱用来买粥，没有房子没有家室也没有存款，在室外席地而睡。西方人用拐杖打他们，向他们吐唾沫，他们也不反抗。福州底层百姓的生活水平与香港并无二致。牛庄的外国人晚上外出时，经常受到袭击。市区里屎尿横流，恶臭难耐。室内也非常脏乱，就像猪窝一样。

依光方成看到的亚洲的社会面貌，是当时正处于欧洲列强殖民统治下挣扎于底层贫民的苟延残喘的景象。他抵达福州时，正值中法战争前夕，民众们纷纷议论法国军舰不久就要来袭。依光的记载显示，法国军舰驶抵福州后要求第二天就开战，清政府也同意了。但是法国军舰却没有遵守这一约定，当天下午就开始了攻击。在尚未准备就绪之际，清政府福州舰队的 11 艘军舰在两个小时之内就被法军击沉了。这便是 8 月 23 日爆发的马江海战，法国方面只受到些微损伤。依光对此非常愤怒，批判"法军不守信用，令人憎恨"。中法战争于第二年的 4 月 6 日结束，6 月 9 日双方签订了《天津条约》。

依光方成不只是对列强不信守承诺感到愤慨，更对列强侵略亚洲的行为表示十分不满。在愤怒的同时，也感到十分痛心。这种痛心不只是针对清政府。依光写道，清政府失去香港是因为"无力"抵抗，安南（越南）失去西贡（今胡志明市）是因为"人民的懦弱"，缅甸失守是因为"无知和文盲"。勉强保持独立的，只有"日本、中国、朝鲜、曼谷与波斯"，这便是依光对亚洲各国的认识。亚洲的游历生活赋予了依光周游世界以新的目的，那就是"了解西洋人深层次的民族性格"。依光自我思忖，在充分了解西方的基础上，"如何才能使东方各国联合一致，实现亚洲的复兴呢？"

[5] 甲午战争后日本在追求远东帝国之梦过程中不断膨胀

争取实现制定宪法和开设议会，是自由民权运动的宗旨，末广铁肠也曾为此竭力奔波。为了考察欧洲的政治情况，末广铁肠于 1886 年（明治十九年）4 月至 1889 年 2 月期间，利用其所著政治小说的版税赴欧洲进行了考察，并将此行经过记录于《哑巴旅行》一书中。他在《哑巴之旅》修订本第 7 版（1894 年 6 月，青木嵩山堂）的"自序"中写道，出发前的欢送宴上，去过欧洲旅行的人讲述了他们"欧洲期间的奇闻怪谈"，一行人被逗得捧腹大笑。他当时就在想，"若能在诸位的搞笑故事中加入自己的旅行经验"，或许能写成一本书。这样一来，书中自然而然多了很多奇闻逸事，形成一本徒步游览式的世界旅行游记。

归国时他在马赛乘坐了法国 M·M 公司的"飞脚船"。该船途中曾在亚历山大港停靠。靠岸前，有很多小船向他们靠拢过来，当地人攀着船舷一侧的绳子爬了上来。其中一人给忍和辰巳递了一张纸条，上面用日语写着："收到钱后保证竭诚为您提供向导服务，以此为证，年月日，同行五人。"在邮船起程前的 30 分钟，

末广铁肠著《哑之旅行》一书的封面。末广在书末写道，去欧美实地旅行之后才发现，伦敦和巴黎根本无法与上海相比。

市川准备结束市内观光想要回到船上时，向导和车夫互递眼色，想要索取额外的小费。徒步赶回去也已经来不及了，没有办法只好给了他们要求金额的一半才回到岸上。在岸上与导游讨价还价时很多当地人围了过来。同一艘船上的西方人赶过来帮助，要求导游帮忙准备小艇让他们回去，但愤怒的导游却置之不理，还捡起石头砸了过来，引起一阵骚动。

从地中海进入苏伊士运河后，天气突然变得异常炎热。还穿着冬装的辰巳到船上的仓库去换夏装。顷刻间夕阳西下沉入沙漠尽头，汽船的电灯也变得熠熠生辉，异常美丽，而辰巳却迟迟没有归来。船员们到处寻找，都不见踪影。询问仓库管理员，他们说日落之前仓库的门一直锁着，未看到有日本人来过。船内有人失踪，瞬间人们议论纷纷。有人推测是不是不慎掉入海里了，也有人猜测是因为银行破产投海自尽了。第二天早上，旅客们在食堂里又开始议论此事，正在这时，辰巳汗流浃背、满面通红地出现在大家的面前。询问后才得知，他顺着梯子进入仓库后，仓库入口的盖子自动关闭了。他曾大声呼叫，但声音被轮船的噪声掩盖了。仓库里漆黑一片，温度非常高，辰巳感觉自己"像被热锅蒸煮"一般，好几次都险些窒息。尿意难忍的他，没办法还是在仓库里解手了。辰巳请求大家为他保密，但忍却将这件事告诉了西方人，惹得大家都开怀大笑。

一行人在西贡听到了一则非常惊人的消息。栈桥一侧停着一艘 M·M 公司的"飞脚船"，是从日本起程昨夜入港的。对面船上的日本人询问他们从哪里归来，回答是英国后，有人告诉他们，"如果是从英国回来的话，想必你们已经知

亚历山大港位于地中海沿岸，是埃及仅次于开罗的第二大都市。《世界地理风俗大系》第十七卷《非洲》（1928 年 12 月，新光社）对此作了如下说明："作为港口，其设施与繁华程度在地中海沿岸仅次于马赛。"图为亚历山大港的景观（末广铁肠《哑之旅行》）。

道，前两个月有个叫忍的游客在苏格兰猝死了。"两条船的间距有"十四五间"（25～27米），虽然这边回答说"忍就在这里"，但在对方还未听明白意思的时候，他们的船就已经起程出发了。忍想立刻从西贡寄信给日本告知实情，但是辰取笑他说："信件都是通过该艘邮船送达日本的，没用。"看来，只有下船上岸发电报了。但是到邮局一问，才得知每个字的价格都很贵。想到他们应该不懂日语，于是在发件人姓名一栏里写上"乘坐法国飞脚船下月初归国，目前在西贡，忍"，电报正文只有"平安"二字。

末广铁肠在《哑之旅行》的"自序"里，就满是关于航海体验与传闻的插曲。由于多以爆料不习惯海外旅行的日本人的糗事为题材，目的在于制造笑点，因此文章的基调不可居高临下和傲慢自大。虽然居高傲慢也能成为冷笑与揶揄的对象，但不会产生滑稽的妙趣。日本人在近代的首次对外战争——甲午战争之后，从内心深处萌生了要成为远东帝国的妄自尊大的意识。虽然在德、法、俄三国的干涉下，不得不将辽东半岛归还给了中国。但是，在1895年4月签订的《马关条约》中，中国又将台湾和澎湖列岛割让给了日本。因此日本人认为自己不仅在战争中战胜了大国清政府，而且认为日本已经像欧洲列强一样，位于坐拥殖民地的帝国之列了。

大桥又太郎（乙羽）曾将博文馆经营成明治时代最具代表性的出版社，他在大桥新太郎所编的《欧美小观》（1901年7月，博文馆）一书中连发感慨，表示非常"忧虑"。因为他结束欧洲旅行回国之后，周围的熟人都问他："那边有比日本更好的国家吗？"大桥回答道："没有比日本再落后的一等国了。"甲午战争结束后，日本国民妄自尊大，甚至还出现了"膨胀的日本"这样的新词。日本的地图上虽新增了台湾和澎湖列岛，但日本的文明化进程，并不是与欧洲同

大桥新太郎编《欧美小观》中收录的美术明信片。大桥又太郎对此作了说明，画中的船是"德国赫伯罗特公司的母船，重壹万四千余吨"，从欧洲到美国，沿着北大西洋航路航行五天。"赫伯罗特"是北德意志商船·赫伯罗特公司的简称。日本国内造船厂制造的比这更高规格的邮船，是1929年9月15日在长崎三菱造船厂完工的"浅间丸号"，承载16947万吨。欧美大型船舶交互穿行的花形航路，是北大西洋航路。

步推进的。大桥以被称为"日本玄关"的横滨码头为例，对日本与西方文明的差距进行了说明。横滨的英国码头上建造了宏伟美观的铁制栈桥，而日本码头却没有栈桥。为此，在日本码头人们只能乘坐运货的驳船或小蒸汽船抵达大船。大桥认为，虽然自称"一等国"并无多大妨碍，但这只不过是日本人的虚荣心在作祟罢了。

虽然与欧洲列强相比文明程度还有很大的差距，但甲午战争之后日本想要成为远东帝国，野心开始膨胀确是事实。《马关条约》签订三个月后的1895年7月23日，《读卖新闻》刊载《海运扩张方法提议案（承前）》一文，对欧洲航路提出了如下新的设想："在日本成为世界商业中心后，此航路将变成最为紧要的联络要道。但是初期需要大量资金，以便与世界屈指可数的大邮船比肩抗衡。由于这条线路的着手开拓并非那么简单，所以第一步，应将日本邮船公司驶往孟买的货物船扩充为定期邮船，接着让定期货物船试航欧洲，渐次进行扩展，最后全部实现定期邮船的方针。"

日本邮船的孟买航路早在上述报道两年前的1893年11月就已经开通了。孟买位于印度西海岸，面朝阿拉伯海，作为出口印度棉花的港湾都市而广为人知。但是外国邮船的运费很高，于是纺织业者们纷纷要求日本邮船的加入，于是才开设了定期航路。日本邮船公司的员工正木照藏于1901年10月出版了《漫游杂录》一书。正木于前一年在环游世界的途中造访了孟买，在孟买分店的公司宿舍里作了短暂休息。当时，除了日本邮船公司之外，正金银行、三井物产、内外棉花等公司也在孟买开设了分店，这些分店都是与棉花出口相关。日本邮船公司的船舶每月驶往孟买一次，居住于此的日本人委托其带来了米及味噌等日用品。甲午战争后纺织业的发展，也带来了孟买航路的繁荣与发展。

清朝末年的1900年，义和团运动爆发，这对梦想成为远东帝国的日本来说是一个绝好的机会。6月，清政府宣布对其进行镇压，最后这场内乱引发了国家之间的战争。为了镇压义和团运动，美国、英国、意大利、奥匈帝国、德国、法国、俄罗斯与日本组成了八国联军。创办大仓财阀的实业家大仓喜八郎是在海外得知义和团运动的消息的。他在《欧美土产》（《环游世界 太阳临时增刊》，1900年11月，博文馆）中写道："这一事变毫无征兆地在白人所到之处为日本作了宣传。"1899年英国发动了第二次南非战争，进攻南非的德兰士瓦共和国和奥兰治自由邦，但是当年10月以后英国已经没有能力派兵了。取而代之的是日本派遣了大量兵力，大仓注意到各国报纸都对日军的动态进行了报道。这对日本而言，是向中国及朝鲜半岛扩大权益的最佳时机。

1902年4月，日本海军派出"浅间号"与"高砂号"两艘舰船，从横滨出发前往英国进行远洋航海之旅。此行的目的是参加英皇的冠冕仪式，不过组成舰队驶往欧洲，在日本历史上还是首次。乘坐浅间号的海军少佐小笠原长生在《参加英皇加冕仪式渡英日记》(1903年4月，军事教育会)中对此次航行作了记录。自从1870年10月太政官决定海军采用英国式的管理方法以来，日军与英军的关系就变得非同一般。从新加坡前往科伦坡途中，他们遇到了原产于英国且正要返回日本的战舰"三笠号"。三笠号战舰鸣放了礼炮并停下船，双方乘坐小船互相来往，前往英国的两艘战舰送了日本酒过去，三笠号则回赠了红酒。

第二次南非战争一直持续到1902年5月，英军强制将大批布尔人送往收容所。小笠原长生在锡兰(今斯里兰卡)的古都康提参观了其中一个收容布尔士兵俘虏的收容所。他在书中写道，布尔兵的俘虏总共有好几万人，其中5000人收容在锡兰岛。小笠原陪同司令官去的是拉格马收容所。320名俘虏生活在七栋住宅里，没有劳役，伙食与英兵相同，还设有小卖部。只是为了防止他们逃跑，在四周围了三层通电的铁栅栏。会做手工活的俘虏，可以做些雕刻来赚取工钱。小笠原也在停车场买了一个紫檀做的大象摆件。

从日本前往英国的为期63天的海上之旅中，能亲身感受到世界地图上绘制的大英帝国的势力范围。位于意大利西西里岛以南的马耳他岛(今马耳他共和国），就是其中的一个典型例子。马耳他岛位于连接地中海与远东的要道上，对英国而言是重要的战略据点。在马耳他岛的格兰德港，停泊着英国的战舰、巡洋舰、驱逐舰等47艘战舰。看到这壮丽的景象，小笠原长生意识到这才是"世界海上之王"。早在1902年1月，日英双方就在伦敦签署了《日英同盟条约》。所以，他们处处都受到了英军的"迎接与款待"，司令官及副司令官等都被迎到岸上招待。据说为了给司令官一级以上的官员准备午餐、晚宴和赛马活动等，半天时间派出了五艘军舰。

[6]　日本邮船欧洲航路第一艘船往返139天

日本邮船欧洲航路的第一艘船于1896年（明治二十九年）3月15日从横滨派出。当天的《读卖新闻》刊载消息《"土佐丸号"出发》，称船上有三名外国乘客，日本方面"除了高田商会的下筱寅治郎之外还有数名乘客"。日本邮船公司的很多员工也乘坐了此船，不过土佐丸号原本是货船，客舱很少。在横滨与神户，装载了茶、米、麦蒿、火柴等杂货。此外，在孟买也装载了不少货物。在门司还装载了大量提供动力的煤炭。土佐丸号计划5月22日左右抵达伦敦，之后到达比利时的安特卫普，8月10日左右回到日本。土佐丸号实际抵达伦敦的时间正好是5月22日，六天后出发前往安特卫普。

《读卖新闻》于1896年8月10日刊载了《"土佐丸号"航行情况》一文，对此次航海作了报道。土佐丸号回到神户是8月5日，比原计划时间提前了几天，这则消息就是对回到神户的船员进行采访后的报道。此次航行最远抵达了英国的米德尔斯伯勒，继而从那里返程回国，此次长途之旅往返共花了139天时间。在安特卫普装载了铁料、铁道材料、杂货等，往返运费收入12万~13万日元。但是苏伊士运河的往返路费是25000日元，灯塔费、饮用水等的费用也非常高，最后出现了3万多日元的赤字。土佐丸号在当时是从远东日本发出的第一艘邮船，所以所到之处都受到了热烈的欢迎。6月17日在安特卫普举行了开航仪式，比利时外务大臣、德国公使、日本邮船领导层等，共有70多人出席了首次航海的庆祝活动。

1896年2月14日，《读卖新闻》刊登《日本邮船公司欧洲航路初始期》一文，称日本邮船公司已经制订计划，继第一艘船土佐丸号之后，会以每月一次的频率从横滨港发船前往欧洲。但是在1894~1895年的甲午战争期间，日本邮船公司的船舶被征作军用船，很多还没有解除军务，这自然就需要租用外国邮船了。4月18日起程的第二艘船是和泉丸号。和泉丸号在苏伊士运河河口与正要返回日本的土佐丸号相遇。但是，5月20日起程的第三艘船，就变成了租

横滨港的土佐丸号（日本邮船编《日本邮船公司五十年史》）。该书记载，日本邮船公司于1887年开始进行开辟欧洲航路的调查，1892年比利时还提出共同开设航路的议案，甲午战争后终于得以实现。

用的英国汽船阿加帕扎丝号了。第四艘船是解除征用后的旅顺丸号。欧洲航路草创期，日本邮船公司在船舶租用方面颇费周折。

日本邮船公司尚未加入前，欧洲航路上有英国的 P&O 邮轮（Peninsular & Oriental，英国半岛－东方航运公司）、德国的赫伯罗特公司、法国的 M·M 公司等在运航。作为新近加入者，必须要有相应的竞争力。1896 年 3 月 7 日《东京朝日新闻》刊文《日本与欧洲运费之比较》，称 M·M 公司的运费最高。相对廉价的 P&O 邮轮从横滨到伦敦的上等运费约 700 日元。赫伯罗特公司从横滨到不来梅的运费是 675 日元。与此相对，日本邮船从横滨到伦敦的上等运费是 350 日元，约为其他公司的一半。而且选择日本邮船公司的乘客若往返都乘坐，则归途船费是去程的一半。也即，归途船费也远比其他公司要便宜得多。

运费低的其中一个原因是人工费用低。1896 年 4 月 4 日《读卖新闻》刊文《日本独占欧洲航路》，称因为航海士、轮机员、水手的工资低，日本邮船公司的航海费用只有其他国家邮船航海费用的三分之一。而且因为日本煤产量丰富，价格低廉。文章乐观地认为，"击败其他国家的大型邮船公司，由日本独占欧洲航路也绝非难事"。当然，面对如此大幅度的价格落差，各国公司不会坐视不管。为了避免价格竞争，英国的 P&O 邮轮、法国的 M·M、德国及奥地利的赫伯罗特公司已经结成同盟并规定了运费。

这些公司也必定会劝说日本邮船公司加入同盟。据《邮船公司与外国汽船公司的同盟决定》（《读卖新闻》，1896 年 6 月 10 日）报道，P&O 邮轮、M·M 及赫伯罗特公司曾就欧洲航路的运费进行磋商。交涉的结果是横滨至伦敦的运费根据吨位来决定。最后各方意见达成一致，三大公司将定率运费减掉一成，

欧洲航路新造的 12 艘船中，图片从上至下依次是神奈川丸号（日本邮船编《七十年史》）、博多丸号与丹波丸号（日本邮船编《日本邮船公司五十年史》）。

日本邮船公司的运费在此基础上再便宜 1 先令 6 便士。6 月 22 日出航的巴尔莫勒尔号（Balmoral）便开始使用新的运费标准。

从欧洲航路第一艘邮船土佐丸号出现 3 万日元的赤字这一现象中可以看出，没有国家的支援与资助，加入欧洲航路是极为困难的。据《将欧美航路作为特定航路（邮船公司的决心与当局的意见）》（《读卖新闻》，1897 年 2 月 15 日）报道称，鉴于欧洲航路"凡出航必亏损"，所以日本邮船公司向邮政省申请将此航路作为"特定航路"，目的是从国库拿到一定的资助。法国、德国、意大利等各国的邮船公司，也是在本国政府的大力支持下互相竞争。欧洲航路已经给日本邮船公司造成了损失，而且邮船公司也没有义务继续运营海外航路，如果政府不提供资助，欧洲航路可能就要就此废止。邮政省与大藏省对此事进行了商讨后，向内阁提交了提案。

欧洲航路上曾发生过重大事故。1896 年 11 月 1 日，"姬路丸号"在距离越南 300 海里（约 556 千米）的南海西沙群岛触礁。《读卖新闻》（同年 11 月 28 日）刊登《"姬路丸号"遇难始末》一文，对此进行了报道。文中称，从香港派来的救助船 11 日抵达事故地点，将船上的驻伦敦领事候补员加藤等 3 名日本人、2 名西方人及 80 多名富士舰返程水手悉数运到了香港。所幸的是乘客中未出现死伤者，但货物损失惨重。姬路丸号 1882 年由英国造船厂生产，总重 1945 吨，是日本于甲午战争期间买进的。事故后该船被运到香港，进行竞卖。

要想在欧洲航路保证定期航行且不租用外国船舶，需要具备一定数量的邮船。为了与列强的邮船公司竞争，必须要对轮船进行更新改造。为此，日本邮船公司购进 12 艘设备齐全的大型新船。12 艘新船（神奈川丸号、博多丸号、河内丸号、若狭丸号、镰仓丸号、赞岐丸号、因幡丸号、丹波丸号、备后丸号、常陆丸号、佐渡丸号、阿波丸号）中，10艘订购于英国，且于1898年5月完工。自完工之日起，日本邮船便将欧洲航路的运航频率改为隔周一次。在10艘新船中，河内丸号于1897年7月19日抵达神户港。根据《邮船公司新造船河内丸号归航》（《读卖新闻》，同年7月23日）报道，这艘船造于格拉斯哥的造船厂，总吨位为6099吨，客舱能容纳的定员数量为上等22人、中等18人、下等100人。

12艘新船中，常陆丸号与阿波丸号这两艘由日本建造。常陆丸号造于长崎的三菱造船厂，第二年3月舰装（航海必需的各种各样的装备）完工，《造船厂的进步与常陆丸号》（《东京朝日新闻》，1897年11月7日）一文对此进行了报道。19世纪后半期，日本最早以舰船修理厂起步的长崎熔铁所于1887年由明治政府出售给三菱公司，1896年建成了第二船坞。日本造船技术的进步，是日本成为远东帝国所必要的条件。报道称，新船的船长、船员都是日本人，他们的梦想是向欧洲人展示"我国的航海与造船技术的进步"。常陆丸号于1898年8月24日抵达横滨，12艘新船中最晚的阿波丸号也于1899年11月完工。

这两艘国产的新船完工后，第一艘邮船土佐丸号便从欧洲航路隐退了。《东京朝日新闻》于1899年12月28日刊文《"土佐丸号"撤回欧洲航路》，对其引退后的计划进行了报道。美国现在船舶紧俏，货物送运受阻。因此拟对土佐丸号的船体进行修缮后，预计于第二年1月20日左右奔赴美国，作为临时船出航。自土佐丸号1896年3月首次开启欧洲航路以来，已经过了三年，欧洲航路上的日本海运能力在此期间发生了怎样的变化呢？

1899年马赛港入港外国蒸汽船的国别吨位数一览刊登在了《税关月报附录之

	入港 汽船 船數	船噸數	貨物噸數	帆船 船數	船噸數	貨物噸	出港 汽船 船數	船噸數	貨物噸數	帆船 船數	船噸數	貨物噸數
英國												
西班牙												
意大利												
希臘												
奧地利												
日本												
荷蘭												
德國												
瑞西挪威及												
魯西亞												
丁抹												
其他諸國												
諸外國												
法蘭西 船舶												
總計												

马赛港的《出入船舶国别统计表（1899年）》(《税关月报附录之七　丹羽技师马耳塞港出差报告书》)。根据该报告书得知，1899年欧洲大陆各港口进出口货物的吨数如下，依次为：汉堡约1286万吨，鹿特丹约845万吨，安特卫普约722万吨，马赛以628万吨位居第四。1898年马赛港经营定期航海的公司有88家。其中英国公司30家，法国公司16家，西班牙9家，希腊公司8家，意大利公司6家，德国公司5家，奥地利5家，日本只有1家。

七 丹羽技师马耳塞港出差报告书》（1902年12月，横滨税关，第61页）上，其中显示诸国合计吨位数是2767000吨。吨位数根据重量依次是：①英国1538000吨（约55.6%），②西班牙296000吨（约10.7%），③意大利228000吨（约8.2%），④希腊170000吨（约6.1%），⑤奥地利140000吨（约5.1%），⑥荷兰119000吨（4.3%），⑦日本94000吨（约3.4%），⑧德国86000吨（3.1%），⑨瑞典、挪威35000吨（约1.3%），⑩俄罗斯32000吨（约1.2%）。值得注意的是日本超过了德国和俄罗斯，位列第八。原本这只是限定于地中海马赛的数据。但欧洲的花形航路不只有欧洲航路，还有与美国之间的北大西洋航路。

[7]　从"旧世界"走向"新世界"——1900年巴黎世博会

1889年（明治二十二年）召开的巴黎世博会，入场人数达3235万，是19世纪后半期召开的世博会入场人数记录的一倍以上。高达300米的埃菲尔铁塔是专为纪念此次世博会而建造的，意在宣告钢铁时代的到来。11年后，即1900年召开的巴黎世博会，创下了4708万人的世界纪录。此后60多年都没能被打破。1861年，竹内下野守一行组成的欧洲使节团，目睹了第二年召开的伦敦世博会。日本最早在世博会上参展，是幕府与萨摩藩参加的1867年巴黎世博会。日本有很多人作为公务使节与参展工作人员，参观了世博会，但是撰写世博会的见闻录，还是从1900年巴黎世博会开始的。

去世一个月后其著作《欧美小观》（1901年7月，博文馆）才得以出版的大桥又太郎，便是其中一员。大桥根据欧洲航路的去程记录，撰写了《欧山美水》（1900年12月，博文馆）一书。书中记载，大桥在1900年3月从横

象征"新世界"的巴黎世博会的地球仪
与埃菲尔铁塔(《欧山美水》)。

滨出发,游历了法国、比利时、荷兰、德国、奥地利、匈牙利、瑞士、西班
牙、意大利、英国、美国这些国家后,于9月回到日本。与大桥同时乘坐日
本邮船河内丸号回到日本的,还有宗教学家姊崎嘲风。英国不同于日本,拥
有很大的势力范围,大桥在4月11日抵达香港之后,开始对此产生深切的
体会。

　　快到香港时气温陡然升高。河内丸号打开船内的仓库,乘客也去换了夏装。
进入港内,发现停泊的船只有博多丸号、亚米利加丸号、金州丸号等日本欧洲航路上的邮船。各船升起国旗致礼，乘客互相挥帽致意。这是由于"天涯逢知己"（远离故土的地方遇到了熟人）的心情所致。下船上岸后，"月光与灯火"交相辉映，街市上"亮如白昼"。令日本人一行感到"陶醉"的是，乘坐缆车登上维多利亚顶峰的时候，从山上眺望香港，夜景是如此雄伟壮美。既能欣赏到"青山起伏""海水荡漾"的自然景观，又能感受到"千家万户"灯火通明的文明景观。

乘坐河内丸号的乘客在前往欧洲的旅途中，深刻感受到日本在甲午战争之后不断向海外扩张的态势。其中之一，便体现于日本邮船公司欧洲航路上的

1898 年 6 月 9 日，英国向清政府租借了九龙半岛，租期为 99 年。据外务省通商局所编的《香港事情》（1917 年 5 月，启成社）一书记载，居住在香港太平山顶的"欧美与葡萄牙人"有 422 人，居住在维多利亚市内的有 4530 人。图为从香港的山上远眺的风景（《欧山美水》）。

邮船。在新加坡港，他们遇到了从欧洲返程回来的阿波丸号，两船乘客互相欢呼万岁。从槟城至科伦坡的航海途中，又遇到了从欧洲归来的因幡丸号，乘客们挥着手绢互相致意。大桥写道，"欢呼万岁，内心舒畅"。日本海外扩张不只体现于欧洲航路的邮船，在新加坡下船后，一行人在酒店用午餐时看了当地的报纸。其中有则消息称，当天有来自世界各地的18艘军舰驶入新加坡港，其中8艘是日本的"帝国军舰"。得此消息，一行人"志得意满"地回到了船上。

甲午战争胜利的消息，在海外广为相传。抵达锡兰的科伦坡港时，一行人乘坐火车前往古都康提，下榻德国人经营的温柏（Quince）湖畔的酒店。夜晚在户外散步时，有两个"地痞"从后面追了上来，对他们嘲讽似地说："日本战胜了中国，日本人一定非常强悍"。随之英国士兵赶了过来，对他们说："你们不是日本人，遇到战胜国的绅士，是你们的光荣。"最后他们与英国士兵一起大喊了三遍"帝国万岁"后便离开了。大桥又太郎前往欧洲的1900年，正值义和团运动那一年。《欧山美水》的"凡例"中写道："我西游中，恰值中国团匪动乱，日本军队的美名在欧美人士中赞不绝口。"大桥听到这些后"意气风发"，内心感到"无比欢快"。

不过，大桥又太郎在欧洲航路之旅中感受颇深的，不仅仅是努力追赶大英帝国且意欲称霸远东的日本现状，还有其他一些东西。例如在香港公园，大桥想起了英国在建设香港时的艰辛作战。在开通道路，建设房屋之时，疟疾就横行开来。那种病可是被称为"香港热"一般威猛。书中写道，"热病频发，病死者不计其数，精锐人员日月消沉，一时议论纷纷，即便是英国，都想着要抛弃这一港湾。"但是英国还是在此铺设了水道，并建立了完备的下水道，栽种树木后舒缓了炎热，使得空气流通变顺畅，并且将房屋的结构进行改造，使西方人都能在此地住得惯。大桥感到佩服的，不单是他们将荒地改造为"一等街区"，还有开创"自由贸易之路""将商业权由中国人进行支配"等英国殖民地政策的"高明"。

对英国的赞赏，不仅仅能从对香港的记述中看到。大桥还写道："试看一下东洋的地图，船舶可以任意穿行的港湾，悉数都被白人占领了。"被占领的不只是香港、新加坡、科伦坡等城市。新加坡位于马来半岛的顶端，1896 年 7 月马来联合州结成之后，马来半岛全境都归于英国的统治之下。这已是大桥欧洲之行四年之前的事了。在姊崎嘲风的提议下，他们一行四人雇了一辆马车绕马来半岛逛了一圈。在马来人和中国人杂居的区域，四处飘散着浑浊的臭味。森林深处潜伏有老虎、鳄鱼等动物，还有很多毒虫，因此不准入内参观。但是英国人雇用当地人，正在对中心区域以外的道路进行修缮，没有丝毫懈怠。大桥写道："就连如此偏僻的地带，白人都没有忽略，实在佩服。"

在科伦坡，一名意想不到的乘客登上了河内丸号。1882 年 7 月有栖川宫炽亲王通过苏伊士运河，之后 12 月板垣退助又从此河通过。在此期间的 8 月到 9 月，有两万英军占领了苏伊士运河一带，并迫使埃及军队投降。埃及军队将领穆罕默德·阿里帕夏被流放到英军占领下的锡兰。此次乘船的正是其子易卜拉欣·帕夏。据他说，父亲阿里帕夏在英军的严守下生活于康提，自己也七年没见到父亲了。大桥又太郎称赞阿里帕夏领导的革命，安慰他说："令尊在埃及衰亡史上留下的英明我辈都看在眼里"，"令尊数年后必将刑满归来，天下胜负现在还尚无定论"。

5月5日船内举行了端午节宴会。甲板上悬挂着漂亮的旗帜，30尺（约9米）的鲤鱼旗迎风飞舞。在旁边，是用白色桌子做成的高两间（约3.6米）的富士山，用盆栽做成的三保松原，还有使用船内物品做了停车场、"帝国万岁判物"的匾、人造花等。会后是觥筹交错的酒肴，还伴有演出。最先表演的节目是《曾我兄弟复仇》这一剧目，大桥又太郎和五郎分别担任曾我兄弟的角色，之后又表演了"滑稽舞"及新创作的长呗，以及进行了幸运抽签活动。最后担任招待委员长的姊崎嘲风用英语介绍了端午节。从16点一直到21点，欢声不断，人们纷纷议论这是"日本邮船公司开始欧洲航路以来"最大的盛会。

　　苏伊士除了发出顺着运河航行的邮船外，每隔两个小时还有一趟火车开往开罗。但是塞得港"瘟疫"流行，患者不断，从亚洲开来的汽船检疫严格，不允许进港。太阳落山后河内丸号驶入苏伊士运河。骑在骆驼上的当地人，追随着白云飘动的方向向前移动。夜深之后很多乘客离开邮船，大桥又太郎和姊崎嘲风在甲板上，眺望着明月映照下的沙漠。二人吟诵汉诗，沉浸于旅途的乐趣之中。大桥写道，"如今我们的轮船正辞别旧世界，呼吸着欧洲大陆的新鲜空气"。亚洲到欧洲的旅途，在他看来意味着从"旧世界"走向"新世界"。

　　正木照藏参观完巴黎世博会后顺着欧洲航路归国时，也经过苏伊士运河，只是比大桥又太郎和姊崎嘲风晚4个月。1899年通过苏伊士运河的船舶数量统计，收录在其所著的《漫游杂录》中。根据该书记载，包括军舰、商船在内，船舶总数为3607艘。其中，英国船为2310艘（约64.0%），德国船为387艘（约10.7%），法国船为226艘（约6.3%），差距很大。由此可见，欧美列强中，英国的势力占有压倒性的优势。日本船是65艘（约1.8%）。此外，欧洲

从"旧世界"走向"新世界"的入口——塞得港（《欧山美水》）。

航路上每年的船客总数是 221333 人，其中日本人有 655 人，约占 0.3%。虽然日本自视为称霸远东的帝国，但在欧洲人看来，不过是"旧世界"的小打小闹罢了。

[8]　英国人著《渡欧指南》体现出的文化差异

1902 年（明治三十五年）1 月，日本出版了达姆·西尔塞编著、长谷川善作翻译的旅游指南《渡欧指南》（骎骎堂）。因为日本邮船开启欧洲航路才只有六年时间，所以旅游指南类的书也只能是从翻译英国人的著作起步。该书由 51 章组成，前半部分的第 1 章"海外旅行的方针　附海上主要航路表"到第 6 章"上岸相关事项　附国内外宾馆的差异"中，记述了旅行前的准备及旅行途中的注意事项；后半部分的第 8 章"欧洲各国产的食品及其重要物产 附世界底层劳动者"到第 15 章"意大利与西班牙 附各国人情风俗杂记"中，对欧美列强的情况进行了介绍。这是一本同时介绍欧洲航路与西洋概况的旅游指南。

1896 年日本邮船加入欧洲航路以前，前往欧洲的日本人只能乘坐欧洲的邮船。例如 1887 年 6 月 28 日，高田善治郎就在神户港乘坐法国 M·M 公司的"巴昂鲁格号"出行的。据《出洋日记》（川胜鸿宝堂，1891 年 3 月）记载，乘客中的日本人除高田以外只有五人，外国人船客也为数寥寥。当时的欧洲航路游客还甚少。从神户出发后，巴昂鲁格号在航行途中与同一公司的泰纳斯号擦肩而过。对方船上有从赴欧考察归来的原农商务大臣西乡从道，两船船员互相握手致意。抵达香港后，高田于 7 月 7 日换乘了 M·M 公司的伊拉瓦德号邮船，这艘邮船重 3546 吨，比巴昂鲁格号"坚固庞大"。之后高田又于 7 月 21 日在科伦坡换乘了 M·M 公司其他的船。

法国邮船与英国邮船不同，要停靠在法属殖民地印度尼西亚的首都西贡。上岸后，高田善治郎雇了一辆马车想要去邮局寄信，却被带到了市外的公园。本来给车夫看了信件要去邮局的，结果兜里揣着信就回到了船上。这是因为在西贡无法用英语沟通。与英国邮船相比，法国邮船有些不方便，但好像大部分日本游客都希望乘坐法国的邮船。山边权六郎曾乘坐过法国邮船纳塔尔号从马赛到香港，他在《海外旅行见闻志》（气关社，1890 年 7 月，）中写道，法国邮船的人气更高，因为法国邮船"护理精良"。

不过，在日本邮船公司加入欧洲航路之后才成书的《渡欧指南》中，达姆·

GIDE to EUROPE
spoken
by
DAM SILLSENG
translatea
by
T. HASEGAWA

达姆·西尔塞编著、长谷川善作翻译的《渡欧指南》一书的封面。西尔塞写道，看到亚洲其他国家与日本的人力车后，他们确信"操作机器"的都是"上层社会"。

西尔塞却表达了与此不同的看法。首先，日本邮船"坐卧自由，不觉得憋屈"，但缺点是"旅途时间漫长"。有急事要赶到欧洲的人，只能乘坐外国邮船。在这种情况下，西尔塞认为选择德国的邮船会更好。法国的邮船"有酒卖"这一点虽好，但是对乘客的服装不但十分挑剔，还会进行干涉。选择味觉的享受，还是选择旅途的舒适，取决于每个人的偏好。但是，不论选择哪个国家的邮船，在预约船舱时，西尔塞建议选择右舷的位置较好。因为穿越印度洋时，右舷的船舱能避开强烈的阳光直射。

乘船到海外的不只有游客。《渡欧指南》中收录了1899年移居到世界各地的、符合《移民保护法》的日本移民的数据。其中，男性26161人，女性5193人，总计31354人。根据地域区分，夏威夷22973人（约73.3%），美国3140人

明治三十二年（1899）在移民法的保护下取得出境许可的移民数量及移居国家一览（1900年11月调查）

地名	男	女	计
夏威夷	一八、六二一	四、三五二	二二、九七三
美国	三、〇七二	六八	三、一四〇
英属加拿大	一、六六四	六二	一、七二六
韩国	一、二二〇	一八三	一、四〇三
秘鲁	五六一	二八二	八四三
中国	四九〇	一二二	六一二
俄国及属国	四七九	六四	五四三
香港	三〇	二〇	五〇
荷属苏门答腊等	七	—	七
新加坡	六	二六	三二
法属西贡	三	一三	一六
澳大利亚	三	一	四
吕宋岛	三	—	三
印度	一	—	一
墨西哥	一	—	一
总计	二六、一六一	五、一九三	三一、三五四

1899年"一年内日本移民人数的国别分布"（达姆·西尔塞编著、长谷川善作翻译《渡欧指南》）

（约10.0%），英属加拿大1726人（约5.5%），这三者占了88.8%。他们乘船走的是美国航路。其后是韩国1403人（4.5%），中国612人（约2.0%），俄罗斯、俄属领地543人（约1.7%），甲午战争后，随着日本野心的膨胀，东亚的国家与地区也位列其中。移民人数达三位数的，仅限于上述地点。欧洲航路的停靠港口中也有日本移民，其中香港50人，新加坡32人，西贡16人。移居夏威夷及北美大陆的移民，大多是经济上的贫困阶层，特点就是只有单程票。与此相对，欧洲航路上的日本人阶层较高，拿的多是往返票。

伦敦的标志性建筑（达姆·西尔赛编著、长谷川善作翻译《渡欧指南》）。左边的高塔是维多利亚塔，中间的建筑是被用作议事堂的西丝敏斯特宫殿，右边的建筑是高达96.3米的钟楼，1859年完工，被称为"大本钟"。

　　列强各国名众，对乘坐美国航路邮船的地位较低的日本移民态度并不友好。达姆·西尔塞写道，"迄今为止，外界认为船上的日本人不是移民就是外出打工仔，对其评价并不好。如若日本人在责骂中国人时，能反躬自省，想想自己的品性，也许可以为自己提升一点诚信。"不过，《渡欧指南》里对此也寄予了希望，"期待他们的品行能有较大的改善"。也就是说，这些问题不仅仅是由于经济上的差距，其背后也有文化的差异。如果在文化方面能多加注意的话，即便语言不通，不会使用刀叉也没多大关系，西尔塞期待他们能够在如下方面能有所改观："光着身子在船上来回跑，头罩毛巾，翘起屁股，摩拳擦掌，用鼻音低声哼唱等。盘腿坐在地上哼唱俗曲，饮酒之后肆无忌惮地高唱浪花曲、祭文等。"

西尔塞在书中最明显的观点，就是欲将英国文化作为世界的标准，并以此来驯化日本人。他在书中写道，"英国能有今日，全在于远赴海外的那些国民"，如人们所说的那样，意识到了"自己作为大英帝国的一名市民"，举止光明磊落，品行表现良好。可见，英国市民的"品性"已成为判断的基准。从这一基准来看，用餐期间大声谈笑便是"庸俗下流的风俗"。在西尔塞看来，如若想要"立足于世成就大业"，是否有信仰也很关键，为此他劝说游客在船上阅读《圣经》。

日本与欧洲的文化差异很大。据说初次踏上欧洲土地的日本游客最容易犯的错是在酒店。《渡欧指南》中将日本酒店与欧洲酒店的不同总结出了 14 点。前者住宿费里包含有餐费，后者没有；前者饭菜会送到房间里来，后者却要额外加钱；前者用餐时不需穿正装，"言谈举止"与平常别无二致，而后者却需要身着正装且用餐期间还需注重自己的言谈举止；前者订了房间如果没住就不产生费用，后者在 18 至 19 点如果不通知酒店的话就会产生费用；前者不需要给领班谢礼，后者必须要给。即便学会了英式的"品性"，但关于各国习惯的差异若事前不进行说明的话还是无法理解。

社会学家建部遯吾于 1898 年 8 月 3 日从横滨乘船出发，到海外进行为期三年的留学。据《西游漫笔》（有朋馆，1902 年 12 月）记载，他乘坐的是法国M·M 公司的艾伦奈斯特西蒙号邮船，重 5747 吨。乘坐同一艘邮船的还有三名日本人，分别是前往上海支店与孟买支店的横滨正金银行的职员，以及前往巴黎进行工学研究的留学生。在前往上海的途中天气突变，船上的乘客收到了暴风警报，但大家依旧井然有序、毫不慌乱，给建部留下了十分深刻的印象。他写道，"这不愧是走在文明开化前列的法国的邮船"。伙食包含两顿正餐、三顿配餐，合计五顿。前者配有菜单，包含十多种"食品"与红酒、啤酒、白兰地，非常丰盛。达姆·西尔塞在书中特意强调的着装问题在这艘船上怎么样呢？其实，在最初上船和最后下船时可以着"便服"，除此之外都要求"衣着整齐"。

让乘客为难的不只是着装，语言更是如此。英语多数情况下讲不通，德语也派不上用场。建部遯吾只得求助于前往巴黎的留学生。途中换乘了两次，第一次在紧邻上海的吴淞港换乘了墨尔本号，重4080吨。第二次在科伦坡换乘了波利尼西亚号，重6506吨。停靠港的繁华街景使他们体会到日本的近代化全然没有进步。与横滨及神户相比，在上海、香港、西贡等走得越远，感觉城市的街道越"整洁有序"。建部看到西贡的"井然有序"后，感到非常惊讶。

在墨尔本号上，建部遯吾经历了一件非常有趣的事。乘客中有名法国海军总会计官，对日本的风光非常感兴趣。为了学习日语与日本文学，他随身携带着一本书《裸美人》。其中收录有山田美妙的《蝴蝶》、春之屋（坪内逍遥）的《细君》、嵯峨屋室的《初恋》、石桥忍月的《因果》等四篇文章。在总会计官的请求下，建部给他讲解了《蝴蝶》。但是总会计官觉得太难，所以请求改教他《初恋》。总会计官学习态度很积极，但他觉得《初恋》也太难了。为此，总会计官总是不停地念叨："希望日本将来能废除汉字，全部采用假名。"

[9]　严谷小波、涩泽荣一、冈仓天心等人的甲板演说

达姆·西尔塞所著《渡欧指南》出版于1902年。同年9月6日，有个出国一年的日本人从安特卫普乘坐日本邮船公司的"神奈川丸号"，起程回国。这便是在

安特卫普的"击败海贼纪念像"（严谷小波《小波洋行土产下》，1903年5月，博文馆）。

比利时的港湾都市安特卫普，位于斯海尔德西河口的内陆，是日本邮船欧洲航路去程的终点、返程的起点。拿破仑·波拿巴（Napoléon Bonaparte）着手进行港湾的整备，19世纪末完工。《世界地理风俗大系》第十三卷《西班牙、葡萄牙及比利时、荷兰》（1929年12月，新光社）中介绍，比利时九成的海上贸易都在这里进行，与日本的贸易额每年达3000万日元。该图是安特卫普的码头（严谷小波《小波洋行土产下》）。

柏林大学附属东方语学校执教的儿童文学家严谷小波。据《小波出洋特产上》（博文馆，1903 年 4 月）记载，从安特卫普一同上船的日本人，还有高等师范学校教授大幸勇吉、札幌农学校教授松村松年、高等商科学校教授石川文吾、医学家田代秋太郎，他们都是从德国留学归来的。不同于移民为主的美国航路，欧洲航路的邮船上有很多外交官、政治家、企业家、商社职员、研究人员和画家。旅欧期间积攒的信件等，严谷在柏林期间都付之一炬了。他在船上临时想起要对欧洲的这段生活作一个彻底的了断，于是便作和歌一首："陈年旧书简，付之一炬灰。轻轻一撒手，秋海浩茫茫。"

神奈川丸号从安特卫普出发后，下一站停靠在伦敦港。从这里上船的日本人中有法学家美浓部达吉、美术家久保田米斋、伦理学家吉田静致、在格拉斯哥大学留学的铃木四十，还有随同松方正义前内阁总理大臣一同出访欧洲的药剂师后藤节藏。合计 10 个日本人，非常热闹。穿过英吉利海峡进入比斯开湾后，

1901 年 12 月 14 日在法国格雷修尔卢昂村（Grez-Sur-Loing）的酒店里摄影留念的几位常驻巴黎的日本人。从右开始依次是美浓部古泉（达吉）、久保田世音（米斋）、和田外面（英作）、胜田明庵（主计）、浅井杢助（忠）（《白人集》，1934年 9 月，白人会）。久保田在《巴黎的巴会》（同上书）中写道，和田提议创办一本巴会的杂志，并接受了封面的设计，1902 年 1 月出版了复刻版。

受到大西洋横波的影响，船体剧烈摇晃。在海上风平浪静的日子里，乘客们会来到甲板上玩台球、赏月，于是就有了和歌"赏月数今宵，左舷白海潮"（世音）。所谓"世音"，是久保田的俳号。穿过西班牙与摩洛哥之间的直布罗陀海峡，驶入地中海时已是深夜，船员来回穿梭叫醒乘客看窗外的风景。因为雾很浓，景色不太清楚，透过灯台能看到从船上升起的烟花。严谷触景生情，作了俳句一首："海峡呼应今日月。"

与美浓部达吉和久保田米斋同船，为严谷小波的生活增添了很多乐趣。因为他们是柏林的白人会及巴黎的巴会等俳句会的好友。仓知鬼仙的《白人会发祥》（《白人集合》，1934 年 9 月，白人会）记载，1900 年 10 月，严谷到了柏林后，举办了以严谷为老师的俳句会。严谷给俳句会起名为"白人会"，是将"伯林"的"伯"分成两部分得来的。美浓部是白人会的常客。此外，据久保田世音《巴黎的巴会》（同书）记载，巴会成立于 1901 年 8 月，最初只有七人。美浓部从柏林前往巴黎的时候，参加了巴会的俳句会。他们回国后在东京成立了白人会，同时将在欧美旅行时期的成果结集，出版了《白人集》。

神奈川丸号向东穿越地中海时，于 9 月 25 日抵达塞得港。想念陆地的一行人乘着驳船上了岸，冲进岸边的"理发店"理了发。理发师是"埃及与欧洲"的混血儿，只能进行"草率"的修剪。只花了十五分钟时间，费用却高得惊人。严博小谷写道："在欧洲游历两年，多少可以炫耀自己是个欧洲通了，没想到却吃了这样的哑巴亏。"虽然十分不服气，却也不能为此争论。在塞得港又上来 6 个日本乘客，其中有企业家涩泽荣一与夫人兼子、银行家市原盛宏和企业家荻原源太郎。

乘坐日本邮船的一个好处，是提供日本料理。特别是对于在欧洲待了很长时间的日本人来说，日本邮船是能够邂逅家乡食物的地方。据《小波洋行土产上》9 月 17 日的记载，当天晚餐有"鲱鱼烤串、牛肉炖菜、蒸鸡蛋羹、竹笋红烧豆腐、酱菜、正宗的酒"，让人"垂涎欲滴"。在印度洋航行中的 10 月 2 日，餐桌上端来了挂面。向来不喜欢挂面的严谷小波由于怀念故乡的味道，还多吃了一碗。据大田彪次郎编著、涩泽荣一删补的《欧美纪行》（1903 年 6 月，文学社）记载，同月 11 日经过锡兰岛后，船上为日本人提供了挂面。他还写道："这是久违了的味道，有人竟一下吃了十碗。"

达姆·西尔塞在《渡欧指南》中推荐乘坐德国邮船，这也许是对日本人所谓的味觉享受不屑一顾。两年前的 9 月 22 日，严谷小波起程前往柏林，从横滨乘坐德国赫伯罗特公司的罕布卢菲号邮船。但是当天的午餐不论哪道菜都很辣，让人败下阵来。乘坐德国邮船的乐趣之一是音乐，男侍者每天会演奏好几次，来抚慰旅客的寂寥。但是在长途旅行中，味觉比听觉更为重要。10 月 16 日抵达科伦坡后，"吃腻了船上辛辣料理"的严谷为了解馋，下船后到酒店里点了"法式高级料理"。10 月 29 日，英国人、美国人、俄罗斯人、荷兰人共同签名，发起反抗，逼迫船长改善伙食。

印度西南部的拉克沙群岛是由珊瑚礁组成的列岛。神奈川丸号 10 月 7 日航行到这附近时，米尼科伊岛（Minicoy Island）便映入眼帘。据《欧美纪行》记载，涩泽荣一作了一首和歌，"众人的米尼科伊海上之岛，浓雾重重还是米尼科伊"，一行人捧腹大笑。兼子夫人也作了一首和歌，"波澜壮阔海上行，印度还数米尼科伊"。[1]但是《小波洋行土产上》的记载却与此大相径庭。据说严谷小波觉

1　米尼科伊与日语中"来看看"（写作"見に来い"，读作"minikoi"）一词谐音，故众人觉得这个岛名"太俏皮了"。——译者注

得这个岛名"太俏皮了"，他到涩泽的船舱后，兼子夫人作了上面这首狂歌，涩泽也创作了一首类似于汉诗的作品。

在二人的激发下，严谷小波也生出一股"不服输"的劲儿，当晚与久保田米斋、美浓部达吉等连吟了俳句"歌仙"。用了两张怀纸，作了初表 6 句、初里 12 句、名残表 12 句，名残里 6 句，共计 36 句。其中有"沉下的总会浮起"（古泉）、"无法用和歌传达的景色"（小波）。做狂歌连吟歌仙的游戏，没有人理解也难以成立。可以说，正因为在日本邮船上有相当一部分具有文学素养的日本乘客，才使得这种游戏成为可能。是像达姆·西尔塞劝诱的那样在船上读《圣经》，还是连吟狂歌及歌仙，全在于你选择乘坐哪国邮船。

说到游戏，长途旅行中感到无聊的严谷小波与久保田米斋商谈后，发行了船内报纸。9 月 30 日早间起，严谷负责撰写文章，久保田负责誊抄和插图。标题为"假名雅画报"，文章包含有评论、小说、剧评、商业状况等，在不是"发刊词"的"发汗词"中写道，"仅作船中消暑之物，也即所谓的以毒攻毒，以汗制汗了"。从中可以看出，用的都是只有船上的人才懂的幽默话。10 月 22 日报纸发行了第二期，其中画有表现"两三天前的茶点中，稀有的'豆馅糯米饼'上来的时候，大家都去抢"的图与"松村在科伦坡外出采集昆虫时淋了雨"的图。

严谷小波等人提议的，不仅仅有俳句会及创办报纸。10 月 14 日以后，开始举办甲板演说会，表面理由是日本乘客很多且归国后都要上讲坛执教，据《小波洋行土产上》记载，实际上是为了排遣旅途的无聊。抽签决定演讲顺序，严谷是 14 日的四位演讲者之一，他以"和洋的女人和花"为题进行了演讲。15 日的五位演讲者中，美浓部达吉的演讲题目为"德国的宪法"，久保田米斋的题目为"建筑和美术"。第一天晚上的讨论涉及宗教和伦理问题,松村松年和美浓部的发言使讨论进入高潮。船员有志也加入了听众行列,倾听了演讲。

演讲内容中反映了彼此的海外研究主题及对不同文化的体验。到了新加坡后,涩泽荣一乘坐驳船到了对岸的柔佛。柔佛王国是马来半岛南端的独立国家,但处于英国的保护之下,国家要职由英国人担任。《欧美纪行》1月17日的内容中有"受到亚洲各国的侵略蚕食""睹其亡国之迹象,潸然泪下",这可能是涩泽荣一的真实感受。六天后的甲板演说会上,涩泽作了题为"日本社会改良谈"的演讲。从欧美旅行回来的涩泽认为,日本在"物质方面的进步"还是很小。因此,为了使日本"与发达国家对等",涩泽呼吁各位能够将欧洲学到的"技能"进行活用。

神奈川丸号于10月18日从新加坡起程。到印度进行古代美术调查的冈仓天心从新加坡坐上了同一艘船。四天之后,冈仓作了《印度漫游杂感》的演讲。据《小波洋行土产上》记载,当天晚餐后进行了热烈的讨论,话题从"各国的语言"到"亡国的主因"。如果没有乘坐日本邮船,就不会见到这样激烈的讨论场面。

第三章

日俄战争后日本与列强各国入侵南亚
1902~1913

日本入侵南亚的据点是新加坡。1899 年日本在新加坡
开设了帝国领事馆，不过到 1919 年才升格为总领事
馆。新加坡日本人会所也直到 1915 年才创立。然而，
据位于马来半岛柔佛州峇株巴辖县的日本人会所编的
《峇株巴辖在留日本人沿革志》（1933 年 11 月，峇株巴
辖日本人会）记载，1906 年，日本人已经开始经营煎
饼、药品一类的商店以及妓院了。1908 年三五公司获
得了土地租借权，日本人的橡胶园开拓急速发展。上
图为《峇株巴辖在留日本人沿革志》中收录的 1911 年
的巴托巴哈市貌，悬挂有日本国旗。

[10]　日俄战争中欧洲航路船舶的征用及中立国船舶的雇用

1899 年（明治三十二年），日本邮船公司以全新打造的 12 艘 6000 吨级的邮船开启了欧洲航路。进入 20 世纪以后，依旧每两周一次从横滨港起程。目的地是伦敦和安特卫普。沿途停靠的港口有神户、门司、上海、香港、新加坡、槟城、科伦坡、苏伊士、塞得港和马赛。其中，上海、槟城、马赛仅在去程时停靠。航行过程中海难时有发生。仅在 1903 年，就有《“河内丸号”船长失踪》（《读卖新闻》，4 月 21 日）这则报道，称 4 月 10 日从苏伊士起程后，英国人船长汤姆逊就下落不明。此外，根据《“因幡丸号”遇难》（《东京朝日新闻》，12月 6 日）的报道得知，11 月 27 日，因幡丸号由于在安特卫普与比利时船舶相撞，不得不在英国的纽卡斯尔进行了为期两周的修缮作业。不过，上述这些海难，与第二年发生的事故相比，都不值一提。

1904 年 2 月 10 日，日本向俄罗斯宣战，日俄战争爆发。早在上一年的 12月，日本方面就已经显示出要开战的动向。内阁在上一年 12 月 30 日即作出决定，若要开战，便会要求清政府保持中立，并将韩国纳入统治之下。为此，欧洲航路也受到一定的影响。据《欧洲船"丹波丸号"折返》(《东京朝日新闻》，1904年1月23日)一文报道称，欧洲航路的12艘邮船中，四艘停靠于日本，七艘正在返程途中，另外一艘丹波丸号在去往新加坡途中接到电报要求立刻返航。由于国内运输船舶不足，沿岸航路的运营受阻。为此，日本政府决定停止向欧洲航路配船，以满足国内航运的需要。《东京朝日新闻》第二天刊载《"镰仓丸号"转为国内邮船》一文，称返航归来的镰仓丸号于2月2日在横滨海关作了转为国内邮船的资格变更手续。

镰仓丸号（日本邮船编《日本邮船公司五十年史》），镰仓丸号总重6123吨，1896年12月建造于英国的贝尔法斯特。当时，日本邮船公司欧洲航路的其他邮船中，因幡丸号、神奈川丸号、河内丸号、赞岐丸号、丹波丸号、博多丸号、备后丸号、若狭丸号等造于格拉斯哥，佐渡丸号造于贝尔法斯特。

但是，行驶于安特卫普与横滨之间的邮船，并不能马上折返。1月19日从伦敦出发的若狭丸号于27日由塞得港进入苏伊士运河，2月10日在科伦坡接到了开战的消息。报道《"若狭号"返程提示》（《东京朝日新闻》，1904年3月23日）称，若狭丸号为了规避风险，让"20多名上等舱乘客及30多名二三等舱乘客"下船，换乘法国和德国的邮船。船上装载的货物中，包含有运往科伦坡下一站的新加坡的货物，但是临时停靠会有风险。为此，若狭丸号从科伦坡直接驶往香港，把发往新加坡的货物交给了其他邮船。若狭丸号并不是从欧洲航路撤离的最后一艘邮船。5月返程的备后丸号没等回到横滨，在佐世保就被征作军用船，直接被派往宇品，消息《备后、河内、佐渡三大船》（《东京朝日新闻》，1904年5月6日）对此进行了报道。

欧洲航路上的日本邮船暂时停止了航运。但是，日本邮船公司的12艘邮船被征为军用船，并不意味着欧洲航路本身中止了运行。欧洲囤积了大量要出口到日本的货物。《东京朝日新闻》3月23日报道了欧洲航路上若狭丸号的动向，并在当天刊载了《欧洲航路上的雇船》一文。文中显示，日本邮船公司从英国汽船公司雇了"凯尔文号"和"奥西亚诺号"两艘邮船。前者10日前从苏伊士起程，后者11日前从伦敦起程，分别驶往长崎。与此同时，日本邮船公司解除了与安乐次利亚号和库拉巴西鲁号雇用合同。日俄战争开战5个月后的同年7月，日本邮船公司的欧洲航路又恢复了运行。因此，消息《欧洲航路宣告开始》（《东京朝日新闻》，1904年5月21日）称，由于这个缘故，日本邮船公司正在伦敦筹划再雇六艘英国轮船。

即便是雇用中立国的邮船，也不能完全规避风险。若雇主是正处于交战中的日本，其邮船受到攻击的可能性就很大。风险与保险密切相关。据《雇用欧洲邮船谢绝战时保险》(《东京朝日新闻》, 1904 年 10 月 31 日) 报道得知, 与日本邮船公司签订合同的英国轮船"海葱号", 原计划 11 月 5 日装载出口欧洲的货物从横滨起程。但是, 外国保险公司拒绝与该船签订战时保险合同。在两个月前的黄海海战中, 俄罗斯的海参崴舰队战力受损。因此, 俄罗斯于 10 月, 将波罗的海舰队的主力编成为第二太平洋舰队, 并决定派往远东地区。若第二太平洋舰队向东航行的话, 海葱号与其相遇的可能性会很大。

英俄缔结协定, 由于俄罗斯承诺不攻击中立国的汽船, 因此, 海葱号的战时保险合同问题得到了解决。但是, 战时保险金依然是一个问题。日本邮船公司雇用的用于欧洲航路的英国船, 货物的保险率涨到平常的两倍。保险率太高的话, 即便运行也不太合算。所幸的是, 北清海上保险公司决定降低保险率, 使该问题得到了解决。《欧洲航路的战时保险率》(《东京朝日新闻》, 同年 2 月 1 日) 报道称, 1905 年 2 月 2 日从横滨港口出发的船舶, 与其他中立国的船只一样, 适用相同的保险率。

1905 年元旦, 位于旅顺的俄军投降。此后, 从欧洲出口到日本的商品急剧增加。单凭欧洲航路雇用的六艘英国船的定期航行, 已经不能满足运输需求。《东京朝日新闻》反复刊登中立国船只临时雇用的消息。据《欧洲航路的临时船》报道称, 2 月 6 日虽与英国签订了三艘邮船的雇用合同, 即在原来六艘定期船的基础上增加三艘, 变为九艘, 但即便如此, 还是无法满足货物量的需求。3 月 3 日,《欧洲航路船益增加》又有消息称, 又签下了两艘英国船, 合计 11 艘。之后, 5 月 25 日刊登的《欧洲航路船的激增》一文报道, 雇用船只已经增加到 14 艘。两天之后的 5 月 27 日, 联合舰队在日本海击败了世界公认最强的俄罗斯第二太平洋舰队和第三太平洋舰队。

日俄战争使得日本海运力量大幅提升。1905年6月23日，《东京朝日新闻》刊载了一则题为"海运力的现状"的意味深长的报告。文中记述，开战以来，海陆军用及一般海运所使用的船舶异同如下。增加的部分为，购入外国船约23万吨，雇用外国船15万~16万吨，捕获船约14万吨。减少的部分为，毁坏、沉没船5万~6万吨。二者两相抵扣，增加了45万~46万吨。再加上开战前的海运力量，合计约140万吨。将开战前与开战后的海运力量进行比较，大约增长了1.5倍。只是很多船只在战争中被征用，从事贸易的一般海运用的船舶，数量减少了六成，吨位也减少了七成。但是贸易总额却增加了近1.4成。同年7月，三菱开设了日本首家浮船坞——神户造船丁，使得造船能力大为提高。

1905年9月5日，日俄双方签订《朴次茅斯条约》，宣告日俄战争结束。被征用的船舶也被解雇，第二年日本邮船公司的船舶又都回到了欧洲航路。最初复位的船舶，是曾用于美国航路的伊予丸号。《东京朝日新闻》于1906年1月6日刊载消息《战后的欧洲首航》，称伊予丸号拟定于1月28日从横滨起程。待镰仓丸号5月29日从宇品撤回后，日本邮船公司的欧洲航路即恢复到战前12艘邮船的航运能力。消息《外国四大航路邮船日渐凑齐》（《东京朝日新闻》，1906年5月28日）称，12艘邮轮有阿波丸号、因幡丸号、伊予丸号、神奈川丸号、镰仓丸号、河内丸号、佐渡丸号、赞岐丸号、丹波丸号、博多丸号、备后丸号、若狭丸号。与战前的阵容相比，少了常陆丸号的名字。实际上在日俄战争进行中的1904年6月15日，常陆丸号在玄界滩就已经被海参崴巡洋舰队击沉了。在常陆丸号的替补船造好之前，日本邮船公司决定由伊予丸号来代替其出航。

日俄战争前，日本邮船公司一直是雇用外国人担任外国航路的船长。但是随着战争的结束，日本邮船公司欧洲航路恢复后，便开始尝试使用日本人担任船长。最初被起用的是村井保。《成功的日本船长》(《读卖新闻》，1907 年 1 月 10) 报道称，村井被任命为博多丸号的船长，平安返回神户。报道还显示，村井受到外国乘客的一致好评，"英国海事新报的首页全篇都是赞美之辞"。同年 5 月 7 日，《读卖新闻》在《日本船长的好评》这篇报道中称，村井担任神奈川丸号的船长前往欧洲，4 月回到日本。之后，大野铊太郎被选为第二位日本人船长。

常陆丸号（日本邮船编《日本邮船公司五十年史》），常陆丸号总重 6172 吨，1898 年 4 月造于长崎三菱造船厂。日本邮船公司欧洲航路的 12 艘邮船中，10 艘造于英国，仅有常陆丸号与阿波丸号造于长崎。常陆丸号由约翰·卡贝尔（John Kabel）担任船长，曾当作陆军运输船运送士兵、粮食。但是因为受到三艘俄罗斯军舰的攻击后起火，从船尾开始沉入水中，再加上恶劣天气的影响，包括 99 名船员在内，死者达一千多名。

日俄战争结束后，为迎接新时代的到来，欧洲航路开始雇用日本人担任船长，并开辟环游世界的航路，包括欧洲航路在内。最重要的是，所有的行程并不仅仅是轮船之旅。《日本邮船的欧洲航路》（《东京朝日新闻》，1906 年 8 月 29日）一文对环游世界的旅行作了如下介绍。从日本各港口起程的邮船先直接开往西雅图，从那里再经由北太平洋铁路抵达纽约或蒙特利尔，接着经由大西洋航路开往伦敦，最后再沿欧洲航路回到日本。

欧洲航路的船舶也正准备扩大规模。《新造船贺茂丸》（《东京朝日新闻》，1907 年 12 月 14 日）报道称，长崎三菱造船所的贺茂丸于 12 月 24 日下水。以前的日本邮船欧洲航路，都是 6000 吨位的船舶。为了扩大规模，日本邮船公司决定向日本造船厂订购 6 艘 9000 吨级的汽船。最终，长崎三菱造船厂接受了 4艘的订单、神户川崎造船厂接受了 2 艘的订单。贺茂丸是最早的一艘，总吨位为 8524 吨。

[11]　镰仓东庆寺住持再访佛教圣地锡兰

1906 年（明治三十九年）7 月 5 日，一位日本僧侣从意大利的那不勒斯乘坐德国赫伯罗特公司的"普林斯埃特尔弗莱德基号"起程回国。这位僧侣便是镰仓东庆寺的住持释宗演，庆应义塾预科毕业。在福泽谕吉的劝说下，曾于1888 年（明治二十一年）年远赴锡兰岛进行严苛的戒律学习与修行。1892 年就任元觉寺派管长，此次横渡欧洲已不是首次。1893 年他曾代表日本佛教界出席了芝加哥召开的世界宗教大会，其间周游了欧洲各国。第二年 12 月，在东京帝国大学研究生院上学的夏目漱石患上了"神经衰弱"的病症后，还曾到圆觉寺

释宗演1905年6月赴美前夕拍摄于横滨的照片（《欧美云水记》）。

拜佛，并在释的门下坐禅。漱石还将这期间的体验写入了《门》（1911年1月，春阳堂）这本著作中。

　　1905年6月11日，释宗演从横滨出发前往旧金山，指导美国人学习禅道，铃木大拙担任他此行的翻译。为了能经由欧洲，顺路去锡兰岛，他乘坐了欧洲航路的日本邮船。据《欧美云水记》（1907年10月，金港堂书籍）记载，赫伯罗特公司的船在7月20日停靠在科伦坡港。在锡兰岛停留期间，释与高僧斯里·斯曼加拉再次相遇。20年未曾联络的斯曼加拉已经是81岁高龄的老人了。但依然目光炯然，精神健硕，释写道，"他实在是令人敬畏"。当时高僧那里还有三名来自日本的留学僧。第二天释乘坐火车南下前往加勒（Galle），造访了留学时代曾寄居三年的阿塔帕特·曼谷利亚·古拉纳塔纳公寓。

古拉纳塔纳公寓的陋室里，依然有来自日本的留学僧在此求学。鸟家仁度就是其中一员，据说他已经在那里学习了七年。释宗演过去是在般若势加罗尊者的门下，进行梵行（为了解脱的修行）修炼。同时，还在尊者的指导下，前往位于阿航格默（Ahangama）的兰威次来·威赫拉寺院，进行南方佛教研究。20 年的时间，足以让人衰老，也足以带来死亡。来到寺院后才发现，尊者已经在八年前去世了。与鸟家在院内散步时，释黯然落泪。返回科伦坡之后，释在托马斯·库克旅行社购买了一张前往印度大陆的邮轮票，并乘坐邮轮"帕内号"，前往印度南部的杜蒂戈林。

旅居锡兰岛和印度的日本佛教徒不在少数。7 月 27 日抵达杜蒂戈林后，释宗演乘坐火车沿着印度东海岸继续北上，经过马德拉斯，30 日抵达了加尔各答。在这里他投宿于成田山的弟子池田照誓的住处，池田两年前来到此地学习梵语。加尔各答人口 80 万，被称为印度的"动脉"。但是当地人的居住环境十分恶劣，用"污秽粗鄙"来形容再妥帖不过了。8 月 1 日，释抵达了加尔各答西北部的加雅（佛陀加耶）。加雅是释迦牟尼的开悟之地，也是佛教的最高圣地。他先是去修行者藤田德明的住处拜访，不巧藤田五天前因热病去世。印度的殖民地化，佛法的衰退，友人的离世，都让释神伤不已。

释宗演在佛陀伽耶塔前发了誓愿之后，于 8 月 7 日乘坐珀利塔纳格拉斯哥号，翌日返回科伦坡。但是检疫官却告诉他，连续六天上午都须到当地检疫所进行体检。这是由于印度时常流行鼠疫和疟疾。为期六天的体检结束之后，释拜访了日本留学僧，同时造访了佛教圣地古都康提。传说康提有座佛牙寺（又称为达拉达·马利夏瓦），里边收纳有佛陀的犬齿。释在寺院前观看了供养佛齿的佛牙节祭祀活动。祭祀活动中有 2000 年前传统的奏乐与歌舞，人们扮演古代岛王，还有 30 头大象在游行。在锡兰，僧侣以外的佛教徒，都遵守着禁酒的戒律，因此祭祀期间的整体氛围也格外静谧。

六天的体检结束后，释宗演得知自己的身体健康状况良好，遂于 8 月 17 日乘坐"王子·亨里基号"起程回国。船上连释宗演在内只有两个日本人。在科伦坡港，光着身体的黑人孩子乘着独木船围拥到客船周围，说着一口"奇怪的语言"，祈求乘客向海里投掷硬币给他们。乘客们向海里投了几枚硬币，孩子们便一齐潜入水中，竞相拾捡。乘客中间，也有人将瓦砾包在纸里投入海里，一脸嘲讽地看着他们徒劳的竞争。释写道，"部分缺乏教养的欧洲人常常视亚洲人为野兽，这种残忍的行为真是可恶至极。"释不忍目睹这些令人"不快"的情景，故选择离开。但是去到别的地方，又有几个宝石商人围了上来不肯散去，直到将自己的东西兜售出去为止。释不胜其烦，只好买了一块宝石，可事后又谴责自己意志不够坚定。

1908 年 12 月，樱井鸥村乘坐日本邮船赞岐丸号在归国途中造访了科伦坡。据《欧洲游览》(1909 年 12 月，丁未出版社) 一书记载，在科伦坡约有 100 名前往新加坡的务工人员也乘坐这艘船。他们之所以选择乘坐日本的邮船，是因为欧洲各国的邮船上，"种族歧视严重"的西方人常常将他们"视为奴隶"。相比之下，日本邮船上的人则十分亲切，把他们"当作客人"来对待。乘船的人不全都是外出务工的劳动者，一行人中还有"接受过相当程度教育，能用英语对话"的青年。樱井遇到一位青年，正在阅读一本有日本版画插图的书，那是用泰米尔方言翻译的日语读本。

在科伦坡令释宗演感到不满的阶层问题，不只是发生于将锡兰岛变为殖民地的英国人与当地人之间。从科伦坡出发的王子·亨里基号轮船上，有五名德国天主教传教士及四名修女准备去往中国。他们买的是二等舱的船票。欧洲航路上的船舶自身就带有阶级性。在传教士看来，从欧洲前往亚洲，是将当地人指向神的方向，这其中包含着一种引导者与被引导者的阶级性。这种阶级性，从他们坐在二等船舱这一点上便能看出来。

押川春浪编纂的《身无分文冒险骑自行车环游世界 中学世界春期增刊》（1904 年 3 月，博文馆）整期都是关于中村春吉的《无钱旅行》。看看他出发前行装的照片，可以发现自行车车轮以外的部分，都密密麻麻地绑满了各种旅行装备。包里装有一斗二升米、乌冬面粉、干制鲣鱼、高野豆腐、梅干、食盐、砂糖等食材和碘仿、包带、绊创膏；除此之外，还有天幕、蚊帐、铺垫、角灯、空气枕头等，就寝时用的道具也都折叠起来放在里面。他没带多少钱，单靠这点食材，是难以环游世界的。因此在旅行途中，还得靠旅居海外的日本人捐赠船票及食物。

中村春吉从横滨港乘坐日本邮船丹波丸号出发，开启环游世界之旅是在 1902 年 2 月 25 日。因为手头紧张所以乘坐的是"最下等"船舱。中村起初想，"只要能坐上船就行"，但实际上进入船舱一看，才发现那里的环境比"终身监禁的牢狱"还要恶劣。因为船舱位于汽船的底部，换气不良，一股"难以形容"的臭气扑鼻而来，光线也差。舱内非常狭窄，连转身都十分困难。船舱里边挂着一张吊床，就像养蚕的架子一样。不，连吊床都算不上，上面铺着"像马草一样干枯的破席子"。船稍微一有动静，几乎所有人就都开始呕吐、呻吟，所以中村尽可能地待在甲板上。

櫻井鸥村在科伦坡观看了神奈川丸的旭日旗，写道"实则愉快"。图为《欧洲游览》中收录的"科伦坡的女人"。

甲板上都是"上等舱的房间"，大多由欧洲人乘坐。房间里有柔软的床，还有梳妆台。"极尽华美的食堂"里，摆满了山珍海味，乘客抽着雪茄，沉醉于香槟的微醺中。与此相对，大多数日本人只能屈身于"最下等"的"猪窝"式的船舱里，吃的便当如同"监狱里的饭"（牢饭）一样。

但是，这并不仅仅是"上等舱"由欧洲人使用，"最下等"日本人为使用这么简单。中村春吉体验的只是横滨到上海途中"最下等"的光景。欧洲航路停靠港口中的上海、香港、新加坡有相当一部分日本人移民居住。同时，从这些港口出发前往中国及东南亚各地的日本人也不在少数。与利用美国航路的日本移民一样，他们在日本国内经济贫困，难以支付高额船票。欧洲航路的船舱内，前往巴黎及伦敦的日本人，也是以富裕阶层为主。船舱有一等舱和二等舱可供

中村春吉从日本出发时的旅行装备（《身无分文冒险骑自行车环游世界 中学世界春期增刊》，1904 年 3 月，博文馆）。

选择。因为将欧洲航路的体验记录于书本及杂志的也是富裕阶层出身的人，所以欧洲航路"最下等"的情况自然就被掩盖了。《身无分文冒险骑自行车环游世界 中学世界春期增刊》设定了"无钱旅行"这一栏目，是记录"最下等"船舱实情的少数记录之一。

[12]　1910年前后的东南亚移民和马来半岛的橡胶园

《朴次茅斯条约》签订六年后的 1911 年（明治四十四年）12 月，朝报社所编《立身到富海外渡航介绍》（乐世社）一书出版。全书 21 章的标题分别为"满洲""暹罗""法属印度支那""印度""马来半岛""英属加里曼丹岛""荷兰属印度""菲律宾群岛""夏威夷""北美合众国与澳大利亚""英属太洋岛""英属南非"古巴岛"墨西哥"秘鲁"智利"巴西"阿根廷"玻利维亚"哥伦比亚"和"南美及墨西哥渡航心得"。卷末收录有"外国护照规则摘要""移民保护法摘要""旅行细则摘要"等。从这些标题中的区域名及国别名中可以发现,南美和东南亚尤为显眼,从中我们亦可看出梦想着出人头地及暴富的日本人,在日俄战争后的移民轨迹。

书的"前言"部分与以往的移民介绍及渡航介绍不同,上面记载着:"以外务省通商局的调查报告为主,关于各地居民询问当地情况,仅提供值得信赖的确凿信息。"外务省通商局以搜集到的世界各地外公馆的数据为基础,编纂了"海外各地在留日本人职业类别表",1907 年后刊载于《日本帝国统计年鉴》这本书上。基于这份"调查报告",此书介绍了适合日本人"移民"的地区与国家。然而,对于有禁止移民倾向的美国、澳大利亚,及可能性较小的印度而言,只是对其进行了简单列举,并未详细阐述。此外,关于乘船信息,此书建议可以与日本邮船公司、东洋汽船公司、大阪商船公司进行联系。

那时香港岛与曼谷之间虽然没有定期航路,但货船往来却十分频繁,新加坡到曼谷每周有一班定期客船。当时日本移民所面临的困难是热带特有的传染病、卫生设备及纯净饮用水匮乏的问题。即便如此,根据 1910 年 1 月的调查显示,暹罗当时仍有常住日本人 184 名,从事的主要职业为"杂货商、摄影、洗衣、医生、洋酒零售、政府雇员、游乐场所经营、农业、理发"等,但是尚未发现有日本人在此取得大的成就。

在法属印度支那联邦(今越南、柬埔寨、老挝等),有法国的邮船直达西贡,也可以乘坐日本邮船到香港进行换乘。据 1909 年末的调查显示,日本在此地的常住人口达 261 人。但是如果将各铁路沿线的日本女性囊括在内的话，约有 350 人。经营农业、商业、工业的移民当中，只有一人与法国人共同经营农场，两三人是杂货零售商。这是因为，除法国人外，日本人得不到租赁当地土地的资格。大部分日本人属于劳工移民，从事"理发业者、临时雇工、洗衣业者"等职业。但是，如果法国从殖民地进口布绢的话，就可以免税或者缴纳低额的关税，所以养蚕业被认为是前景广阔的一个行业。

马来半岛属于英国势力范围之下，新加坡、槟城及马六甲也是英国的海峡殖民地，归英国国王直接管辖。雪兰莪州、森美兰州、彭亨、佩拉等四个地区，1896 年开始合并成马来联合州，成为英国间接统治下的保护国。同时，古兰丹与柔佛、登家楼也在 20 世纪后纳入英国的保护之下。马来半岛的政治、经济中心位于新加坡，且殖民总督府设置于此，所以各国船舶出入频繁。欧洲航路上的日本邮船每两周一次，孟买方向的邮船每十日一次停靠于此。法国邮船隔周周一，英国邮船隔周周二，德国邮船隔周周日到访此处。除此之外，荷兰及澳大利亚的邮船也往来于此。

马来半岛原本锡矿产业及农业十分兴旺，但由于移民的迁入使得橡胶栽培业急速发展。森林被大量砍伐，咖啡、胡椒及木薯粉的耕地，也逐渐转变为橡胶园。《立身到富海外渡航介绍》一书出版后，在柔佛及雪兰莪州进行橡胶栽培的日本人，就已经达 30 多人了。其经营面积，超过了 35000 英亩（1 英亩约 4047 平方米）。经营橡胶园得从森林砍伐、烧荒、育苗等初期工作着手。马来人及爪哇人、中国人从事初期工作。从育苗到采集汁液需要四到五年的时间，其间需要人工进行除草作业。而用到技术活儿和力量活儿的则是之后的汁液采集。采集完毕后，随即进行凝固、消毒、压榨、引申等制造工序。

因为语言障碍，日本经营者大多雇用本国移民从事劳动。橡胶园的兴盛导致了劳动力的缺乏。根据《立身到富海外渡航介绍》一书推测，幼苗长成成木的数年后，需要四五十万人的劳动力。马来半岛的气候适合日本人移居，但问题是当地人与中国人的劳务费非常低廉，日本人不知是否具有竞争力。由于这项工作需要技术，所以能够长期工作的人将会十分受欢迎。据说已婚者一般工作的时间会更长。

英属加里曼丹（今属马来西亚）位于加里曼丹岛的北部，面积占加里曼丹岛的1/3。由日本出发到达此地的航路有两条，一条是从香港换乘前往山打根，另一条是从新加坡换乘前往亚庇。以前这里烟草栽种十分发达，但是近来这里新设了很多橡胶农业区。日本人的数量为150～160人，从事全职工作的很少。虽然当地从新加坡引进了不少劳动力，但各个农园依然劳力不足。英国人知事殷切期望能够吸引到日本的资本家与劳动者，并承诺如果创业的话随时可以租赁地皮。虽然与新加坡之间的航路被英国和德国公司独占，但如果日本公司加入的话，因为涉及日本移民的利益，所以会给予和他国同样的优待政策。

荷属东印度（今印度尼西亚）群岛的中心，是爪哇岛的巴托威亚（今雅加达）。日本渡航到爪哇岛时，需要乘坐日本邮船先到新加坡，然后换乘荷兰或法国的定期船。在荷兰属东印度群岛，日本人首次开设商店是在十年前。巴托威亚也有日本的旅馆。只是荷兰政府不喜欢日本的势力波及于此，因此不允许人们在此旅行。在美国、英国、荷兰、法国的亚洲殖民地当中，爪哇被公认为是气候及衣食住最适合日本人的地区。只是当地人的工资极其低廉，日本人根本没有竞争力的优势。《立身到富海外渡航介绍》一书中对此也有过叙述，指出其作为移民地没有发展前景。

《世界地理风俗大系》第四卷《南洋》中收录的马尼拉码头的照片。中间靠右的圆形屋顶的房子是海关，左边第七栈桥处同时停泊有四艘万吨级的船舶。

　　菲律宾群岛原本是西班牙的殖民地。但是 1898 年 4 月爆发了美西战争，八个月后，美国通过《美西巴黎条约》获得了菲律宾的统治权。进入 20 世纪，菲律宾的日本移民在十年间渐渐多了起来。美国在此铺设铁路，开通道路，建立兵营，日本人则被雇用为这些工程的劳动力。例如，达古潘到碧瑶区间的道路工程，1903 年 5 月就从日本召集了 1000 名劳工。这一年有 1400 多人，第二年有 1600 多个日本人远渡重洋来到这里。工程竣工后很多就留在了菲律宾，1909年日本移民当中木工和农业劳力的人数达到了 3277。

　　菲律宾群岛的中心位于吕宋岛的马尼拉。日本邮船派了熊野丸、日光丸、八幡丸三艘沿着濠州航路，每四周停靠一次马尼拉。马尼拉常住日本人口约有 700 多人，北部地区甚至形成了日本人街。其中，人数最多的是木工，190 人；其次是渔夫，125 人；"丑业妇" 110 人；保姆 91 人。只是如果没有像木工这样有一门特殊技能的话，移民生活依然不轻松。同时，菲律宾群岛适用的是美国的移民法，如果移民法严格实施的话，日本人就难以移居于此。因此对于当地来说，最大的弱点就是很难断定对日劳工的需求会一直持续下去。

[13]　耶和华拨开大海，摩西接受"十诫"

1910 年（明治四十三年）4 月 11 日，长谷川如是闲经由西伯利亚铁路抵达了伦敦。他此行是作为朝日新闻社的特派员，对日英博览会进行采访报道。然而，在博览会即将开幕的 5 月 6 日，英国国王爱德华七世去世了。长谷川如是闲（万次郎）在《伦敦》（1912 年 5 月，政教社）中写道，7 日早上正要坐到餐桌上的那一瞬间，坐在对面的西班牙少年突然喊道："喂，国王，出界，死球"，长谷川惊得摔倒在地。在大葬之前，灵柩追悼仪式在威斯特敏斯特大厅举行了三天。得到参观许可的长谷川对灵柩追悼仪式和 20 日举行的葬礼的情形，作了详细报道并发回到日本。

在伦敦居住 4 个多月后，长谷川如是闲准备回国。与去程不同的是，返程时他乘坐的是欧洲航路。在意大利的那不勒斯乘坐奥龙特斯号的时候，由于寄存的行李迟迟没有送来，内心焦虑不安。导游手册上的注意事项写道："一个人在意大利旅行时，除贵重物品外最好不要携带其他任何行李。"在罗马时他也曾听说在那不勒斯丢失行李已经不以为奇了。长谷川如是闲在甲板上走来走去，时刻紧盯着靠近邮轮的船只，却始终看不到自己的行李，而出发时间已迫在眉睫。他想起来，在寄存行李的时候，有两个搬运工人在那里嘀咕着什么。他想他们肯定是想利用自己不懂意大利语这一软肋，趁机敲诈勒索。正在这么琢磨着，这时寄存行李的

长谷川如是闲《伦敦》（1912年5月，政教社）中收录的"日程！日程！"。爱德华七世大葬当天，有人在街头出售《行列次叙书》。大葬前的伦敦洋服店一片黑色，店门口悬挂着黑色纸粘的"民族早晨""帝王早晨"的牌子。男士的领带和女士的帽子，颜色也变为黑色或紫色。

代理店店员气喘吁吁地跑了过来。据给他翻译的英国人说，店员不放心行李是否送达，跑回去看了一下才发现，受雷阵雨影响，行李被搁置下来。如果不去确认的话想必已经丢失了，但好在最后勉强赶上了。

奥龙特斯号是航行于伦敦与悉尼之间的客船，约9000吨。虽然在七年前已经造好，但日本人乘坐这艘船还是第一次。在国际大都市伦敦，长谷川如是闲没有注意到别人的目光。但是在这艘邮船的甲板上散步时，午睡中的三等客人和水手猛然起身，看着他窃窃私语，好像在议论他是"日本人还是中国人，阿拉伯人还是印度人"。到了星期天，年轻的传教士邀请他一起聊天。长谷川说自己不是基督教徒，对方就询问他理由。很多西方人以为，"即便是东方人，倘若多少受点文明教育便会成为基督徒"。对此，长谷川认为这是他们"自恋"的表现。

从那不勒斯出发的第六天，邮船抵达了塞得港。这里的街道上充满了"活死人的声音"。从船舷两旁装载煤炭的时候，那种"歇斯底里"的叫喊声，很难让人相信是这个世界的骚动。检疫结束后的甲板上，当地招揽顾客的人和搬运

"那不勒斯海岸"（《世界地理风俗大系》第十四卷《意大利、地中海》，1928年9月，新光社）。蓝天下，排列在弯曲海岸线上的建筑物，与大海、礁石、船只和岛屿一起构成的美景，在南意大利的那不勒斯是很有名的。长谷川如是闲在《伦敦》（1912年5月，政教社）中写道，站在船上，陶醉于那不勒斯的街景，竟忘了更换自己被雷雨打湿的衣衫。他称那是"油画中常见的美景"，而实物则"别有风趣"。

工蜂拥而至,"互相推搡,争先恐后"地想要拿走船客的行李。英语、法语、意大利语、阿拉伯语混杂在一起,互相怒吼、互相扭打的场景,光是站在旁边就会令人耳朵发麻,头痛欲裂。来到大街上,在书店前面稍微踌躇一会儿,就会被人拉到店里,随其进入店内,就会被他们索取导游费。长谷川如是闲想要去日本邮船的代理店,向三位巡警问了路,但他们完全没帮上忙,因为三人都指向了不同的方向。

在塞得港,长谷川如是闲看到市面上流通着一些很"奇怪"的日本商品。有和服、陶器、象牙工艺品、唐木工艺品、箱根工艺品、漆器、团扇等,貌似是从横滨出口过来的商品。店员在门口扯着嗓子喊道:"快来看看,日本古董嘞。"把路过的西洋人都招徕进来。长谷川如果闲进去一看,发现日本商品还挺有市场的。他认为,这些出口的日本商品陈列在塞得港还算是"合乎身份"。看完后,拨开"围成群的零工团"走出来,已是汗流浃背,长谷川逃也似的跑到海边。在那里听说有一家日本商店,但是店主已经回国了。

在塞得港,长谷川如是闲乘坐了日本邮船贺茂丸号。根据《加茂丸号的首航》(《东京朝日新闻》,1908 年 7 月 24 日)记载,贺茂丸号从横滨出发,首次在欧洲航路航行是两年前的 7 月 29 日。一等客舱 83 人,二等 32 人,特别三等12 人,普通三等 140 人。内部设有谈话室、吸烟室、接待室等,堪称"无法比肩"的独一无二的客船。经过塞得港的时候,长谷川也对其规模的宏大感受颇深。

1910 年《伦敦报》刊登了经由苏伊士运河的船舶的国别吨位。总吨位2150800 吨。其中,英国的船舶有 13242000 吨,以 61.6% 的绝对优势超过其他国家；列第二位的是德国的船舶，3373000 吨，约占 15.7%；第三位是法国船舶，1204000 吨，约占 5.6%。正木照藏在《漫游杂录》中对 1899 年通过苏伊士运河的船舶数作了介绍。排名依次为：①英国约 64.0%，②德国约 10.7%，③法国约 6.3%。船舶数与吨位数有差异，但是与十年前相比，排名与比例没有什么变化。顺便补充一句，1910 年日本的船舶有 495000 吨，约 2.3%，排在第六位。

可见度不好的夜晚，在苏伊士运河航行是很危险的。只有配置 1300 码（约 1189 米）以上的探照灯的船舶才被允许航行。贺茂丸号 22 时进入运河，第二天 19 时才穿过运河。在运河上行驶了 21 小时，里程 87 英里（约 140 千米），若单纯计算的话平均时速不超过 6.67 千米。实际上，途中设置了 16 个停靠站点，以便为逆向行驶的船只让道。贺茂丸号也在夜间，与热田丸号和若狭丸号擦肩而过。另外，需要注意的不仅仅是迎面驶来的船舶，还得注意避开浅滩，稍有不慎便会搁浅。为此邮船公司还雇用了领航员，即使有损失，领航员也不会被问责。领航员虽不会收取航行费，但会收取一英镑的"酒钱"。

从地中海穿过苏伊士运河和红海的路线，仿佛从"新世界"回到了"旧世界"。经过苏伊士进入苏伊士湾，出现在左手边的马来半岛如同"旧世界"的象征。船客们讨论着一些不得要领的问题，说摩西就是在这一带率领以色列民众穿过海水到达对岸的。1899 年 9 月出版的《出埃及记》（圣经馆）第 14 章中这样记载道："摩西向海伸杖，耶和华便用大东风，使海水一夜退去，水便分开，海就成了干地。以色列人下海中走干地，水在他们的左右作了墙垣。"追上以色列人后，埃及的马车和骑兵也顺着海中的道路前进。但是，摩西将手伸上去后，海就恢复到原来的样子，将军队吞没。

不久，贺茂丸号穿过苏伊士湾，来到红海，有人告诉近藤事务长说："远处看起来很朦胧的山就是摩西山。"高山雾霭朦胧，看得不是很清楚，其中一座便是摩西接受"十诫"的山吧。《出埃及记》的第20章开篇写道，"神吩咐这一切的话说，我是耶和华你的神，曾将你从埃及地为奴之家领出来。"然后摩西从"除了我以外，你不可有别的神"开始，接受"十诫"。长谷川如是闲曾写过，"我平生就不赞成像摩西那样让杀人犯受戒"，所以不会有看到纪元前的犹太教圣典时所触发的那种感动。

据《世界地理风俗大系》第七卷《西亚》（1930年6月，新光社）记载，红海的名称源于蓝藻类让海水变红的缘故。海水的透明度很低，只有21米，不足热带海水的1/3。表面水的盐度"出奇"地高，北面达4%，而表面水温则相反，南面较高，达31度。该图是书中收录的"红海的独桅帆船"。"独桅帆船（dhow）"是红海一种独特的帆船，约200吨，具有一根桅杆。

红海的海水温度高，蒸发快，又因为没有支流汇入，所以盐分浓度很高，也被称为"盐海"。据说，如果堵住穿越地中海的苏伊士运河和对面流过阿登湾的巴布尔·曼迪布海峡的话，100年后红海便会枯竭。因为这是一片广大的盐田，船内人们纷纷议论说"这里能发家致富"。通过红海需要六天的时间。这里荒无人烟，所能看到的只有海中小岛上那台寂寥的灯塔。但是，这里却是连接欧洲和亚洲的重要战略枢纽。因此，灯台由四个英国人轮流把守。每三个月都会有船来到岛上，为他们补给食物。四人轮流，每个人都可以轮替得到三个月的假期，回到岸上过正常的生活。

从科伦坡出发前往新加坡的途中，贺茂丸号经过孟加拉湾驶入了马六甲海峡。经过孟加拉湾时，船员说二叶亭四迷就是在这里去世的。一年前的5月10日，同是乘坐贺茂丸号的二叶亭病情突然加剧。在近藤事务长和船员的看护下，于苏门答腊岛前去世。二叶亭的本名是长谷川辰之助。因为同在朝日新闻社工作，长谷川如是闲经常被人问到他们是兄弟还是亲戚。在二叶亭出发前往俄罗斯前，二人只是点头之交，但如今竟然乘坐同一条船来过同一个地方，对此长谷川不禁感慨万千。

[14] 前去参加英皇加冕仪式的东乡大将和乃木大将的战争回顾

在像欧洲航路这样的国际航路上，各国邮船展开着激烈的竞争。如果没有国家的保护和补助的话，就没有足够的竞争力。1896年（明治二十九年）3月，欧洲航路第一船的土佐丸号从横滨出航时，国家颁布了《航海奖励法》。日本邮船欧洲航路的用船，从次年3月开始，根据该法可得到相应的补助。但是该法律规定，船龄5年以上得到的奖励将会随之减少。因此，有人提议不再为船只发放奖励，而是为航路自身下发补助金。1899年3月的帝国议会上，确立了欧洲航路、美国航路的特定协助方案。1900年1月以后的十年间，为特定航路下发了补助金。

之后过了近十年，1908年11月5日，《读卖新闻》上的《航路补助决定》一文，就航路补助持续费的相关事宜进行了报道。关于这个案件，递信省（日本旧国家机关之一，承担今总务省和日本电信电话公司所负责的业务）提出了经费请求，在大藏省进行了讨论。商讨的结果是，从1910年1月开始的十年间，将持续对日本邮船欧洲航路给予267万日元的补助，并将其列入预算。翻阅1908~1909年的《东京朝日新闻》便可得知，围绕航路补助金额，在日本邮船公司副社长加藤正义和朝日新闻社记者之间，展开了激烈的讨论。据《航路补助案（再论）》（《东京朝日新闻》，1909年2月5日）一文记载，加藤曾公开宣言，如果补贴金额较少的话，他们也只好放弃欧洲航路了，记者反驳称这是"对政府的一种威胁"。正如日俄战争的船舶征用一样，国际航路上的优质船舶，是国家危急时刻必不可少的存在。

关于这一点，1911年6月22日在伦敦的威斯敏斯特教堂举行的乔治五世的加冕仪式上再次被强调。同盟国的日本，决定派遣东伏见宫依仁亲王殿下和妃子周子殿下代为出席。随行的是在日俄战争中担任联合舰队司令长官的东乡平八郎大将，以及作为第三军司令官指挥旅行顺围攻战的乃木希典大将。一行人前往伦敦时乘坐的是日本邮船"贺茂丸号"。日本邮船中的上等船舶，一般用于国家的政治活动。朝日新闻社为了报道加冕仪式，派遣鸟居素川前往现场。鸟居于 4 月 15 日在神户港乘坐贺茂丸。因此，鸟居素川（赫雄）在《托腮凝思》（1912 年 12 月，政教社）一书中，描绘了旅行时的情景。

东乡平八郎走路、说话都不紧不慢，常常手抵眼镜，坐在铺开的地图前，沉迷其中，乃木希典也是从早到晚都坐在抽烟室里埋头苦读。鸟居素川在他旁边读书时，乃木希典有时打出一声奇怪的喷嚏，声音震天动地。下围棋时，则使用“乃木式”的独门招数——“放奇兵突袭”。贺茂丸以时速 13 英里（约 21 千米）的速度前进。据说，在海上 20 英里（约 32.2 千米）远的地方便可探测到其他船只排放的烟气，10 英里（约 16.1 千米）后船只便进入视野。但意想不到的是，乃木竟然晕船了，“国内诸报纸”对这一传言大肆报道，导致人尽皆知。然而，据说在远州滩和玄界滩，由于海水泛滥，食堂里空无一人之时，乃木的三餐却一顿也没有落下。

新加坡与日俄战争并非毫无瓜葛。1905 年 5 月，俄罗斯第二太平洋舰队与第三太平洋舰队组成的波罗的海舰队在法属印度支那的卡姆兰湾会合，驶向海参崴。由于 1902 年英日两国签署的《英日同盟条约》，旨在反对俄国在远东的军事扩张，因此俄罗斯舰队并未在新加坡停靠。但舰队经过海上的一幕还是被人看到并通知给了日方。在新加坡下船后，一行人乘坐火车，一小时后到达柔佛，那里有日本人栽培的橡胶园。马来半岛上日本人承包的橡胶园已达 5 万英亩。鸟居素川在长野实义的山庄住了一晚，第二天乘汽车去了希尔维亚酒店。东乡平八郎和乃木希典也是乘坐汽车来的。下面这张照片是当时请二人签名的明信片。

据鸟居素川《托腮凝思》记载，长野实义的山庄位于新加坡郊外约 4 千米的地方。在这里，鸟居素川尝到了离开日本以后一直"梦想"着的一种水果——山竹子，它被称为"水果之王"。早晨 5 点左右，又听到了一种被称为"南洋之莺"的、像"鹅鸽"一样的鸟儿的叫声，也是一次难得的体验。该图为该书中收录的"东乡、乃木两位大将的签名"。照片左端是乃木希典的签名，右端是东乡平八郎的签名。

　　从新加坡前往科伦坡途中经过的印度洋海面异常平静。以前，鸟居素川坐船经过印度洋时，船摇晃得很激烈，在航行的七天七夜中，只能吃得下冰淇淋和水果。这是因为冬天和夏天，海洋和陆地之间温差很大，导致季风肆虐。"蓝天无垠，大海平坦无际，亦无波浪"（乃木希典）。到了晚上，交错而过的船舶上光线通明，看起来像放河灯一样。鸟居横躺在甲板的长椅上，回顾着长达 400 年的列强侵略史。最早抵达印度洋的是葡萄牙，后来荷兰赶走了葡萄牙，再后来英国又驱走了荷兰。"白人侵略的足迹"与大海的平静形成强烈的反差，让鸟居感到不寒而栗。

海上波涛肆虐时，即便是日本邮船公司欧洲航路上的船舶，也难以得到百分之百的安全保障。《读卖新闻》于1910年3月30日刊载消息《"伊予丸"遭难》称，1月22日，伊予丸号从马赛起程，2月7日经过苏伊士运河。但是进入红海后就遇到了暴风雨的侵袭。伊予丸号右舷船轴受损，不得已只能单凭左舷船轴继续航行。乘客、船员与货物虽然没有受到损害，但是回到横滨的时间比原计划晚了很久。

一行人抵达科伦坡港时，迎接他们的是当地的神鸟——乌鸦。那里的乌鸦比日本的小。据说在印度，尸体让乌鸦分食后就算葬礼结束。之后，鸟居素川与东乡平八郎、乃木希典一同乘坐列车前往了康提。"婆罗门"（种姓制度最高级别的祭司阶级）把"佛教从印度本土驱逐出去后"，锡兰岛便成为佛教最后的据点。因此，在锡兰的亚当峰上供奉着释迦牟尼的脚印。亚当峰在梵语中是 Sri Pada（神圣的足迹）。鸟居幽默地写道："释迦牟尼从印度伸开长腿用力一踩，其脚印已成为了不起的纪念。"康提佛牙寺原本收纳有释迦牟尼的牙齿，后来被葡萄牙夺走烧毁了。之后康提供奉了第二颗佛牙，崭新而又庞大。就连平时疏远佛教的鸟居也"真诚地祭拜"了一下。

贺茂丸号从科伦坡起程前夕，一位僧侣前来拜访了东乡平八郎和乃木希典。前去科伦坡的日本人经常去寺庙造访这位僧人，因此很有名气。在鸟居素川看来，僧人的本性"和乞丐相近"，金色袈裟包裹着"旁门左道"。但有人说是鸟居将"乞丐和尚"介绍给大将的，因此船上的日本人对他的评价不是很好。对于僧侣来说"末世真是可怜"，鸟居对此颇为感叹。但是，据说东乡和乃木接受了"乞丐和尚"的会见安排，并无不快。

康提佛牙寺里收纳的"佛牙"（鸟居素川《托腮凝思》）。

　　从科伦坡出发后的第二天是阴历十五。夜晚，大海平静如常，月明星稀，万里无云。于是又有了如下这首和歌，"海上明月夜，友人通宵把酒言欢"（乃木希典）。也即，一边远眺着月光照耀下的美丽波涛，一边慢饮威士忌闲谈。所谓"友人"，指的是东乡平八郎。尼古尔·内波加托夫率领的俄罗斯第三太平洋舰队就是通过印度洋驶向远东的。鸟居素川向东乡询问了对马海战内波加托夫投降之事，东乡回答说，"那是他自投罗网"。接着，鸟居又问有名的敌前大转向（"U"形转弯）是不是一种很危险的战术。东乡笑着回答说，"那是因为雾气很重看不见敌人，要是能看到敌人的话就会直接攻击其先头部队了。"

鸟居素川《托腮凝思》中收录的鹿子木孟郎画的《科伦坡见闻》。

　　离开塞得港进入地中海航行了两个小时后，贺茂丸号后方的天空出现了一种不可思议的"魔幻"景象。水天相接之处的海面上，浮现出了一幅上下相对的街景。工厂上方的烟囱倒挂下来，口里冒出的黑烟横着飘散开来。船舶看起来也上下成对。此处距离塞得港已有 20 英里（约 32.2 千米），所以映入眼帘的景象不可能是塞得港，仿佛就像是街市里的"幽灵"一般。以前看书时，曾读到过沙漠旅行途中会遇到湖水和树木形成的海市蜃楼，但没有听说过海上也有这种"魔幻"的景象。乘客和船员都跑到甲板上来观看，甚是热闹。船长说这是非常罕见的现象，很多船员也是平生第一次看到。

　　5 月 27 日，邮船经过意大利半岛与西西里岛之间的墨西拿海峡，这一天也是日本海军纪念日。当晚贺茂丸号晚餐的菜单上出现了"东乡料理"，东伏见殿下也同日本游客们一起饮香槟庆祝。同船的外国人在晚餐后会举办了舞会，在钢琴演奏的配合下,舞会进行到晚上 10 点。舞会结束后,东乡平八郎和乃木希典举杯庆祝对马海战的胜利。在海战中担任联合舰队参谋的清河纯一大尉已升级为少佐,也一道同行。几杯酒下肚,清河激动地讲述了关于马海战的回忆。

正在旅顺港封闭作战的当头,战舰初濑号于 1904 年 5 月 15 日触雷,引爆火药库沉没了。当时雾很重,东乡没能赶去救援。一位信州的老人得知此消息后,炒了一些大豆带去诹访神社祈祷,之后把这些大豆送给了东乡。这种大豆被称为"晴雾豆"。1905 年 5 月 27 日对马海战当天,水雾很大,不适合海战。清河纯一随即想起了"晴雾豆"的故事。前任参谋秋山真之中佐喜欢吃大豆,因此总是会放些大豆在抽屉里不时取出来吃。于是,人们将秋山真之中佐抽屉里的大豆取出来,撒到海面上。到了下午,雾便完全消散了。听了这个故事,乃木希典感触颇深,还解释说大豆是常常用来供奉神明的一种东西,众人为此又干杯痛饮了一场。

[15] 科普特教徒的女儿在开罗向石井柏亭求爱

20 世纪 10 年代上半期,开始有美术家利用欧洲航路前往"艺术之都"——巴黎。毕业于东京美术学校且 1907 年开始活跃于文部省美术展览会的桥本邦助便是其中一员。据《巴黎绘画日记》(1912 年 7 月,博文馆)记载,1910 年 4 月 27 日,桥本从横滨乘坐伊予丸号前往欧洲。给美术家带来创作灵感的地方,不仅仅局限于巴黎。5 月 4 日抵达上海后,桥本参观了庭园中颇负盛名的豫园,并在豫园的茶馆里小憩了片刻。他对自己置身画中的喜悦之情如此述道:"每每看到南画[1]中梧桐、芭蕉、杨柳、水竹交相辉映下的谢亭[2]，北画[3]中倚岩临水的楼台，都会令我神往不已。而今，我竟坐在楼台楼宇里的乌木椅子上，坐同一张桌前，享中国美食，品中国香茗，恍若画中人。"

石井柏亭比桥本邦助年长两岁，曾在浅井忠门下学过油画，也曾就读于东京美术学校。1908 年沙龙聚会"Pan（牧羊神）之会"组织兴起，他是其中一员，因此对巴黎一直心生向往。1910 年 12 月 13 日，石井乘坐法国邮船从神户出发，前往巴黎。《欧洲美术巡礼·上卷》（1913 年 5 月，东云堂书店）中收录了他的游记。法国邮船上很少有人坐三等舱。在横滨上船时，三等舱内只有石井一人。但是从神户出发后，石井去三等食堂就餐时，却发现这里聚集了大约 15 名乘客。这些人中有"三四个女人、一个中国人，及一些将和服西装混搭着穿的衣着寒酸的人"，石井犹豫自己是否要加入其中。

在三等舱占据一席之地十分困难，如果自己不强硬争取的话，就会被赶到更加恶劣的环境中去。石井柏亭最先独占了左舷旁边的一个小房间，过得很惬意。但是从上海上了很多法国兵，都挤在了三等舱里。小房间随即变成了两个俄罗斯女性的专用房间，石井被迫转移到了一个十人间的船舱里。可是那里好的地方都被"下等法俄人"占据了。而且，那里有个态度冷淡的老人，为了自己方便，把石井的行李挤到一边。石井很气愤，把自己的行李摆在空床上，并拿走其他床上的毛毯，把斗篷和伞挂在墙上。他想，如果对方"肆意妄为"，那他必定会采取

1　也称文人画，始于江户中期，深受中国明清绘画影响的画派画作的总称，代表画家有池大雅、与谢芜村等。——译者注
2　又称谢公亭，位于宣城北面，南齐诗人谢朓任宣城太守时所建，他曾在这里送别朋友范云。——译者注
3　又称北宗画，相对南宗画或南画而言，较之于文人画更具职业性特色和刚直风格，以南宋画院和明代浙派为中心。日本的雪舟和狩野派也属于北宗画。——译者注

桥本邦助《巴黎绘画日记》中收录的《上海码头》。该书记载，伊予丸号抵达槟城的当晚，桥本来到甲板上，看见两名身着浴衣的女子到舢板（港内交通船）上迎接一位"熟识的船夫"。桥本一面目送着这所小船驶向对面街灯的方向，一面在心中祝愿他们"度过一个幸福的夜晚"。

"蛮横"的态度回击。

　　其实三等舱的船费并不是最便宜的。有些被称为甲板乘客的人，专门在甲板上搭帐篷过夜。身发"异臭"的中国女子，和手搌鼻涕、啃着"青菜包裹异物"的印度人，都受到了欧洲人的鄙视和虐待。一位中国女子在甲板的升降口附近，给自己找了块儿地方。旁边一位放着行李箱子的法国人，把她的脏席子扔了下去。正在给婴儿喂奶的女子提出抗议后，法国人就用脚使劲儿踩踏婴儿

石井柏亭在《欧洲美术巡礼·上卷》中写道，印度洋上"一成不变的晴朗的淡蓝色天空和深蓝色的海水，单调乏味，已让我心生厌倦"。此图是该书中收录的石井柏亭的绘画《印度洋上》。

的衣服。于是，两人扭打了起来，女子大声哭叫。很多船员跑出来为女子做主，直到法国人从升降口出去，骚动才得以平息。

　　法国邮船上的甲板乘客受到的待遇也不好。石井柏亭认识了两位从香港上船的俄罗斯人。他们大骂法国邮轮"奇脏无比"。因为有事前往西贡，没办法才上了这艘船，否则绝对会乘坐日本邮船。他们还说到，日本邮船不仅干净整洁，而且每天都会有医生来回巡诊。甲板乘客很多都是在新加坡下船，所以甲板一瞬间"不可思议地变得干净起来。出了新加坡，就突然没有说日语的机会了，但意想不到的是，原本难以理解的法语也渐渐变得耳熟了起来。石井在船舱内读了贝德克尔（Baedeker）的《埃及指南》，因为他打算经由埃及和土耳其前往巴黎。

就像桥本邦助憧憬南画和北宋画等中国文化一样，石井柏亭则被埃及文化所深深吸引。在塞得港下船的石井，乘坐了开往开罗的火车。当他站在伊斯梅利亚的民宅中间，眺望椰树远方的奇穆萨湖时，感受到了内心的悸动。行至一个很小的车站时，他看到一个黑色长袍的村民亲吻一位刚下车的老人。这幅情景让他联想到了《基督一代记》中的插画《犹大之吻》。此刻，石井亲身感受到了这种"画中"的异文化。在同一节车厢里坐着四个阿拉伯人。石井"好奇地盯着"他们手中的阿拉伯文报纸，他们告诉他，这是开罗发行的《标准》报。

开罗车站口的宾馆拉客者多得超乎想象。石井柏亭想要去阿拉伯人推荐的利物浦酒店。可是乘坐马车时，两名拉客者很快就上车了，想把石井争取为自己的客人。结果石井跟着其中一名拉客者，住进了英国膳宿公寓。从那之后，这名拉客者便和石井形影不离。当石井按照贝德克尔的地图去开罗博物馆时，那人竟然也跟到了博物馆。馆内勾勒着"如同沙漠轮廓线般令人惊艳的"石像和木像，以及刻画"古代人民生活的图案"的木板等展览品，这些都让石井目不暇接。当他饱览这场异文化的盛宴后，走出博物馆时竟又发现一群拉客者已在翘首等待。

石井柏亭对旅游景点并没有什么兴趣。画家的视线总是聚焦于仙人掌和蔷薇，以及尼罗河上的白色帆船。当石井进入开罗旧街市的狭窄胡同里时，立刻进入了一片"灰色的单色画"世界里。路旁，石井立起画架，开始用单色画描绘眼前的教堂。不久，石井身边聚集了几位科普特正教会的女子。其中，一名女子用混杂着英语的阿拉伯语说了声"我爱你"，石井听到后脸红了。她在道路对面卖牛奶的地方买了瓶撒了糖的椰子奶送给石井。离开那个地方之后，之前那名拉客者告诉他，"那个女人希望你每天都去那里"。

下图为《欧洲美术巡礼·上卷》中收录的《咖啡屋的女人》一图。当石井在开罗的咖啡馆为一名埃及女子写生时，一位土耳其女子靠在他身边，一会儿盯着他手中绘画的铅笔，一会儿凝望着石井专注的侧脸。之后，她叫石井也为她画一幅。石井答应了她的请求，但她对这幅画有点不满意，说鼻子下面像是长了胡子似的，嘴巴的形状也很奇怪。当石井付完啤酒钱准备离开咖啡店的时候，她却想要这幅素描。石井喊着"拉，拉，拉"（谐音，阿拉伯语的"不行"）想逃跑，但是女子不放手，没办法，只好把素描给了这名女子。

　　即便语言不通，石井柏亭却努力融入异文化当中，成为其中一道亮丽的风景。为了不让游客注意到自己，石井买了一顶很多当地人都戴的红帽子，和他的脸倒很相配。也许是因为他看起来像土耳其人，一进入餐厅，服务员就会拿

石井柏亭《咖啡屋的女人》草稿（《欧洲美术巡礼·上卷》）。石井前往的是坎塔雷·埃基开广场，那是一个有很多咖啡和酒吧的热闹场所。

来阿拉伯语的菜单。在列车上，还有当地人向他问路。穿越尼罗河桥的时候，为了方便船舶通行，暂时进行了交通管制。石井在这段时间里，坐在甘薯地附近，静静地画了一幅夕阳中的尼罗河原野。当时，农夫用阿拉伯语不断地向他搭话。在埃及，导游总是向游客索要小费。但是，戴着土耳其帽的石井混入当地人的人群中，一次也没有被索取过。

托马斯·库克旅行社安排的寻常的旅行十分无聊，于是石井便雇用了一位名叫哈桑的拉客者，让他带自己去尼罗河的上游。因为有当地人做向导，他得以欣赏到普通的观光路线上所看不到的景点。在法尤姆的咖啡厅喝了科涅克酒，进了第二家咖啡厅的时候，哈桑把笔记本弄丢了。回到原来的咖啡厅，店主却闪烁其词，不肯交还。来往的人听到骚动过来围观，一名贝多尔文族的男子用英语问了石井柏亭的名字。哈桑以为他是来抢走自己的客人，就和这名男子激烈辩驳起来，骚动越来越大。当石井把钱交给巡警取回笔记本的时候，已经是深夜了。

在卡纳克神庙和底比斯，石井柏亭骑在马背上，反复欣赏古代的浮雕。这时，石井看见一人在修缮壁画，便上去和他搭讪，那人接着邀请石井去附近的住处吃了晚饭。他出生于俄国，但在巴黎生活了40年，据说他受纽约博物馆委托，在埃及进行了四年的壁画修缮工作。把银纸铺在墙上，然后再按上黏土，接着将取下的东西做成模型，放到石膏上，再用油画颜料上色。虽然每次制作的画只有四五厘米大小，但迄今为止已修缮制作了好几百幅壁画了。昨天开始到今天下雨了，据说时隔九年才下了这一次雨。听了这话，石井才明白了壁画上的水彩不脱落的原因。

[16] 三浦环的橡胶林中回荡的歌声与新加坡的"打工妹"

　　1911年（明治四十四年）11月1日，与谢野宽在横滨乘坐了日本邮船公司的"热田丸号"前往巴黎。与谢野宽和与谢野晶子在合著的《巴黎小记》中写道："从横滨神户搭乘的人，一般都在到达香港之前就没有可聊的话题了。"抵达香港的前一天晚上，一等舱、二等舱船客和船员都聚集在船尾甲板上召开了首场热田表演艺术会，这对百无聊赖的野宽来说非常难得。在欣赏着劝进帐、剑舞、声色、三味线、茶番、手品、手踊、端呗的过程中，不知不觉热田丸号就到达了港口。为了节省一天600日元的港内停泊费，他们当晚便停在了港口外面。在香港，同船的油画家柚木久太乘坐的人力车撞上了一家点心店。看到车夫与卖点心的大打出手，柚木吓得脸色发青。由于野宽曾在书中写道，"这件事在船内应该马上就会成为《热田物语》第二集的好素材吧"，所以他一定是耐住了无聊的劲头，在船内撰写报刊文章。

　　对日本人来说，日本邮船之旅是轻松的。到新加坡的前一天晚上，船上的晚餐供应了日本料理，有海鳗酱汤、生鱼片、鲷鱼煮、章鱼和醋拌菜、泽斋和奈良腌制菜、日本酒。让人感到舒心的不仅仅是味觉的满足，经事务长的许可，大家穿着浴衣参加晚餐。因为不存在语言的障碍，大多数乘客都十分亲近友好。几年后，热田丸号纪念会计划在东京举办，每人都在会员名簿上签了字，是用魔芋版（平版的一种）印刷的。有一位女子带着一岁的婴儿登上船，说是要去在马来栽种橡胶的丈夫那里。与谢野宽和她谈论本籍和住址的话题时，得知她竟是晶子的亲戚，对此奇遇他甚为惊讶。

小杉未醒在《画笔的痕迹》中写道，当他从持续发出"震耳的音响"与"铁与火的威力中，非常单调"的欧洲航路船的机关室中走出来的时候，不由得松了一口气。上甲板与船舱中，是截然不同的两个世界。该图为该书中收纳的小杉未醒的草稿《甲板之上》。

来到新加坡的与谢野宽让三井物产的分社员工带他去了橡胶林。新加坡的栽培法和采摘法都是旧式的，据说柔佛引进了最新的方法。日本人中，橡胶栽培十分盛行，经营 2.5 万英亩橡胶林的三井，和三五公司带领下的承包 200 英亩到 300 英亩橡胶林的经营者共达数十人。现在，每当船舶抵达的时候，从事橡胶相关产业的几位日本乘客就会下船。剧作家兼法国文学家长田秋涛到前年为止，一直从事橡胶栽培工作。那时，长田夫妇坐落于橡胶林间的豪华住宅门前，常常有马车飞驰而过。这附近留下了很多日本文化人的足迹。三井物产分社的社长回忆说，他们曾将二叶亭四迷的遗骸在这里火葬，并举办了追悼会。

画家小杉未醒是比与谢野宽晚两年去巴黎的，他在《画笔的痕迹》（1914 年 5 月，日本美术学院）中写道，柴田环子来到了丈夫——"橡胶园的医生"身边。柴田环子即歌剧歌手三浦环，丈夫是医生三浦政太郎。森三千代在《女人之旅》

"橡胶汁液的榨取"（《世界地理风俗大系》第四卷《南洋》，1929年3月，新光社），描绘了人们汲取从橡胶树中流出来的乳汁，用桶搬运的场景。据峇株巴辖县的日本人会所编《峇株巴辖在留日本人沿革志》中的"护谟园开拓方面的情况"记载，三五公司的土地所有权在1910年得到认可，第一植林地从1909年，第二植林地从1911年开始开垦。1932年12月，两大植林地日本人从业人员、家族数为67人，其他劳动者、家族数共有2993人。

（1941年9月，富士出版社）中描写了橡胶林中三浦的身影。他泛独木舟从柔佛的峇株巴辖县到森布伦川，到处都是三五公司的橡胶园。在薄雾飘荡的清晨和凉爽的傍晚时分，三浦环喜欢随性唱歌。听到她的声音，当地及中国的劳动工人就会停下正在采集橡胶汁液的双手，听得入了神。为此，橡胶园的工头担心工作效率下降，请求她工作期间不要唱歌。

19世纪后半期开始，很多日本女性来到东南亚从事娼妓工作。出生于长崎县和熊本县的贫穷农村、渔村的她们，被唤作"打工妹"（唐行），被人贩子送到了妓院。与谢野宽也曾去过因妓院集中而远近闻名的新加坡马来街。这里的一层建筑镶嵌着与二层建筑相同形状的铁格子窗，来到这里，可以看到德国和俄罗斯妓女的身影。她们不断地邀请野宽。但是，日本的妓女看到本国人时似乎感到"羞耻"，她们低着头的样子，让野宽心生一丝"怜悯"感。

顺着欧洲航路前往欧洲的日本人，从明治时代起沿路上就能看到"打工妹"的身影。1882 年 11 月 17 日抵达香港的板垣退助一行就是其中的一个例子。据师冈国编撰的《板垣君欧美漫游日记》记载："在此地居住的日本人当中只有男性十多名，女性二十多名，女性多从事娼妓行业，谈何振兴东亚，这是自取其辱。"很多游记中将"打工妹"视作国耻。香港的妓女数比新加坡少一位数。根据高田善治郎《出洋日记》（1891 年 3 月，川胜鸿宝堂）记载，新加坡的日本商店仅有一家，但是在马来街有二百多名日本妓女。高田认为，因为这些人的存在使得"日本国民的信用一落千丈"，因此"应让她们尽早离开此地"。

高田善治郎是在 1887 年 7 月 13 日到新加坡的。时隔十三年之后的 1900 年 4 月 18 日，大桥又太郎造访了新加坡。大桥在《欧山美水》中写道，"要论娼妇的数量，日本人特别多，应该有四百人余。"在 19 世纪最后十多年里，新加坡的"打工妹"与日俱增。大桥曾感叹道："啊，旭日章旗的力量都无法消除百鬼横行，我们这群漂泊海外之辈只能暗自叹息。"在这里，他将"旭日章旗"和"百鬼"作对比，可见大桥也将东南亚的日本妓女的存在看作是国耻。

此外，文艺评论家兼剧作家岛村抱月也对"打工妹"进行了回忆。1902 年 3 月 8 日，他从横滨出发，去牛津大学和柏林大学留学。据岛村的《滞欧文谈》

大桥又太郎在《欧山美水》中指出欧洲与亚洲之间文明程度的差异，认为"东洋今后的形势令人寒心"。此图为该书中收录的《新加坡邮局前》。

（1906 年 7 月，春阳堂）称，3 月 28 日在新加坡上岸的船客一行在参观途中路过了马来街。岛村写道，"一行人在车里被人指手画脚，有骂她们是'国耻'的，也有人认为她们为的是国家利益。她们是何其忍耐，背着脸的这些女人。她们这一代，没有恋爱，没有欲望，脸上流着血，带着羞愧，她们只能用眼泪来埋怨命运的不公。"

等到与谢野宽 1911 年再去的时候，新加坡的日本妓女已增至 650 多人。据说在印度、澳大利亚、南洋诸岛的日本妓女总数达到了 6000～7000 人。在野宽的眼里，这些妓女又有着怎样的特征呢？野宽记载道，"国内的日本人一般认为海外的丑业妇（日本人对妓女的称呼）生活得十分痛苦、堕落。但我认为完全相反"。妓女的'收入'和老板对半分，除衣服外，包括伙食费在内的一切杂费都由老板负担。从横滨和神户来的女性，很多人都是"为了情夫无法脱离困苦的境地"。而出身于长崎的女子则与此相反，她们意志坚定，如果工作四五年的话，就能存下 2000～3000 日元寄回家乡。在野宽看来，"国内走投无路的女人"被送到海外，对国家是有利的。

从马来半岛继续北上，在马六甲市海峡一侧，可以看到英国的海峡殖民地槟城岛。被称为东南亚最大的佛教寺院的极乐寺（阿尔·意大利寺院）在此久负盛名。与谢野宽乘坐的热田丸号停靠在槟城岛。一行人雇了一辆马车去往极乐寺。东乡平八郎和乃木希典为留作纪念而写下的"签名"，被当地人裱成"匾额"（挂在室内和门口的长匾），悬挂在寺庙的茶馆里。战胜俄国波罗的海舰队的东乡提督（Admiral Togo）的名字在此家喻户晓，东乡的来访或许是寺庙的骄傲。看到寺内堂上摆放的缅甸风格的弥陀三尊裸像时，野宽直觉认为这可能是横山大观"灯笼流"的女人模型。

1911 年 9 月 29 日，意大利与土耳其之间爆发了伊土战争，10 月 5 日，意大利军登陆黎波里。《东京朝日新闻》在《战争与欧洲航路》（同年 10 月 4 日）这则报道中称，目前尚未收到 9 月 28 日从塞得港驶往马赛的平野丸号安全抵达的电报。之所以写"航路与交战区域还隔着一段距离"，是因为平野丸号从塞得港向地中海西航行，从那里到非洲的黎波里还有些距离。与谢野宽乘坐的热田丸号，12 月就通过了苏伊士运河。野宽也听到了战争的传闻，但对当时紧张的局势丝毫没有提及。相反，他倒觉得热田丸号在浅浅的运河中航行时，船底与水下的沙子摩擦，使河水变得浑浊这一点十分有趣。由于船速减慢了三分之一，这样并不会带来危险。

《巴黎小记》除了与谢野宽在去程所作的记录外，还收录了与谢野晶子返程时作的记录。晶子在科伦坡给妹妹买了几颗宝石。野宽在去程时也看到了卖宝石的，但是港口的导游和商人为了招揽到新的客人，争相递上日本人的名片和留言。他们也向晶子展示了"日本大使、公使、大武官、小武官、学者、实业家"的名片。宝石商还向晶子索要了名片和留言。晶子写下了一首和歌"要问商家何物卖，恋人红泪和白泪"，之后便逃离了现场。1912 年 10 月以后再到科伦坡的日本人，也许有人读了晶子的这首和歌后，会买红色和白色的宝石。

第四章

第一次世界大战与德国的无限制潜艇战

1914~1921

担任海军中佐的日高谨尔在《欧洲海战的经过及其影响》(《欧洲战争实录 第三 世界大战写真画报》,1914年12月15日)一文中指出,虽然德国潜艇是第一次世界大战中首次使用的武器,但它却展现出了"超预期的功效",不仅能够使"接触到潜艇水雷的物体在极短的时间内沉没",也很难对其"实施封锁"。战争带来了武器的显著发展。德国潜艇的广泛使用,避免了类似于30年后"大东亚战争"中日本的大型船舶悉数被鱼雷及空袭击沉的现实。上图照片登载于1915年8月15日的《欧洲战争实录 第十一 世界大战写真画报》上,展示的是一艘被德国潜艇击沉的英籍邮船。

[17]　地中海上"八阪丸号"的沉没与绕道好望角的迂回航路

1914年（大正三年）7月28日，奥地利向塞尔维亚宣战，第一次世界大战爆发。数日间，俄罗斯、法国、德国等纷纷发布总动员令，整个欧洲弥漫着战争的气息。这种气息也波及遥远的亚洲海域。《东京朝日新闻》于同年8月6日刊载报道《青筒船停船▽邮船的个人舞台》称，"青筒船"指的是英国主要定期邮船公司"蓝色漏斗线"。位于伦敦的总部向该公司的船舶发出"就近停靠"的指令。欧洲航路上，德国和奥地利的邮船逃到中国青岛避难，法国的邮船则在西贡（今胡志明市）避难。英国的船舶也大都停止了地中海的航行。由于日本向德国宣战是在23日，因此8月上旬依然保持着中立的态度。由此看来，开战后不久的欧洲航路上，只剩下了日本邮船在继续航行。

开战的影响也波及了日本。尽管日本邮船公司的船舶仍在航行，但因欧洲封锁了市场，欧洲的货船无法到达此地。而且由于医疗相关的进口商品的输入中断，关系着病人的安危。根据《欧洲战乱的影响》（《读卖新闻》，1914年8月

10 日）报道称，日本药材的 60% 是德国进口，10% 从英国进口，10% 从法国进口，本土产的只占 20%。并且进口药品的批发商及医院的存量少，仅能够维持两到三个月，所以自然就导致药价飞涨。医疗器械的进口也同样中断了。在西洋书籍方面，从英国进口的最多，德国、美国、法国、俄罗斯紧随其后，但是开战后西洋书籍的进口也没有指望了。居住于欧洲的日本人也受到了战争的影响，各国银行纷纷停止了支付业务。横滨正金银行的伦敦支行也停止了货汇业务，不能再领取汇款。这些都影响到了居住在欧洲的日本人的生活。

日本邮船的航行也渐渐滋生出许多问题。《东京朝日新闻》于 1914 年 8 月 12 日刊载报道《"香取丸号" 远航》称，当天从横滨起程前往欧洲的香取丸号

面向内陆，拥有运河和铁道网的安特卫普港的繁荣景象（《世界地理风俗大系》第十三卷《西班牙、葡萄牙及比利时、荷兰》，1929 年 12 月，新光社）。该港名称在英语中写作 Antwerpen，法语中写作 Anvers，荷兰文写作 Antwerpen。列日保卫战中，比利时军于 1914 年 8 月 17 日退败到这个港口城市。

中，预定将有包含 6 名日籍乘客在内的 54 名头等舱乘客。然而，其中大部分乘客中途在上海、香港就下船了。处于大战中的欧洲，就连返程需要的煤炭都无法保证。因此，需要在长崎装运 6000 吨煤炭，以备不时之需。船上装载的货物大部分是运往安特卫普港的木材。安特卫普位于斯海尔德河的右岸，是比利时的港口城市。但是，8 月 3 日德军开始入侵比利时。10 月 17 日的《东京朝日新闻》刊载报道《安府陷落与邮船》称，安特卫普的陷落使欧洲航路上日本邮船的航行时间缩短了十天左右。

德军的威胁并不仅局限于欧洲。1914 年 9 月至 10 月，包含中立国船只在内的大多数船舶都被德国东洋舰队的埃姆登号巡洋舰在孟加拉湾捕获并击沉。《欧洲航路停船》（《东京朝日新闻》，同年 11 月 4 日）报道称，为避免遭遇埃姆登号同样的危险，欧洲航路上的北野丸号和三岛丸号停在了科伦坡，伊予丸号停在了亚丁，诹访丸号停在了槟城。回程途中的北野丸号自 8 月 22 日起，完全没有出港的迹象，乘客既不能上岸也不能观光，只能滞留于船上。直到 11 月 9 日，埃姆登号在科科斯岛同澳大利亚的轻型巡洋舰的战斗中败北，其威胁才得以解除。《东京朝日新闻》于 11 月 15 日刊载报道《欧洲航路恢复通航》称，随着印度洋航路的安全得到证实，自 9 日起，日本邮船再度开航。北野丸号也离开了科伦坡港，预计 16 日抵达新加坡。

年末至翌年年初，受船舶不足的影响，欧洲航路呈现兴旺之势。据《欧洲航路最繁荣的盛况》（《东京朝日新闻》，1915 年 1 月 19 日）报道称，因战争期间欧洲食物极度匮乏，亚洲各地的粮食源源不断地出口过来。若再加上其他杂货，可以说从日本发出的邮船都处于满载的状态，回程的货物不及去程的多。随着出口的日益繁盛，中国的购买力也不断增强，货物在中国也有了不错的销路，所以完全能够收回成本。由于船舶数量不足，运费也涨至开战前的五倍，呈现出从未有过的繁荣景象。报道中感叹："若拥有四五千吨以上的货船在此方面大显身手的话，丰厚的利润便唾手可得。只可惜我海运界并无余力，只能旁观，不可不谓遗憾至极。"

以第一次世界大战的交战国为中心，世界各地陷入了船舶严重短缺的境地。《海运界的大显身手与前途》（《读卖新闻》，1915 年 6 月 15 日）报道称，由于开战的影响，失去了将近 1195 万吨的贸易量，这相当于世界总船舶吨数（4750 万吨）的四分之一以上。其中，由于交战国的军事征用船失去 760 万吨，交战国扣留船失去 205 万吨，沉船失去 80 万吨。欧洲至亚洲之间运行的邮船，也因此由开战前的 177 只（105 万吨）锐减至 77 只（53 万吨）。

开战后，欧洲各国需要大量进口军需物品和食物。这对日本的造船厂来说，是一次前所未有的大订单。川崎和三菱、大阪铁工和浦贺等共接受了来自日本邮船公司和大阪商船公司的约 28 万吨的新船订单，日夜开工抓紧完成订单任务。1915 年，日本的船舶总吨数是 1586000 吨，两年后增长了 17%，预计将达到 186 万吨。欧洲的战争使得日本的海运界迎来了空前的盛况。报道标题中的"大显身手"一词，便体现了当时人们收到大量订单时的兴奋。

然而在印度洋，尽管德军的威胁暂时得以解除，但这并不意味着欧洲航路全线的安全得到了保障。德国潜艇仍出没于英法两国的沿岸地区及北海航路中。例如，仅 1915 年 3 月 13 日一天就有六艘英国轮船、一艘英国辅助巡洋舰、一艘法国轮船、一艘瑞典轮船遇难。在《欧洲航路的危险》（《东京朝日新闻》，1915 年 3 月 18 日）一文报道中，将 1 月 30 日至 3 月 13 日这一个半月内遇难的船舶总数，按照国别总结如下：英国共有 40 艘船遇难，其中有轮船、货船、邮船、医疗船、煤船、驱逐舰和巡洋舰；挪威有四艘船遇难，其中有轮船和煤船；法国有两艘轮船遇难；美国和瑞典各有一艘轮船遇难；共计 48 艘。民间的轮船、货船和医疗船也成为德军攻击的目标。

日本和德国进入交战状态之后，日本的船舶也成为德军的攻击对象。1915 年 11 月 8 日，《读卖新闻》刊载报道《德国潜艇击沉我国船只》称，预料之中的事情终于还是发生了。山下轮船公司的"靖国丸号"被英国波恩·奈勒公司雇作货船，开始运行。途经符拉迪沃斯托克（海参崴）—马赛港—纽约之后，该船自大西洋向地中海航行，于 10 月 23 日进入直布罗陀港。翌月三日，该船从直布罗陀港出发前往阿尔及利亚。途中于阿尔沃兰海遇袭，被德国潜艇击沉。镰田虎彦船长等 50 名船员最终得以平安登陆摩洛哥的梅利利亚。山下轮船公司当时以 60 万日元购入这艘船，不过后来投了 80 万日元的战时保险，因此并未给公司造成经济上的打击。

欧洲航路上的日本邮船于 1915 年年末被击沉。12 月 16 日从马赛港出发的"八阪丸号"于 21 日在塞得港附近遭受德国潜艇的水雷袭击，49 分钟后便沉没了。《"八阪丸号"乘客皆平安无事》（《东京朝日新闻》，1915 年 12 月 24 日）报道称，乘客及全体乘务人员都被法国的炮舰救起并安全登陆塞得港。同日刊登于该报的《被击沉的"八阪丸号"》报道称，这并不是八阪丸号第一次遭受德军袭击。早在半年前的 6 月 5 日深夜，八阪丸号在伦敦的泰晤士河就遭到德国飞艇的袭击。当时炸弹落于水面爆炸。受到袭击的船体外板上出现了十七处贯穿孔和五十处凹陷，同时，客舱也发生了小型火灾。但此次沉没和之前的受害规模截然不同。这迫使日本邮船公司对是否应该继续地中海航路这一问题进行了根本性的探讨。

被击沉于地中海的八阪丸号
（日本邮船编《日本邮船公
司五十年史》）。

　　日本邮政公司为了规避地中海的危险，不得不对航路作出变更。于是决定停止自红海进入苏伊士运河的航路，采用绕道非洲南端好望角的迂回航路。新的航路从科伦坡港起程，中途会在南非东岸的德班和邻近好望角的开普敦停靠。递信省也认可了此次的航路变更。日本邮船公司的多数船舶接到"航路变更"的通知时仍处在回程的途中。据《所有邮船经由好望角》（《东京朝日新闻》，1916 年 1 月 3 日）报道称，前一年的 12 月 30 日和 31 日从科伦坡出港的赞岐丸号和贺茂丸号开往的是德班而非苏伊士。相反，12 月 30 日到达马赛港的返航船宫崎丸号则穿过直布罗陀海峡开往开普敦。

　　需要紧急调换乘客的则是停泊于苏伊士港的香取丸号。轮船将开往德班，但在乘客看来地中海就在眼前了。因此日本邮船公司只好自己出资，让乘客换乘其他公司的轮船，继续前往马赛及伦敦的旅程。

位于非洲大陆西南端的"好望角前端"(《世界地理风俗大系》别卷《世界风景大观》, 1931 年 8 月, 新光社)

[18] 欧洲航路船舶的军事化与经由巴拿马运河的转航

　　日本邮船公司虽回避了地中海航行的危险,但是沿非洲大陆西侧的大西洋一路北上,前往伦敦的新航路也并非就是安全的。特别是开普敦以北的南非沿岸及夹在法国和西班牙之间的比斯开湾是德国潜艇异常活跃的危险区域。因此,英国的保险市场普遍不愿意与通过该航路的船舶签订保险条约。《"伏见丸号"的保险问题》(《东京朝日新闻》, 1916 年 5 月 18 日》) 报道称,欧洲航路上的伏见丸号计划于 5 月 19 日离开德班港,并于两天后抵达开普敦。虽然伏见丸号已经开船,但 20% 的船体保险额及装载的一部分货物还未上保。有报道称,在那前不久,包括日本富山丸号在内的各国船舶都曾在比斯开湾遭遇潜艇跟踪。

　　货船永田丸号在 1916 年 (大正五年) 11 月 30 日,从比斯开湾进入英吉利海峡时,在经由的韦桑岛北部遭德国潜艇袭击后沉没了。《国船被击沉》(《读卖新闻》，1916 年 12 月 5 日）报道称，此次袭击造成山本虎多船长及手下 39 名乘务人员中，3 人死亡，6 人负伤。一行人后得到瑞典轮船的救助，被转移到法国的水雷艇，随后又被收容到布列塔尼半岛西端的布雷斯特军事港中。永田丸号于 9 月 15 日从香港出发前往欧洲运送货物，却在最危险的海域遭遇炮击而沉没。

欧洲航路上的日本邮船虽变更了路线，从好望角绕道航行，但还是遭到了德国潜艇的袭击。《"博多丸号"遭到德国潜艇袭击》（《东京朝日新闻》，1917 年 1 月 17 日）报道称，在前一年的 12 月 14 日，从开普敦港出发的博多丸号，1 月 13 日在比斯开湾附近受到德国潜艇的炮轰。幸运的是，博多丸号从潜艇的炮轰下安全逃离。日本邮船公司推测，如果从航海天数来看的话，博多丸号数天前就已抵达伦敦也不足为奇。虽然目前消息不足，无法准确断定，但为了避开潜艇，博多丸号可能已经耽搁了很长时间。

1917 年 1 月 9 日，德国决定发起无限制潜艇战。2 月 3 日，《东京朝日新闻》所刊《德国死战宣言》一文中，传达了德国的"开始新潜艇战"及其"无警告击沉声明"。前者是自 2 月 1 日起，在协商国沿岸的海上开始袭击船只的通告，同时也对处于封锁海域中的中立国船只发出警告，命其在一周之内撤退。后者则是对自英国、法国、意大利三国海岸 20 海里（约合 37 千米）以内的船只发起的无警告无差别袭击的声明。《东京朝日新闻》同一个版面上的《德国宣言和日本船》一文中，还刊登了日本邮政公司相关人士的评论，内容如下：欧洲航路上的危险应对尚未有妥善的处理办法。德国的"潜艇和商业袭击战舰"一旦出现在南非方向，就算船上搭载一两门小口径炮，也徒劳无功。

然而，对于德国的无限制潜艇战，也不能袖手旁观。日本邮船公司的船只时不时就会遭到德国潜艇的袭击。1月13日从比斯开湾附近逃脱炮击的博多丸号，在2月5日再度受到袭击。《诚然千钧一发》(《东京朝日新闻》，1917年4月13日）一文指出，开往纽约的博多丸号在位于英吉利海峡的诺曼底群岛西部受到德国潜艇袭击，危险持续了近30分钟。此时，英国驱逐舰的出现使德国潜艇放弃了追击。在博多丸号船体前后近十几发炮弹爆炸。两小时后，德国潜艇再次出现。在英国驱逐舰前去营救后方的英国商船时，博多丸号全速前进，才得以逃出诺曼底海域。

　　日本邮船公司决定不再在伦敦停靠，而是穿过威尔士和爱尔兰之间的圣乔治海峡，停靠在英国西海岸的利物浦。这样一来，风险确实可以降低，但会给贸易带来不便，递信省和海军省劝告日本邮船公司对欧洲航路上的船只进行军事武装。据《确定武装邮船》(《读卖新闻》，1917年2月24日）一文报道，日本邮船公司答复递信省和海军省称，同伦敦和纽约分公司共同协商之后，他们决定武装欧洲航路的船只，除此之外还决定配备13艘临时船只。为防止对德国泄漏信息，日本邮船公司没有公开军事武装内容。在26艘船只返回日本后，对它们依次实施武装。3月5日出航的伊予丸号是原本被定为最先实施武装的船只，因没赶上则作为最后的非武装船出发远航。

　　武装理应奏效。"赞岐丸号击沉敌艇"(《东京朝日新闻》，1917年6月21日）报道称，6月15日，航行于英吉利海峡的赞岐丸号虽受到德国潜艇袭击，但赞岐丸号发起反击，平安无事地挺进朴茨茅斯港。由于德国潜艇潜伏于海下，赞岐丸号采用炮击应战，是否真如新闻标题所说的"击沉"敌艇还有待进一步考证。但是，敌艇被击退却是不争的事实。另外，《"鹿岛丸号"炮轰敌艇》(《读卖

印度洋上搜索常陆丸号的筑前丸号和海军飞机（日本邮船编《日本邮船公司五十年史》）。

新闻》，1917年10月24日）报道称，9月27日上午，在英国西南端的兰兹角海岬发生激战。德国潜艇采用水雷攻击，而鹿岛丸号的第16发炮弹，击中了德国潜艇的潜望镜。当天下午鹿岛丸号又遭遇两艘德国潜艇的前后夹击，不过鹿岛丸号一边应战一边前进，于10月20日逃出追击，抵达开普敦。

然而，实施了军事武装的船只也有战败的时候。1915年5月31日，在英吉利海峡入口附近，第一只武装商船宫崎丸号遇到德国潜艇的鱼雷攻击而沉没。《"宫崎丸号"遇袭沉没》（《东京朝日新闻》，1917年6月3日）报道称，当时英国的哨舰快速行进，准备前去救助船上的65名乘客和121名船员，共计186人。当时宫崎丸号上也搭载了一门4.7英尺的大炮进行防卫。然而德国潜艇没有发动炮击，却突然发射起了鱼雷。海军省副官推测，或许德国潜艇早知道了宫崎丸号的航海日程，也知道了宫崎丸号实施了武器武装。万幸的是，此次袭击仅致少数人伤亡。但是，运往伦敦的2158吨货物及船体却一同沉入了海底。

航于英国海峡的河内丸号，前方可见护卫飞艇。（日本邮船编《日本邮船公司五十年史》）。

    欧洲航路上的日本邮船常陆丸号在 1917 年 9 月下旬在印度洋上失去音讯。12 月 28 日，《读卖新闻》上《常陆丸号捕获说》一文介绍了这些传闻，他们称常陆丸号或是被敌舰捕获停靠于无人岛，或是叛变为敌舰行驶于大西洋上。在常陆丸号失联后的三个月里，没有找到任何的漂流物，这也加速了传闻的发酵。日本邮船公司编写的《日本邮政公司五十年史》一书中，称常陆丸号于 9 月 26 日受到德国伴装巡洋舰的炮击。常陆丸号仅以一门备用炮难以对抗袭击，船只后部甲板发生火灾。船上有 42 名乘客、117 名船员，共计 159 人。其中，13 人死亡，其余 146 人被收容到德国舰，随后，常陆丸号被击沉。

    由于德国潜艇的持续攻击，日本邮船公司拟定了转向欧洲航路东线的计划。"邮船向东转向计划的决定"（《读卖新闻》，1917 年 10 月 27 日）报道称，日本邮政公司正在向逓信省申请，准备将欧洲航路的 13 艘临时船只全部向东线转航。1903 年开始动工的巴拿马运河于 1914 年 8 月 15 日正式开通。去程从横滨、神户、门司出发，经由巴拿马运河去往旧金山，途中若有需要则停港纽约，之后开往英国。返程从纽约出发，经由巴拿马运河直达符拉迪沃斯托克，之后再返回日本。第一艘航行在东线的是龙野丸号，该船于 11 月 27 日从横滨起航。另外，为保护优质船只，日本邮船公司从欧洲航路调拨巨型船只到美国航路。《第二美航巨船》（《读卖新闻》，1917 年 11 月 30 日）报道称，伏见丸号、香取丸号、鹿岛丸号、取访丸号依次转到北美航路。

到 1918 年，德国潜艇的威胁依旧存在。《两端船舷画上海浪》（《读卖新闻》，1918 年 2 月 6 日）一文报道了代替热田丸号航行于欧洲航路的河内丸号所采取的对策。安装备用炮自不必说，除此之外，还以英国海军的研究成果——潜艇防御

为躲避德国潜艇袭击而伪装的平野丸号（日本邮船编《日本邮船公司五十年史》）。平野丸号的总吨数为 8520 吨，1908 年 4 月由长崎三菱造船所建造。该书写道，平野丸号在爱尔兰南部受到袭击后仅仅七分钟就沉没了。

法为基础，将船体涂成灰色，在船头和船尾的吃水线上绘出海浪翻涌的画面，从而扰乱敌军的速度判定及其射击瞄准。这种方法在出航途中遇到敌军的袭击时可能奏了效，使河内号在千钧一发之际得以逃脱。《逃离灾难的"河内号"》（《读卖新闻》，1918年7月31日）一文中介绍了4月10日在南非近海的交战状况。河内丸号的炮仗连发四炮，敌军也不断发起水雷攻击。水雷掠过推进器，但幸运的是，河内丸号最终平安逃脱危险区域。

最严重的袭击发生在10月4日。10月10日从利物浦出港的平野丸号被水雷击沉。《平野丸号被击沉》（《读卖新闻》，1918年10月7日）一文中写道，此次事件中仅有30人幸存，600多人下落不明。不过，这是在信息混乱的状态下的错误报道。实际情况是，平野丸号上有97名乘客、143名船员，共计240人。受强风波浪的影响，船上仅30人得救，余下的210人全部遇难。此时，16艘商船组成的船队尽管有美国驱逐舰的保护，也没能阻止德国舰队的袭击。

[19] "宫崎丸号"倒数第二次航海及禁止"有色人种"登陆开普敦

1917年（大正六年）5月31日，宫崎丸号被德国潜艇击沉。船上载有一名诗人，这是他倒数第二次乘船航海。他就是第一次世界大战时，在巴黎留学的法国文学研究者吉江乔松。《法兰西印象记》（1921年9月，精华书院）一书的卷尾感伤地写道："那美丽的轮船就这样折成两半，桅杆横倒，永远地沉在了大西洋的海底。曾经活跃于海上的发电机也不再启动，被海藻包围着长眠于海底。"吉江乘坐的宫崎丸号于 1916 年 10 月 7 日从科伦坡港出发,当时航路已变更,经由好望角。若经由苏伊士运河的话,吉江也不会有这样的体验。

　　船上的印度人和荷兰人向吉江乔松搭起话来,充满"怀念"之情。这位荷兰人在开普敦做肉类生意,自从日本邮船公司的航路变更为经由好望角之后,他经常乘坐日本邮船公司的轮船。荷兰人说这是因为日本人"对待乘客亲切而又热情"。此外,吉江也曾被"一群令人讨厌、妄自尊大的英国人""毫无顾忌"地搭讪过,问他日本人都是从什么年龄开始学习英语的。自 1910 年 5 月起,南非的开普敦、纳塔尔、德兰士瓦、奥伦治等四州成立联邦,相继制定了各种种族歧视法。吉江记述道,从船上眺望到的德班街区灯光的投影美不胜收,但美丽的灯影下却"没有一个亚洲人","那是专横跋扈的英国人的专属地"。

　　穿过好望角之后到达停靠港开普敦,那里的情形大致也与此相同。海上的日子总是格外漫长,身体一直随着轮船来回摇摆,听惯了海浪和发动机的轰鸣声,人们急切地盼望着能体会陆地上的安定和宁静。但这一气候宜人、枝繁叶茂的"乐园"也"仅仅是属于白人的,确切地说是英国人的乐土"。在开普敦居住的日本人,只是七八个有"特殊关系"的人,诸如外交官、农商务省的官吏以及古谷商会的相关人员。宫崎丸号在港口停泊时,虽然允许日本男性登陆,但其他亚洲人无论男女都被禁止参观。来自科伦坡的印度人也不能踏出船外一步。《世界地理风俗大系》第十七卷《非洲》(1928 年 12 月,新光社)一书中就介绍了一位研究中非矿物的九州大学教授在德班被拒登陆一事。若要登陆,则事先须向领事申请。

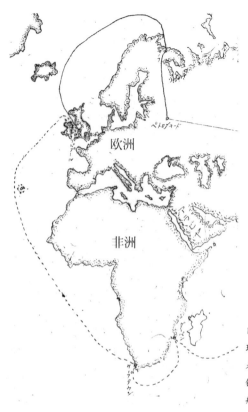

欧洲

非洲

日野根太作所著《前欧洲大战中 东半球环游记》一书中收录的前往英国的"行程表"的一部分。去程（实线）为西伯利亚铁路，返程（虚线）为经由好望角的欧洲航路（原图为日文——译者注）。

1917 年 4 月至 1918 年 1 月，待在英国的机械工程师日野根太作出于对非洲的好奇，决定采用经由好望角的欧洲航路回国。《前欧洲大战中 东半球环游记》（推测为 1938 年春刊行，私人出版）一书中写道，工程师日野根太从利物浦登上了北野丸号，船上的洗手间写有"European Only"（欧洲人专用）字样，日野根太感到十分不快，在英国时他虽然也感受过这种种族歧视，但在殖民地未免也表现得太露骨了。到了当地他还听说，直到一年前，日本人都还是白种人歧

日本人看开普敦，会对种族歧视问题大书特书，但荷兰人的看法则有所不同。吉江乔松在《法兰西印象记》一书中写道，据同船的荷兰人说，不管是在"英国的海峡殖民地"，还是在"南非的各个港口"，都是荷兰人在播撒"文明的种子"，如今荷兰却只剩下"南洋的几个小岛"了。从该书收录的这幅照片中，可以看到大海远方的好望角，以及"桌山和狮子头山"。

视的对象，直到飘着日本国旗的军舰入港后，这些歧视才在"表面上"得到了一些改善。

　　开普敦位于相对较为安全的海域和危险海域的分界线上。宫崎丸号从神户港出发的第一夜，客舱内的伙计们便向乘客讲述上次航海时，在地中海被德军潜艇尾随和在比斯开湾幸免于难的故事，这让乘客感到十分兴奋。印度洋上，已不再像平时那样举办赤道庆典了，为了防止受到攻击，每周举行一次演习——放下小艇，让人们乘小艇逃离。不过那时，人们都还意犹未尽。来到开普敦港时，那里还停着几艘满载澳大利亚士兵的运输船，在人们的合唱声中欢送出港。当宫崎丸号开始沿大西洋向北航行时，乘客渐渐有了一种进入危险区域的不安和紧张感。

吉江乔松乘坐的宫崎丸号是第二艘为避开地中海的危险，改由途径好望角航路的轮船，同时也是第一艘船头武装有大炮的轮船。驶出开普敦港后，每周都会在船上举行两次严格的演练。警告的汽笛声连响三回后，船员和乘客们戴上"救生圈"跑到上方甲板上。在高级船员的指挥下，船员和乘客协力将小船从船舷边上放到海里，随即将船上的乘客按照妇女和儿童，然后是一般乘客，最后是船员的顺序依次转移至小船上。在演习时，吉江似乎身临其境，感到德国的潜艇正破浪前进，步步逼近宫崎丸号。

对吉江乔松来说，不幸的是，隔壁二等舱一位乘客的精神状态在大西洋航行中突然恶化。这个英国人到香港打工挣钱，却在赛马的赌博中输得一干二净，失去妻子的他踏上了归国的旅途。然而，他的一举一动却逐渐变得奇怪可疑，时而口中嘟囔着数字在甲板上踱来踱去，时而赤身裸体地走进食堂。一开始船员们以为他在开玩笑，后来发现事态的严重性，便将他关进了船舱。被关入船舱中的他踢打门窗，上半身探出圆窗，整夜怒吼道："这艘日本破船，一定会沉没的。我会让它沉入大海 。"船员给他送饭时，他便赤身裸体地扑上去，试图扼住船员的咽喉。

从开普敦出港的宫崎丸号，停靠在非洲大陆西端的塞内加尔的达喀尔港。船长和船员讨论着是否该让"裸体狂人"在此处下船，最终决定还是监视他到英国。同英国的殖民地相比，法属殖民地塞内加尔有一种寂寥和倦怠的感觉。

此外，还有一处很大的不同是，在英属殖民地，英国人作为统治者称霸一方，统治者和被统治者分属两个截然不同的阶级，互相之间根本没有通婚的情况。然而，法属殖民地中，分属不同阶段的父母所生的孩子十分引人注目。在这些孩子身上，吉江乔松看到了一种"文化的融合"和"亲密友善"的情感，为"两者渐融一体"感到"安心"。

从达喀尔港驶出的宫崎丸号，穿过加纳利群岛，沿着危险的大西洋继续北上。在夜间，尽可能不点灯，并用黑布包裹住光源，不让光线照射出去。每个房间里都挂有厚厚的窗帘，禁止在甲板上大声喧哗。轮船似乎披上了一件"丧服"，乘客的紧张感也日益增加。甲板上的小船也悬挂在船舷两侧，准备随时派上用场。小船内存有水和干粮。万一遇到紧急情况，只能携带外套和少量随身物品，因此乘客们被告知只将必要的东西带在身边。因为不知何时会遭到攻击，所以不能泡澡。晚上，人们将救生圈置于枕旁，和衣而卧。在连呼吸都紧张的空气中，只有隔壁"狂人"的嘶吼声在船上回旋："此等破船必将沉没。"

宫崎丸号抵达比斯开湾时，接到了英国兰兹角地面站的消息。宫崎丸号突然变更航路，向外海航行。它并没有采用直线航行的方式，而是采用锯齿形状的路线前往英吉利海峡。船内的气氛开始紧张起来，乘客纷纷议论是否有德国潜艇在靠近。初冬的比斯开湾波涛汹涌，导致船身左右摇摆，怎么都无法前进。在如此寒夜之中如若遇袭，就算迅速放下小船，人们也可能无法等到救助船的来临便葬身大海。有人说他听到了德国潜艇破浪前进的声音，也有人说他从海浪之间看到了远处的潜望镜。当有什么东西碰到船舱时，还有人吓得号啕大哭。因此，监视海面的"警卫"志愿者的人数从未减少。

位于鹤见总持寺的宫崎丸号、常陆丸号、平野丸号"遇难船员之碑"（日本邮船编《日本邮船公司五十年史》）。

英国海军在最危险的英吉利海峡，为抵御敌人的袭击张起铁网。在铁网的断开处设置了水闸，当判定安全时才让船通过。水路和水闸的两侧散布着灯塔，这让吉江乔松感到一丝安心。越通往英吉利海峡深处就越危险。在通过最危险之处的那天夜里，高级船员要求乘客们彻夜不眠。晚上 10 点，随身揣着旅费和介绍信的吉江穿着外套来到食堂。在覆着黑布的灯管下，一群人正在相互交谈，以打牌来消磨时光。当船抵达泰晤士河河口时，河口停着很多等待入港的船舶。乘客们也终于松了一口气，认为"到达了安全地带"。

此时的伦敦为避开空袭，整个城市像披上了一件"黑衣"一般。吉江乔松在伦敦停留十天后便向南安普顿出发，然后在那里换乘开往法国勒阿弗尔的轮船。在整整六个小时的航行中，轮船两侧的不远处，都有英国的驱逐舰保驾护航。吉江最终平安抵达战火下的巴黎。然而，宫崎丸号在返回日本后的下一次航行中，却永远地沉在了大西洋的海底。

[20]　其他公司的船长在泰晤士河口目睹英印大邮轮爆炸

在第一次世界大战中，尽管人们的航海体验相同，但站在乘客和船长的角度来看，其视野却是完全不同的。另外，乘坐欧洲航路上日本邮船公司的邮船和其他轮船公司的邮船，其体验也有着质的差别。1915 年（大正四年）12 月 21 日，日本邮船公司的八阪丸号在地中海沉没，彼时八阪丸号虽未实施军事武装，却配备有无线电信号和充足的救生设备，具有从潜艇追击中逃脱的速度。与此相对，其他公司的大多数轮船都没有无线电信号，救生设备也不充足，且航行速度很慢。它们大都为外国政府或外国商社的雇用船。神通丸号是日本商社小寺洋行的轮船。时任神通丸号船长的加藤久胜，在《横渡魔海记》（1918 年 5 月，大江书房）一书中如此记述道，八阪丸号的船长被授予了勋章，而随后被击沉的十多艘其他轮船，没有一名乘务人员得到授勋。

战时为通过危险区域而变换船体颜色后的静冈丸号（《欧洲航路指南》，1919 年 10 月修订，日本邮船）。静冈丸号总吨数 6568 吨，1912 年 3 月由神户川崎造船所建造。对抗德国潜艇的策略有：①伪装，②武装化，③由联合国军舰护卫。

书名里的"魔海"指的是以地中海为中心的德国潜艇活动的海域。加藤久胜所乘坐的神通丸号于 1917 年 3 月 12 日从神户港出发，满载着货物，经由大连港去往法国，其中经过印度洋。社长小寺壮吉在大连接到德国海军出没于印度洋的消息，十分担心，向加藤询问该船是否有迂回路线。加藤答道，为今之计只能够信赖日本海军，采用直行航路。战争使船舱匮乏，运费上升，物价飞涨。因此，在拖网渔船经由的港口，很多失业的日本船员在此流浪。而法国邮轮和意大利邮轮又开始拒绝日本的三等舱乘客上船。科伦坡监狱里收容着数十名日本船员，他们曾在法国邮轮上"作恶多端"，高喊"老子是一等国的日本人"。

抵达塞得港时，加藤久胜开始感受到了战争气息的日益浓厚。港内停泊着好几艘战舰，飞机也在头顶上空不断盘旋。5 月 1 日，海军当局命令神通丸号出港，神通丸号开始挺进地中海。神通丸号在风平浪静的海面上开始航行时，英国海军的商船护卫船也在其侧同行。船员之间相互诋毁，说那只载有一门大炮，如同"一叶扁舟"的轮船，在德国潜艇面前恐怕不堪一击，连"稻草人"都比不上。英国的护卫船也只随行了 5 海里左右（约 9.3 千米），便返回港口。

在德国潜艇看来，破坏商船的理想办法是，先用炮机让商船停下，劫走容易短缺的食品之后，采用爆炸装置击沉。然而，在武装船面前现身海面也是有风险的。因为一旦发射鱼雷，被潜望镜发现的话，潜艇就会受到武装船的炮轰。欧洲除了中立国的船只之外，所有船只都改成了武装船。定期邮船在船头船尾或者船舷两侧都装上了炮门，那是一种伪装成巡洋舰一般的设备。特别值得一提的是，意大利船舶上设置了 4 门以上的大炮。站在德国潜艇的立场考虑的话，商船被发现时，如果运用无线电通报附近的军舰哨艇的话，会增加风险。美国则运用法律规定出入本国的船只必须设置无线电信号装置，但这是针对船员在

50 人以上的船舶的。因此，日本许多其他公司的轮船不必受这条规定的束缚。神通丸号就是既没有装备大炮又没有无线电信号的船舶。

神通丸号在抵达位于意大利南端和西西里岛之间的墨西拿海峡时，接到了意大利海军的停船命令，被问到是否需要他们的航海命令，神通丸号回答说需要。因此，他们为包括神通丸号在内的三艘航船配备了两艘水雷艇，在日落之前护卫船只前行。这位将校说，三天前在神通丸号通过的海域中有三艘船舶被击沉。而意大利对欧洲商船的保护最为周到，他们在沿岸的重点区域都配备了水雷艇和哨艇，但是是否会被击沉则要看运气了。而且在夜间，除了防备敌艇，若是与其他船只相撞或触碰到暗礁也十分可怕。船舶熄灯后仍在继续航行，前方突然出现船影一点也不足为奇。

平安抵达马赛港时，运输船上满载的法国士兵们连声高呼着欢迎"日本人"。担任地中海方面任务的日本驱逐舰停泊在马赛港，这使加藤久胜感到一丝"快感"。但对于日本其他公司的轮船来说，构成航行障碍的不仅有德国还有联合国。当时的欧洲主要靠海外殖民地供应食品。然而，其造船能力的提升却赶不上德国潜艇对轮船的破坏速度。因此，卸货之后，联合国的船舱调节委员也迟迟不肯同意船只出港。小寺洋行的第三乾坤丸号装载着来自大连的货物于三月下旬进入马赛港。尽管之后的雇用船的商谈顺利进行，但因船舱调解委员迟迟不下达许可令，第三乾坤丸号不得不在马赛港停留了三个月。因为他们企图将其变为法国政府的雇用船。

神通丸号也没能得到船舱调解委员会的许可，因此，不得不废弃同外国商社缔结的租船契约。在马赛港停留 60 天后，船主向船只发出了"返回日本"的

马赛港（Marseille Album Artistique，未记载刊行年月和出版社）。1869年，苏伊士运河开通后，马赛港急速发展，作为亚非之间的港口作用重大，是地中海的标志性海港。

命令。尽管费尽气力得到了出港许可，但法国却不答应为轮船提供煤炭的补给。如果在直布罗陀提供补给的话，按顺序来也得需要两周的时间。所幸，加藤久胜同英国海军当局交涉，确保了600吨的煤炭，才得以从马赛驶出。出港两日前，加藤得知了"信贵山丸号"被击沉的消息。信贵山丸号是美国的雇船，航行于美国和意大利之间的海域。与护卫舰及其他四五艘轮船一起航行于地中海的信贵山丸号，在法国的利翁湾触碰到了水雷，不幸爆炸沉没。若此时将人员，撤离船只，时间应该是相当充裕的，但护卫舰及其僚船没有过来救援。他们"势若脱兔"，飞快地逃离了。

神通丸号希望经由塞得港回国。但因为战时保险契约最终没有成立，神通丸号不得不采用经由好望角的航路。这条航路中最危险的当属比斯开湾。他们决定远离沿岸，迂回航行。因此，万一船被击沉，就算乘上了小艇，穿越汹涌的海浪抵达沿岸也是一件相当困难的事情。1917 年 5 月 31 日沉没的宫崎丸号只有少数人遇难，这在加藤久胜看来是一个奇迹。沿大西洋南下途中，神通丸号遇到了四五艘武装的大型轮船。刚开始在海平面上看到煤烟，渐渐地船影显现了出来。大型轮船在同神通丸号相隔 10 海里（约 18.5 千米）的时候，变更为直角航行，朝着非洲沿岸逃走了。可能在远望时，德国海军的特务舰船看到了神通丸号的身影。

　　同吉江乔松和日野根台一样，加藤久胜在禁止有色人种登陆的开普敦也感到十分不快。加藤写道，在南非只有"进出口商人古谷氏"受到居住认可，其他的人只能以"商业参观"的名义取得为期三个月的"限时登陆许可证"，然后得不断进行更换。兼松商店的前田卯之助就是其中一个。他前去观看摄影展时，

编制护卫船队通过危险区域的场景（《欧洲航路指南》）。

虽买了票却被拒绝入场。去剪头发时，店员"傲慢不逊"的态度让前田愤慨而归。神通丸号入港时，有移民官员和警察在进行调查，他被告知亚洲人种的船员禁止登陆。为装载运往神户的羊毛，神通丸号中途前往位于南非德班和开普敦之间的东伦敦。那是一个比开普敦排挤亚洲人更为严重的城市。移民官不分昼夜地在栈桥上来回踱步，进行巡视。

加藤久胜在《船头的日记》（1922 年 1 月，目黑分店）里描写了 1916 年 4 月在泰晤士河口目睹的场景。开往伦敦的联合国的船舶被命在唐斯附近停船。加藤乘坐的船停下的时候附近仅有几艘船，但不一会儿便增加到了 200 艘。第一艘船进入泰晤士河的时候，加藤的船被允许通过多弗尔。他们必须在河口等待引水员。在那儿他们看到了几艘停在浅滩上的轮船，这些船是为营救今天早晨刚被击沉的汽船和受到袭击的船员和船体的。引水员在引导完英国船之后却不引导日本船。好不容易进入泰晤士河溯流而上时，一艘两万吨级的英印大邮轮赶超而过。随后突然一声巨响震耳欲聋，是德国潜艇在向大邮轮发射火炮。

近处发出的一声炮响和巨大震动，使大邮轮感受到了威胁，它急速转弯，不料右侧船舷发生爆炸，锅炉室燃起滚滚浓烟，浓烟迅速蔓延至整艘轮船。在附近护卫的英国舰队疯狂地进行扫射，但都被德国潜艇轻巧地躲了过去。加藤久胜看到，离自己乘坐的船只仅隔四五丁（约 500 米）远的地方，轮船爆炸，状况惨烈。甲板上的乘客和船员陷入一片哀号之中。爆炸后不到四五分钟，被大火和黑烟吞噬的大邮轮就化为一具残骸。二十多艘的救命船只有一艘放了下来。大火烧到人们的衣服上，乘客和船员纷纷跳入海中，人们就像"落入水中的豆豆"一般只露出脑袋，拼命在海里扑腾着。

[21]　第一次世界大战结束和埃及独立运动

　　1918 年（大正七年）11 月 11 日，德国签订了休战协定，为期 4 年零 4 个月的第一次世界大战就此结束。据《欧洲航路变更》（《读卖新闻》，1918 年 12 月 4 日）一文报道称，日本邮船公司决定，12 月 5 日加贺丸号从横滨港起航，恢复经由苏伊士运河的航路。经由好望角抵达伦敦的航路需要花费 70 天，恢复后将会使整个行程缩短 15 天。去程的经停地有神户、门司、上海、香港、新加坡、槟城、科伦坡、苏伊士、塞得港、马赛、米德尔斯伯勒、伦敦。返程则从伦敦出发，途中停靠马赛、塞得港、苏伊士、科伦坡、新加坡、香港、神户和横滨港。《商船的大繁荣》（《读卖新闻》，1919 年 1 月 29 日）一文指出，欧洲航路上的外国人十分引人注目，占乘客比例的三分之二。大战期间，女人和孩子有时会被禁止乘船，战后则兴起了归国热潮。

　　为躲避袭击而转向北美航路的高级客船也开始陆续返回欧洲航路。"决定欧洲航路的轮船调度"（《读卖新闻》，1919 年 2 月 3 日）报道中称，北美航路的六艘船只中的热田丸号和贺茂丸号即将归来。《大阪每日新闻》的记者俳人小野贤一郎于 3 月 27 日在门司登上贺茂丸号邮船。在《世界观望记》（1919 年 11 月，有精堂）一书中，小野记述了事务长的话，他说"日本人从未有过这样的乘船经历呀！竟有 30 名日本人乘坐二等舱前往伦敦"。战后，外国乘客和日本乘客都大幅增加，轮船时常处于客满状态。"络绎不绝的渡欧客"（《读卖新闻》，1919 年 4 月 14 日）一文报道称，邮船最繁忙的时候需提前半年预订，否则将不能保证一定有座。到了四月，这种情况会有所缓解，不过也需要在起程前的两三个月提前预约。

　　晚餐后，甲板上聚集着一些日本乘客，倾听事务长诉说自己的经历。在邮船工作后，他经历了很多。1917 年 9 月失去消息的常陆丸号被击沉之前，他曾在离开香港栈桥的时候接到了一名日本女性的求助。寒冷的十一月，她穿着一身单薄的衣服，身无分文。轮船开动后，经询问得知，她在别府当女佣时上了客人的当，跟随他们去了香港。当时的香港有"向南洋、新加坡等地贩卖妓女的市场"。在香港，她被监禁在"牢房"一般的地方，连如厕也受到监视。在被送上开往南洋的船后，她借口身体不适换上浴衣让男人们放心，然后趁男人们不注意时，从 25 尺（约 7.5 米）高的甲板上跳到小船上。凭借常陆丸号上乘客们的捐赠，她被安全送到神户。

小野贤一郎在《世界观望记》一书中将第一次世界大战后法国的景象画在两幅画中。左图为《在炸弹残留的土地上战战兢兢生活的人们》，右图为《许多身着丧服的少妇》。

小野贤一郎乘坐的贺茂丸号，在旅行途中也常有意料之外的事情发生。在开往红海的途中，当船逐渐靠近非洲大陆时，小野听到了一声惨叫。他随即打开窗户探望，发现一艘帆船正在靠近。一名黑人爬上绳梯向他们说明了事情的原委，西方人将其翻译成当地语言。原来这艘帆船上乘有12人，从非洲驶向对岸的阿拉伯半岛的亚丁，但风停后，帆船便无法前行。水和食物已经耗尽，在这种状态下他们度过了三天。据说他们曾向经过的其他外国船只求助，但是对方都佯装不知地开走了。于是，贺茂丸号的甲板长便将水、大米、面包等救援物资放在箱中，然后用绳子吊住放到他们的船里。

虽然第一次世界大战已经结束，但在1919年3月9日，埃及各地爆发了大

从苏伊士运河上空俯瞰拍摄的照片。前方为苏伊士湾，内侧为地中海（《世界地理风俗大系》第十七卷《非洲》，1928年12月，新光社）。该书还写道，苏伊士运河长160千米，宽100米左右，深10多米。苏伊士运河是人们在"干涸"的沙漠中开垦出的"一条细沟"。

范围的反英罢工。1914 年大战爆发时，因土耳其随同德国向英国宣战，英国设置了埃及保护邦，切断了土耳其与埃及的从属关系。因当初约定，自大战结束之后将废除保护邦的设定，于是，华夫脱党的领袖萨德·扎格卢勒便开始谋求埃及独立。然而英国却反对埃及独立，在 1919 年 3 月逮捕萨德·扎格卢勒并将其流放到马耳他岛，因此爆发了埃及革命。六月签署的《凡尔赛条约》承认了英国对埃及的保护权。三年后的 1922 年 2 月，英国放弃了保护统治，埃及实现了独立。第二年四月，埃及颁布《宪法》，华夫脱党在九月的选举中大获全胜。

小野贤一郎的欧洲之行正处于埃及独立运动的高潮期。从科伦坡出港后，埃及暴乱的新闻和外国船在地中海遭受漂雷袭击，造成 100 人死亡的新闻相继

《世界地理风俗大系》第十七卷《非洲》一书中提到开罗有三种时代面貌，分别为：①郊外金字塔中呈现的古代面貌，②由宣礼塔（清真寺）守护着的中世风街，③西化的新街道。该书所收录的照片拍摄于开罗市内。左侧，西装和阿拉伯风风情的上衣同时出现，十分具有开罗范儿。右侧，由于高温，市内电车没有安装玻璃窗。

播出，乘客们开始心生不安。距离抵达苏伊士还有三天时间，为防御漂雷袭击，船上进行了演习。以汽笛声为信号，将软木制的救生用具绑在身体上，在各自被分配的小船前集合。话虽如此，但我们从当时的某位英国老婆婆拍摄的纪念照片中，丝毫感受不到战时的紧张气氛。

小野贤一郎在苏伊士运河上见证了第一次世界大战的结束和埃及革命的爆发。小野在《洋行茶话》（1920 年 5 月，正报社）一书中记录了苏伊士运河的模样。英国为抵御土耳其的袭击，在苏伊士河右岸的亚洲沙漠中修起了战壕，拉起了钢丝网。左岸的非洲沙漠中可以看到帐篷和英国士兵的影子。从塞得港方向过来的船只，多数为英国和法国的轮船，运送着澳大利亚和越南的士兵。他们在第一次世界大战的战场上坚持作战，终于迎来了归国之日。和贺茂丸号擦肩而过的他们"如同孩子般"振臂高呼，欢呼雀跃。

为了避让从塞得港开来的轮船，贺茂丸号暂时停靠了下来。当贺茂丸号停船后，14 名英国士兵出现在左岸。英国乘客站上甲板，士兵们向他们索要烟草。乘客在船上的酒吧里买来罐装香烟向对岸投去，士兵们接到香烟十分享受地抽了起来。当士兵们再次索要啤酒时，乘客们又用短艇将瓶装啤酒运给他们。夜晚，英国军官乘车来访，在酒吧同乘客们交谈。他抱怨道士兵们已厌倦了两年半的露营生活，想早日回国但又因动荡不安的埃及局势迟迟不能踏上归途。受埃及独立运动的影响，塞得港至开罗之间的铁路也遭到破坏，电报电话也都被切断了。因此邮件和报纸都是通过飞机运送。小野也曾看到过几次飞机，他们如同巨鸟一般穿越过沙漠上空，飞往开罗。

5 月 2 日，贺茂丸号到达塞得港。海军的中佐松本和会计熊尾对贺茂丸号进行访问，因此得以询问埃及的动乱状况。在塞得港一年多的驻外生活中，会计负责向活动于地中海的日本舰队提供食品。他说，3月13日，大学生因待遇问题掀起了电信、邮政、铁道等领域的罢工和破坏活动。据说他们对英国人经营的店铺进行打砸抢烧，并与军队发生了冲突。环游世界一周的小说家德富芦花当时正好滞留开罗，他在《世界观望记》中写道，在开罗也发生了破坏停车场和火车的暴动，使他不得不在开罗停留。

小野贤一郎同中佐和会计一同登陆塞得港。小野还顺道拜访了南部宪一在这座港口城市经营的富士商会。八年前就来到塞得港的南部同一个意大利人结了婚，作为塞得港当地唯一的日本商人，他主要经营日本制造的杂货和面向日本人的埃及物品，也从事向到港的日本轮船装载食品的工作。受独立运动的影响，在塞得港的要地都备有机关枪。他们虽然午餐在宾馆吃，但因食材受限只能吃两盘，面包也很难吃，胃口并不能得到满足。

离开了动乱的埃及也并不意味着安全就得到了保障。虽然第一次世界大战结束了，但是地中海上仍有许多漂雷。在食堂内也渐渐地看不到一等运输兵的身影了。在进入地中海之前，短艇一直安设在甲板上。然而，进入地中海后，短艇便被放下至两侧船舷以便随时能乘短艇逃生。短艇中置有装满水的啤酒桶。横放的木箱中装着能供人们食用一周的面包。船室枕木下的空间里收纳着软木制成的救生用具。为应对漂雷事故，每当警笛鸣起时，乘客要带上救生用具，在自己所属的短艇前点名集合。

1919年2月22日，宫内省事务官高桥皞登上了从利物浦起航的加贺丸号，踏上了归国之旅。高桥在《从伦敦到东京》（1920年5月，三友堂书店）一书中写道，由于这是战后首次允许女性乘船，船上载有许多女性乘客。2月26日上午，当他站在甲板上时，看到四艘轮船向加贺丸号驶来。若是战时，双方会互相提高警惕变更航路，不过现在已无须多虑。乘客们兴致勃勃地谈论着船的质量和速度。加贺丸号容量不到6000吨，虽然容量小，但在第一次世界大战中一次未曾遭到德国潜艇的袭击，由此也被称为"倍加可贺贺庆贺"的邮船。当然不是说因为叫"值得庆祝"的船才没有危险，而是因为加贺丸号为避免在地中海航行中遇到漂雷袭击，而采用了靠近非洲海岸的航路。

[22]　日本邮船公司退休员工们总结的航路指南

第一次世界大战结束两年之后的1920年（大正九年）12月，日本邮船公司的前任职员高山谨一出版发行了《西航杂记》（博文馆）一书。关于执笔的动机，高山说道，这是因为在日本邮船公司欧洲航路工作期间，一直都没有令人满意的航海指南。虽然当时有不少关于到港地的导游指南，但始终没有关于航路的指南书。而且乘客们也感到十分不便，纷纷向船员询问。因此从1908年起，他在工作之余便开始执笔，并且将自己所写的内容发表在天津的《北清时报》上。后来，他在伦敦生活的数年间中，还不断收集资料，于1915年回国。他一边在公司本部供职一边继续写作，于第二年完稿。然而，第一次世界大战时，欧洲航路变更为经由好望角的路线。高山虽然在退休前就任于纽约，但直到大战结束后，航路又变更回经由苏伊士运河的路线时，本书才得以出版。

刊登在"序章"第13页的那幅图是1919年10月修正后的《欧洲航路指南》（发行年月不详，日本邮船）的封面。仅19页的手册由9章构成，章名分

第一次世界大战后，西园寺公望前往巴黎和会所乘坐的丹波丸号（《欧洲航路指南》）。高山谨一在《西航杂记》中称"大船主义已为世界趋势"，抱怨神户港是"使原本狭小的港口变得更成了狭窄的防波堤坝"和"不便的码头"。

别是"欧洲航路""渡航指南""欧洲航路航行天数及距离""到港地指南""航路图""乘客心得""行李注意事项""行李装卸"和"乘客行李海上保险"。其中占比最大的是"到港地指南"，共有 11 页，超过了整个手册的一半。该书介绍了上海、香港、新加坡、马六甲、槟城、科伦坡、苏伊士、塞得港和马赛等到港地。将"阿拉比亚海及红海""地中海""直布罗陀海峡和比斯开湾"这三项作为航路的解说穿插其间。但这三项总共才占一页半的篇幅，比占了两页篇幅的科伦坡要短许多。如高山谨一记述的那样，虽有到港地的观光指南，但航路指南只是薄薄的一本手册。

1919 年 10 月这一时段的欧洲航路上投入使用的船有 8500 吨位左右的热田丸号、贺茂丸号、北野丸号、三岛丸号，有 6400 ~ 6500 吨的静冈丸号、横滨丸号，还有 6100 ~ 6300 吨的伊予丸号、因幡丸号、佐渡丸号、加贺丸号和丹波丸号，共计 11 艘。平均两周一次从横滨出发开往伦敦和安特卫普。《欧洲航路的航行天数和距离》一章中说道，从横滨出发后第 9 天抵达上海，第 14 天抵达香港，第 20 天抵达新加坡，第 22 天抵达马六甲，第 23 天抵达槟城，第 28 天抵达科伦坡，第 41 天抵达苏伊士，第 42 天抵达塞得港，第 47 天抵达马赛，第 56 天抵达伦敦，第 63 天抵达安特卫普。但这并不是指航行的天数。轮船分别在上海停留 2 天，在香港停留 1 天，在新加坡停留 1 天，在马六甲停留半天，在槟城停留 1 天，在科伦坡停留 2 天，在苏伊士停留几个小时，在塞得港停留半天，在马赛停留 2 天，在伦敦停留 6 天。乘客们可以登陆观光。《到港地指南》一章占全册篇幅的一半以上也是因为这个原因。

高山谨一的《西航杂记》开本虽小，但却是 530 页篇幅的大作。这本书和 19 页的手册相比在信息量上有着天壤之别。比如关于香港的水路，后者（19 页的手册）中只写道"英国人锐意开拓，挖水路，植树木"。而在高山谨一的书中用了具体的数字，结合市民生活和水路的关系这样描述道："非常值得一提的是水路的建设，开凿山谷修成数个蓄水池，这些蓄水池能储存加仑的水，在海拔 400 英尺的山腰中开凿一又三分之一英里的隧道，将 4 英里深的水沟之水通过 8 条水路引进市区东部，滋养着 40 多万人口。"带着《西航杂记》登陆的日本人能对到港地的城市空间有着更为清晰的认知。

但读者从这本书中受益更多的是关于航路指南的记述，因为此前没有这样的记载。由上海出港航行于扬子江上的船从泥水打漩的江口驶向外海，浊流何时变清澈呢？船在舟山群岛中快要接近大戟山灯塔时，海面的透明度增加，变成深绿色。船继续南下东海通过舟山群岛，沿岸可见大大小小的岛屿。岛上只有石山，几乎见不到树木的绿色。岛屿的景观和渔船的风帆均为茶褐色，人们

收录于高山谨一《西航杂记》中的马来半岛和马六甲海峡的手绘地图（原图为日文——译者注）。

能感受到一丝的"景趣"。乘客该在哪里更衣呢？看到临近福建省海面的兹登岛灯塔时，轮船进入台湾海峡。书中写道，轮船行至此处时，附近气温突然升高，即使在冬天人们也需要更换衣物。因此，持有这本书的乘客可以提前做好心理准备。

马来半岛北部和苏门答腊南部之间是马六甲海峡。从马来半岛的马六甲出发前往槟城途中看到的闪电十分有名。高山谨一在书中介绍道："我经常站在甲板上，凝视着瞬息万变的闪电，它们形状各异，闪过天空。这景象在沿岸两国是看不到的。闪电的光亮在日本能够看到。与其说是电光，倒不如说是带着淬火般赤红的金属色。"闪电经常伴有雷鸣，如同和太鼓般低沉地轰鸣。柱状闪电持续显于空中，那是一种难以用语言形容的壮观景象。在一次航行中，高山遇到了这样难以想象的壮景。海上"数间"（一间约合 1.8 米）的位置，乌云积聚，云上有星星闪烁着宝石般的星光。云海之间闪电不断出现，如同"电光舞曲"一般。

从槟城出港开往科伦坡途中渐渐地可以看到安达曼－尼科巴群岛。无风的日子里，海上会有龙卷风出现。高山谨一在某年的航海日记里如此写道，天色突然暗了下来，向南望去，海空之间出现了黑色"漏斗"状的东西。不一会儿，接近海面的"漏斗"下方消失，变成了"松蘑"般的伞状。接着像它的"茎部"被摘掉般又变回乌云，一会儿骤雨降至，同瀑布一样拍打在甲板上。后来发现那是被卷起而后又降落的咸涩的海水。日本邮船公司欧洲航路上加速前进的大船即使进入龙卷风的真空圈内也是安全的。这些在日本无法见到的自然景观调剂了乏味的旅途。

即使是在同一地点，往返看到的风景也不尽相同。科伦坡便是一个典型的例子。入港时从船上看科伦坡，有红色的房屋掩映在蓬勃生长的绿树间。去程的乘客因看惯了香港的景色，因此看到新加坡和槟城缤纷多彩的颜色，并不觉得惊讶。然而返航的乘客在途中看到的是横亘比斯开湾东西的黄色大漠和红海沿岸寸草不生的山岩，加之驶出苏伊士需要十多天才能抵达科伦坡，当他们看到久违的绿色和耀眼的红色建筑物时，甚至有种"现代伊甸园"的感叹。乘客们纷纷跑到岸上去，期待自己也能成为这美丽大地的一景。

欧洲航路的旅途也是见证欧洲列强殖民的历史和现状的旅途。16 世纪初，葡萄牙、荷兰、意大利开始占领并支配锡兰岛。其中，葡萄牙实施的占领政策最为残酷。葡萄牙的"大肆掠夺"遭到全锡兰"王族百姓"的"怨言诅咒"。高山谨一分析道，葡萄牙沦落成"欧洲西端的弱小国家"，其原因可归结为它失败的殖民地政策。与葡萄牙形成鲜明对比，荷兰"和平第一，尊重当地王族，每年派大使朝觐康提王朝"。通过比较这些殖民地政策可以得知，抵抗欧洲列强侵略构成了建构远东帝国这一近代日本国民意识的基础。

因为对第一次世界大战还记忆犹新，所以不管是在《欧洲航路指南》还是《西航杂记》中都能看到与战争相关的记述。前者在"阿拉比亚海及红海"中记述道，"附近海域有德国有名的'阿姆登'和'沃尔夫'潜艇出没骚扰同行的商船，我国的常陆丸号也被其毒牙吞没成为遗迹"。后者补充道，科伦坡出港向西航行400海里（约741千米）处可以看到拉克沙群岛的米尼科伊岛。然而听船长说，邮船也曾受海风的影响向小岛的北部航行。距离米尼科伊岛500海里（约926千米）的南部，常陆丸号遭受了潜艇沃尔夫的"毒牙"。当时的航路还不是经由苏伊士而是经由好望角，从科伦坡出港后的常陆丸号正沿赤道向西南方行进。因此同第一次世界大战后的欧洲航路相隔甚远。出于一种责任感，船长富永清藏在丹麦海峡从敌舰上跳海自杀，他是高山谨一的知己。

也许是由于乘客和船员全都获救了，因此《欧洲航路指南》中没有提及在地中海被德国潜艇击沉的八阪丸号的遇难地点。然而，《西航杂记》中曾提及并写道，八阪丸号是从塞得港出发后，"在约航行六小时后的地方"遇难。也许当时的船上有边读此书边回想着那次战争的乘客吧。

[23]　三宅克己在写真集里记录的地中海漂雷

　　水彩画家三宅克己在第一次世界大战前曾三次赴欧旅行。据三宅所著《欧洲写真之旅》（1921年12月，美术出版社）一书记载，他的第三次欧洲之行是在1910年（明治四十三年）。那一年，日英博览会在伦敦开幕。三宅游历了欧洲各国，还去了埃及。一年半的时间里他创作了300多幅写生画。"颇为遗憾"的是，在这次"心满意足"的旅途中却没有留下一张照片。因为旅途匆忙，他没能画出罗马郊外遇到的牧羊，如箭般穿梭在地中海的帆船，以及匆忙往返于巴黎的女性等这些在短时间内移动的人和物的素描。而且，对一些需要精雕细琢的建筑和雕塑描绘得还不够细致。因此，在1920年2月，当三宅有机会第四次赴欧时，他随身携带了两台相机，一台德国产的Tenax相机和一台美国产的阿古斯相机。

　　1919年10月修订的《欧洲航路指南》（未记载发行日期，日本邮船）一书介绍道，在日本邮船公司欧洲航路的11艘船中，热田丸号、贺茂丸号、北野丸号和三岛丸号这四艘船都设有谈话室、吸烟室、医疗室、酒铺、理发师、暗室，还配有电灯、电扇、暖气、制冰机、冰箱和灭火器等设备。但这个手册里没有介绍其他七艘船的设备情况。三宅在书中写道，"日本邮船公司的欧洲航路船一般都设有暗室。对此，该公司的航路指南上也有记载"。但他的记述是不准确的。事实上，三宅去程所乘坐的伊予丸号，返程所乘坐的加贺丸号上都没有暗室。到港地和船中有许多可供拍摄的题材。若能直接在照相干版上显像的话，海上旅途的乐趣也会随之增加。

　　不过，在到港地也不一定能自由拍照。因为香港是英国的"要地"，三宅

三宅克己在去程中使用袖珍快门相机拍摄的香港帆船。（三宅克己《欧洲写真之旅》，1921年12月，美术出版社）。

克己小心翼翼地带着相机。他听说在香港一定要拍中式平底帆船。无数只平底帆船扬着茶褐色的大帆往来于港内的景象，别说在日本，就在上海和新加坡也看不到。在香港给帆船拍照显得乍眼，还会引起"宪兵的注意"。因此使用诸如快门照相机等小型照相机会相对便利。和日本街市氛围不同的闹市街，特别是"华人街"都是他理想的拍摄题材。但因为建筑很高，每次向阳对焦时都拍不到背光的地方。三宅拍了三四张照片，不过全都失败了。

科伦坡到苏伊士之间的十天里，三宅拍照的热情有所减退，因为只能眺望到大海，拍照素材较为匮乏，即使是著名的黑柱龙卷风也欠缺一丝趣味。再加上印度洋上的高气温，很快就会使人汗流浃背。虽然三宅克己乘坐的是没有暗室的伊予丸号，不过对他来说幸运的是，轮机长也喜欢拍照。抵达塞得港，气温稍见凉爽，轮机长将他的办公室借给三宅试着显像，因为在船上所以无法充分冲洗。在三宅的著作中有一本《趣味照相术——实地指导》（1920年7月，美术出版社）。书中三宅写道，若自己显像失败将无颜面对摄影爱好者。在自信和不安中，他终于顺利地完成了底片制作。

轮船驶出塞得港后，食堂挂出了告示，上边写道万一遇到漂雷袭击，请乘客们携带好随身物品乘坐指定的小船。小船的船盖是打开的，里边存放着备用的饮用水和饼干。驶出塞得港的第三天，航行在希腊海上的伊予丸号突然开始迂回。圆形的物体从正面飞来，船上的西方人大声喊"是漂雷"，飞来物上还有"棱角"。伊予丸号在距其300米的地方停船，试图从甲板发射步枪炮。但仅四五发命中，剩下的只听到"嗯"的声音，并未爆炸。伊予丸号只好向意大利海军发电报称发现漂雷并离开现场。

当伊予丸号通过位于意大利和西西里岛之间的墨西拿海峡时，甲板上渐渐聚集了许多拿着望远镜的乘客。因为海峡有20多町（约2.2千米）的宽度，拍照也只能拍到山的轮廓、天空和大海。相机无法捕捉到山脚下的街道、山谷间的树木和城壁般的铁桥等肉眼所能看到的景色。尽管如此，琉璃色大海、钴色大山及往来的白帆顷刻间吸引了许多摄影师。同样是"山水图"，在亚洲和欧洲有着截然不同的景色。墨西拿海峡让乘客们有种抵达欧洲的实感。穿过海峡靠近斯特龙博利岛时，摄影师再次纷纷出动。这里有着名的活火山，白天也能望见壮丽的火山烟云。

3月2日，伊予丸号抵达马赛。原定在此下船的三宅克已遭遇了失败。服务生跑了进来，催促在二等舱食堂内畅谈的三宅下船。当三宅跑到甲板时，下船的梯子已被收起，船也开始驶出港口。正当他担心可能被载到伦敦，三宅不知如何是好时，轮机长建议他可以乘坐水路引航的小船返回。但当时的马赛，"港

①

②

三宅克己的《欧洲写真之旅》一书中，收录了许多他在英国、
意大利、荷兰、瑞士、德国、法国、比利时和欧洲航路上拍
的照片。①为去程拍摄的马赛港，②为马赛街上拍摄的法
国女人，③为返程途中在加贺丸号甲板上拍摄的塞得港。

③

口骚乱"，众所周知船员曾经还遇到过灾难。彼时，司机说着法语操作岸上的起重机。司机操作用于卸货的起重机，使其铁索前端在甲板上旋转，船员再跳进去。三宅被高高吊起在空中，越海降在了岸上的仓库附近。甲板上仿佛传来了"三宅君万岁"的呼声。

　　马赛的旅馆很舒适。但这并不意味着在这里容易营生。和日本的旅馆不同，落锁关窗熄灯后，旅馆的房间就成了一间暗室。房间里的洗面台，可自由使用自来水。三宅调好显像液之后开始处理航海途中拍到的照片。显像后的底片在浴缸水龙头的地方冲洗30分钟左右就可以。三宅将干了的底片放在日式纸袋中，写上拍摄日期、地点和标题。同样，旅馆女主人也为住客提供便利，允许他们这么做。这样几打底片用了三个晚上全部显像。白天，三宅就在街上闲逛，遇到想拍的题材就拍。也许是由于对年轻女子印象深刻，他经常拍摄她们的身影。回到房间他就开始进行显像作业。这种重复的工作使三宅感到快乐。

　　1920年11月22日，三宅克己结束了为期9个月左右的欧洲之旅，从马赛登上加贺丸号。三宅听说加贺丸号秉承着"一等舱乘客至上"原则，"就算借钱也要乘坐一等舱"。不过他还是选择了二等舱。地中海的北风呼啸着，抵达塞得港前的一个星期里，轮船晃动得十分剧烈。三宅像"半个病人"般一直宅在船舱里。抵达塞得港，三宅才第一次站到甲板上。那时，甲板上已经聚集了许多拍照的乘客。三宅也拿出自己的相机拍照，其间他结交了许多热爱摄影的伙伴，这当中不仅仅有乘客。事务长喜欢用名片般大小的快门相机，一等轮机士喜欢用蔡司相机。拍照也风靡于高级船员之外的服务生之间，但他们不讲究拍照技术。三宅给他们提出一些拍照建议后，他们半信半疑地试着拍照，结果从船的底部传来"厉害厉害"的赞叹声。

从那以后，向三宅克己前来请教拍照技术的人在门口排起了长队。毕竟是《趣味照相术——实地指导》的作者，他只看相机和镜头就能给出曝光和显像的说明指导。很多人都缺乏拍照知识，但在接受三宅的指导后纷纷说自己能够"奇迹"般地拍照了。之前把相机塞进包里的乘客也取出相机拍照。

在二等舱的 24 名乘客中，包括三宅克己在内仅有两名日本人。一等舱乘客提议举办一场演唱会。此时的加贺丸号可谓"承载着一行有着日本帝国崭新智慧的学者"。欧洲航路的轮船里乘坐着许多文部省派往德国、英国、法国的研究者，这一现象不足为奇。为慰藉漫长乏味的旅途，船上偶尔会举办演讲。然而很少有人将这些演讲汇编成册。

这些演讲以《印度洋演讲集》(1921 年 3 月，岛津常三郎) 为名结集出版。出版者岛津是学术用机械制造商岛津制造所的董事，为调查第一次世界大战中 X 射线机械的发展情况前往德国，回程乘坐的便是加贺丸号。岛津在演讲会发表了题为"关于 X 射线"的演讲。

《印度洋演讲集》中共收录 15 篇演讲。三宅克己也发表了以"欧洲绘画"为主题的演讲。书中研究者的钻研涉及医学、工学、商学、法学、医药学等多个领域，演讲的主题也是五花八门。从"毒气战争"（庆松胜左卫门），"德国的赔偿问题"（青木一男），"英国军舰的变迁"（藤本喜久雄）这些题目中可以感受到第一次世界大战终结后的时代气息。封面画中收录的题为"加贺丸号高级船员及一二等舱中的国人乘客"的合照中，中列左起第二人为三宅，第三人为岛津，其右为这次航行的船长野尻百熙。

"加贺丸号高级船员及一二等舱中的国人乘客"(《印度洋演讲集》)。中列左起第二人为三宅克己，第三人为岛津常三郎。在该书"乍僭越卷头"中，岛津写道，加贺丸号航至印度洋时，从12月8日起举办了为期一周的演讲会。书中还写道，船上有"将如此有益的演讲置之不理颇为遗憾，不如将其出版发行"的提议，遂将其整理出版。

第五章

20世纪20年代迎来的旅游业旺季

1921~1931

旅游业兴盛的20世纪20～30年代，日本邮船公司为外国游客发行了英文宣传手册。右图所示的发行于1923年的《NYK日欧服务指南》（*NYK Japan-Europe Service*）便是其中之一。其中收录有《1924年1月/6月的欧洲航路行程》（*European Line Schedule For January/June. 1924*）一文。例如，其中的航程有1月3日从横滨出发的客船，预定2月23日抵达伦敦。左图《欧洲航路乘船指南》是专为日本人准备的手册，介绍了横滨、神户、下关、门司等乘船地点。发行年月不详，但是使用的船只中有靖国丸号（1930年2月竣工），因此可以推断大概是20世纪30年代前半期发行的。

[24]　考察者、游客、留学生的激增与大阪商船加入欧洲航路

　　自 1918 年（大正七年）11 月，第一次世界大战结束起至 1929 年 10 月的世界经济危机为止的 20 世纪 20 年代，是相对和平与稳定的时期，在此背景下，迎来了旅游业的鼎盛时期。《读卖新闻》1922 年 4 月 8 日刊载报道《客船航路近况》，称日本邮船的欧洲航路游客爆满。俄国革命后，由于日本向西伯利亚出兵，西伯利亚铁路无法使用，而绕道美国换乘又十分不便。因此，游客都集中到了欧洲航路上。同样是欧洲航路，与法国邮船及英国邮船相比，日本邮船的运费低廉，人气颇高。参加国际会议的代表、考察人员、游客、留学生的数量激增，欧洲航路上的日本邮船呈现出空前的活力。

　　欧洲航路并不是任何邮船公司都可以加入的。欧洲远东去程同盟与欧洲远东返程同盟不允许新的会员加入，而日本只有日本邮船公司拥有定期航路。据神田外茂夫所编《大阪商船公司五十年史》（1934 年 6 月，大阪商船）显示，大阪商船虽然未能加入同盟，但由于欧洲军需品、食材的需求扩大，1915 年起允许马来丸号与印度丸号往返于欧洲。由于上述两个同盟也处于船舶不足的状态，

所以战争期间就对此予以默认。大战结束后的 1919 年 1 月，大阪商船的新近加入获得许可。《商船欧航发展》(《东京朝日新闻》，1922 年 7 月 28 日)报道，大阪商船的客船伦敦丸号于 8 月 29 日从横滨出发，前往汉堡，这是该船在欧洲航路上的首次航行。

　　下图为 1922 年 7 月发行的《欧洲航路指南》(大阪商船)的封面。据该手册记载，欧洲航路上的大阪邮船有 7 艘。与报纸的表述不同，该手册里的伦敦丸号与巴黎丸号等几乎所有的邮船都是用平假名标记的。大阪邮船每月有一次定期航行，但终点不是汉堡。去程停靠的港口有神户、大连、上海、香港、新加坡、科伦坡、苏伊士、塞得港、马赛、伦敦、汉堡、鹿特丹、安特卫普。报道显示，8 月 29 日从横滨出发的伦敦丸号于 10 月 20 日抵达马赛。日本邮船公

《欧洲航路指南》(1922 年 7 月，大阪商船)的封面。1884 年 5 月成立的大阪商船公司，在当时包含"国内"的航路和船舶在内，共拥有 50 条定期航路和 136 艘船舶，总吨位数为 44 万吨。

司欧洲航路上的船只，从神户到马赛需要43日，而大阪商船需要49日，略长一些，其中一个原因是途中停靠了大连。伦敦丸号与巴黎丸号的总吨位是7400吨，一等乘客定员20人。

欧洲航路邮船乘客爆满的盛况到第二年还一直持续着，各国邮船的竞争也逐渐进入了白热化。据《欧洲船舶调度优化》（《读卖新闻》，1923年6月26日）一则报道称，英国、意大利、德国、法国的邮船公司互相调配船只，提升了航行速度。日本邮船也派出了10380吨的白山丸号下水航行，并预计将正在运行中的10艘邮船逐一撤回，进行设备改良。

随着旅游业时代的到来，邮船公司开始意识到，只需将游客从出发地日本运往目的地欧洲即可盈利。日本邮船于1923年8月出版的《第二次印度佛迹礼

《第二次印度佛迹礼拜旅行团趣意书 附旅程》的封面。

拜旅行团趣意书 附旅程》一书记载，前年该公司与托马斯·库克旅行社共同策划的印度观光团，大获成功，因而此次又策划了第二次印度佛迹礼拜旅行的项目，预计11月19日从神户乘坐若狭丸号出发，12月1日抵达科伦坡。参观完锡兰岛的康提之后，再前往印度。12月19日抵达马德拉斯，巡回参观普里（Puri）、加尔各答、巴特纳、加雅、瓦腊纳西、德里、阿格拉、贾尔冈、阿旃陀等地的古迹。1月24日到达孟买，并从那里乘坐丹波丸号返回神户。申请该项目的截止日期是10月31日。

这一团体旅行最后是否得以实施，我们不得而知。因为"趣意书"拟定一个月后的1923年9月1日，日本发生了关东大地震。日本邮船公司总部遭到了严重的摧毁，横滨支店也倒塌并着火。东京与神奈川之间的交通阻断，无法顺利开展救灾活动。据日本邮船公司编的《日本邮船公司五十年史》记载，日本邮船公司停止了长崎通往上海的线路，调用长崎丸号和上海丸号在神户和品川间往返航行，隔日交互出航。同时，神户上海线及横滨上海线也暂停航行，将船舶调用过来展开救助活动。9月3日至10月6日，日本邮船与近海邮船公司运送的避难乘客达27973人，其中大半是免费运送。截至9月20日，京滨方面运来的粮食已达488266袋。

20世纪20年代中期，从关东大地震的灾难中稍微恢复过来的日本邮船公司发行了一本56页的册子《埃及游览》（1925年5月，见本书第189页）。册子开篇写道："经过苏伊士运河的乘客时常会问能否从船上看到埃及的金字塔。（中略）乘客们很想看看世界七大奇迹之一的金字塔。为此，从科伦坡出发抵达苏伊士时，乘客们会上岸，利用船通过苏伊士运河前往塞得港的这段时间，实现这一愿望。"所谓的"金字塔"，是汉字"金"的形状，即胡夫金字塔。为了从急剧增加的日本游客中多获取一些客源，邮船公司编写了这本册子。日本邮船中每艘船的日本人人数都在 10 人以上，多的时候甚至超过 60 人。其中大部分是去开罗旅游的。在这个旅游业兴盛的时代，游埃及是欧洲航路上的一大卖点。

为此，日本邮船与托马斯·库克旅行社合作，策划了当天往返及两天一晚的短途旅行。《埃及游览》中刊载的托马斯·库克旅行社的广告中，有"详情请咨询日本邮船公司欧洲航路船事务长"这一内容。选择当天往返还是两天一夜，取决于抵达苏伊士的时间。前者是 7 点钟从苏伊士乘坐列车，12 点 40 分抵达开罗。参观完金字塔、斯芬克斯、清真寺等地点后，18 点 15 分从开罗出发，22 点 30 分回到塞得港的船上。后者是 17 点从苏伊士出发，22 点 15 分抵达开罗。在开罗住宿一晚后，第二天参观完后返回邮船。塞得港的南部兄弟商会，在册子上打上了"开罗观光指南"的广告。

若是当天往返，从苏伊士车站乘坐三个小时的火车，在伊斯梅利亚车站换乘后，不久就能看到远处的吉萨金字塔。若是两天一夜的旅行，欣赏夜晚的金字塔将会别有一番风味。乘坐汽车穿越尼罗河的长桥时，你会不由得感慨，"没有尼罗河就没有埃及"。行至利比亚沙漠的尽头，下车后骑上一匹骆驼，摇摇晃晃地便可来到金字塔前。金字塔内部的探险也相当有趣，但是从金字塔顶部眺望埃及全景，将会令你更加终生难忘。在清真寺举办的"庄严热烈的礼拜"，将使你感受到伊斯兰教"神秘的威力"。但此书的编者坦白道，他对塞得港以外的情况并不了解，也没有进行实地调查。因此，他发出的这种感慨可能是借鉴了所参考的文献中的内容。

欧洲航路的卖点不只有吉萨与开罗，在世界史及地理教科书上，我们所熟

①

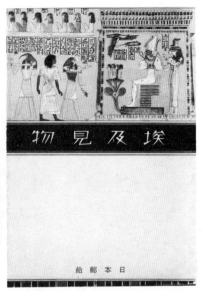

②

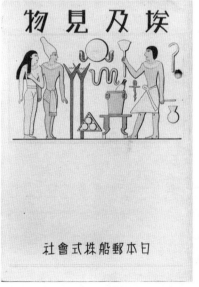

③

日本邮船公司为欧洲航路的乘客发行了各种指引地图。与西伯利亚铁道及经由美国的路线相比，欧洲航路最大的卖点就是参观埃及金字塔与斯芬克斯的短途旅行。①图的《埃及游览》于1925年5月发行，四年后的1929年12月发行了再版，即图②，六年后的1935年8月又出版了第三版，即图③。去往意大利庞贝古城遗址的短途旅行，也是一个可以与埃及金字塔相媲美的卖点。④（见下页）是下位春吉编写的《死都庞贝寻访》，发行于1926年10月，1929年8月发行了再版，即图⑤（见下页）。除此之外，旅游介绍书和宣传手册也多得数不胜数。⑥（见下页）是1932年8月发行的《乘坐邮船环游世界》第三版，⑦（见下页）是1936年2月发行的《欧洲大陆旅行日程》第四版。环游世界的有效期是出国后的两年之内，因此不必一直连续旅行。美国与欧洲之间开展商务活动时也可以使用。

④

⑤

⑥

⑦

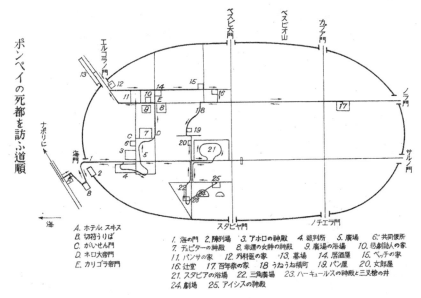

"死都庞贝参观顺序"（下位春吉编《死都庞贝寻访》，1926 年 10 月，日本邮船）。图中文字为：

庞贝古城游览顺序　A.酒店　B.售票处　C.凯旋门　D.尼罗大帝门　E.卡里戈拉帝门

1.海之门　2.陈列场　3.阿波罗神庙　4.法院　5.广场　6.公共厕所　7.丘比特神庙　8.幸运女神庙

9.广场浴场　10.悲剧诗人之家　11.潘萨之家　12.外科医生之家　13.墓场　14.小酒馆　15.贝奇之家

16.佛堂　17.百年祭宅邸　18.蚯蚓的小巷　19.面包房　20.女郎屋　21.斯塔比亚浴场　22.三角广场

23.哈克鲁斯神庙与三叉枪之井　24.剧场　25.伊西斯神庙

知的那些景点散落在世界各地。1924 年 8 月 31 日《东京朝日新闻》刊载了一则小报道《日伊航路开启》。第二年 1 月 3 日从伦敦出发的热田丸，停靠在了那不勒斯港。意大利人有句俗语"朝至那不勒斯，夕死可矣"，受此诱惑，很多乘客希望下船一睹风采。在那不勒斯停靠的话，还可以趁机参观一下庞贝古城。庞贝古城位于那不勒斯近郊维苏威火山的东南方向。

1926 年 10 月，在那不勒斯停靠一年零九个月后，下位春吉编的《死都庞贝寻访 附那不勒斯市内及郊外参观》（见本书第 190 页）一书，由日本邮船公司发行。据说他是在通往意大利的下等船舱内完成的原稿，原稿原本封藏于香川丸的书架上，后来在船长的劝说下才出版为一本 133 页的册子。其中的"附那不勒斯市内及郊外参观"介绍了 19 世纪上半叶的诗人贾科莫·普契尼的墓地，以及因歌闻名的桑塔·露琪亚（Santa Lucia）教会等名胜景点。除此之外，还有关于鱼市、博物馆及土特产的介绍，为享受那不勒斯的风情提供了不少便利。

不过这个册子最吸人眼球的应该是关于庞贝的介绍。在公元 62 年的大地震中，庞贝遭受到巨大的损害。又于正在复兴中的公元 79 年，因维苏威火山大喷发，被掩埋于地下。之后过了 17 个世纪，直到 1748 年，人们在田野中发现了大理石像，才开始了挖掘作业。挖掘出来的物品都存放在了当地，碎片用水泥粘好，用柱子及梁将断片复原。册子发行时，虽然还有三分之一未挖掘出来，但是也可以窥见庞贝的昔日的全貌了。入口处有很多导游在等候，他们几乎没有考古学的知识，因此下位春吉劝告人们不要雇用这些导游。读完册子后记住值得参观的场所，自己亲自去体验便足够了。人多的时候，如果能够与在那不勒斯专门接待日本人的向导安东尼奥一起的话，就可免于遭受"喧嚣导游的包围袭击"。

[25]　国画创作协会同人"艺术巡礼"，在停靠港口写生

20 世纪 20 年代是旅游业兴盛的时代，经由欧洲航路前往欧洲的考察员、游客、留学生中间，也有画家。1921 年（大正十年）10 月 6 日，贺茂丸号从门司出发时，船上的乘客中有国画创作协会的小野竹乔、黑田重太郎、土田麦仟、

野长濑晚花等人。由大阪时事新报社所编、黑田重太郎著述的《欧洲艺术巡礼纪行》（1923 年 8 月，十字馆）一书便是关于它的记录。该书"序言"中写道："画家组队游览参观世界艺术，是国画创作协会同人在此次的艺术巡礼中提出的。"国画创作协会创立于此次旅行开始的三年前，出于反对文部省传统的美术展览会而成立，意欲探索西洋与东洋美术的完美融合。对日本画家小野、土田及野长濑而言，这种异文化的碰撞，成为他们开拓新的艺术世界的契机。

在香港，他们没有什么创作成果。进入港口时，乘客们纷纷举起相机拍起了戎克船[1]，船员提醒他们说，这里是要塞地带，需多加小心。因此上岸后不好再执笔画画。紧张过度的小野竹乔回到船舱内隔着窗户对香港进行写生。但由于受潮水的影响，船渐渐改变了行进的方向，刚画了一半，眼前的景象就从视野中消失了。离开香港时，有人告诉他，山上的兵营附近禁止摄影及写生，不过在停靠港内没关系。但此时为时已晚，贺茂丸号已经朝着新加坡方向开始航行了。

在新加坡住宿了一晚。第一天是乘车观光，小野、黑田、土田及野长濑沿途顺便确定了几个写生地点。然而第二天再去的时候，却都没有了画画的心情。于是，黑田重太郎决定在附近重新寻找。他向司机说明了要去的旅馆，但是土田麦仟、小野竹乔、野长濑晚花等人雇了辆人力车，先走一步。留下来的黑田乘坐人力车追赶他们，在相聚一哩（约 1.6 千米）以上的地方，终于找到了正在写生的三个人。正午时，四人回了一趟贺茂丸号，但是在出发一小时前，他们就一直在码头附近埋头写生。

1　中国独创的一种帆船类型。——译注

土田麦仟的《马拉加的停船厂》（大阪时事新报社编，黑田重太郎记《欧美艺术巡礼纪行》）。马拉加在 1824 年的《英兰条约》中成为英国的殖民地，但由于这里是浅滩，未能发展为港口都市。1927 年，日本邮船欧洲航路废除了这个停靠站点，该书对此也有记述，"因为是浅滩，船始终停在海中央"，乘坐小蒸汽船抵达陆地需要"近三十分钟"。

　　黑田寻找异文化绘画素材的热情并没有中途减退。由于在马拉加只停留了短短几个小时，写生只能就此作罢。如果不上岸的话，小蒸汽船就要出发了。黑田扛着照相机跑到了甲板上。回来时正准备乘坐小蒸汽船回到码头时，却发生了一点小事故。从岸边通往小船的那块木板，因为超重折断了。四人中有三人过去了，而土田麦仟却留在了岸上。最后，在小蒸汽船到来的 30 分钟的短短时间内，土田将码头附近的两三处景色描绘在了自己的写生本里。此插图便是

香港与新加坡之间，战舰"鹿岛丸号"上拍的战舰"香取丸号"（沟口白羊《东宫御渡欧记》）。

其中一幅，题目是"马拉加的停船厂"。右下方还可以看见有地点和年月日的签名。

海上的旅程仍在继续，画家们无事可做。因为面前只有广阔的天空和大海，没有什么值得写生的对象。从科伦坡到苏伊士的一周时间，是最无聊的时光。四个人每天打发着"单调、无聊的时间"。呆望着飞鱼的黑田重太郎想起了"尊贵的夫人"与"欧洲旅行途中所发生的事"。在航海中的某个夜晚，船上的灯光把海里的飞鱼吸引到了甲板上来，很多报纸对此都进行了报道，说这是"祥瑞之兆"。

关于这件趣闻，除了报纸进行了报道外，诗人沟口白羊所编的《东宫御渡欧记》（1921 年 7 月，日本评论社出版部）中对此也曾有记载。东宫指皇太子，

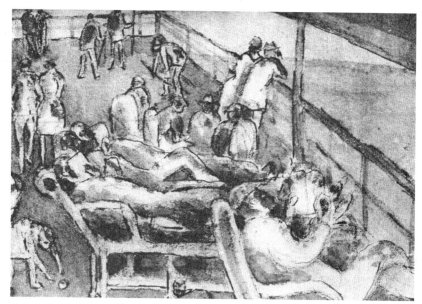

野长濑晚花绘《贺茂丸甲板》(《欧洲艺术巡礼纪行》)。该书中的这张画是环游印度洋一周时插入的。其间，要么读读小说《在甲板的藤椅上反转》，要么玩玩甲板高尔夫，此外只能远眺藏青的碧波。无聊的场景，尽显于此图中。贺茂丸总吨位 8524 吨，1907 年 12 月由长崎三菱造船厂建造。

后来指昭和天皇迪宫裕仁亲王。1921 年 3 月 3 日，裕仁亲王乘坐战舰"香取丸"，跟随着战舰"鹿岛丸号"开始了游历欧洲各国之旅。前往香港途中，路过宫古岛时，两艘舰的前甲板上，几乎同时游过来三条飞鱼。沟口在书中写道："东方的水平线上，通红的太阳静静地从水波中升起，庄严而又肃静，暗示一种神秘的吉兆即将呈现于人们的面前。"船舷高达 20 尺（约 6 米），而鱼能飞到战舰的甲板上，必定是"祥瑞"之兆，一行人欢呼不已。入江相政的侍从长吟诵了一首和歌："今朝何其幸，飞鱼跃进，香取和鹿岛。"

黑田重太郎想起了五年前赴欧时的场景。十一月，带着初冬的气息，从神户前往新加坡的那两周，海上一直波浪汹涌。船里掌灯之后，有好几条飞鱼跳到了甲板上。一路同行到科伦坡的日本画家石崎光瑶，将前天晚上在甲板上捡到的飞鱼放到西餐盘里，对着它一丝不苟地进行写生。据说还有乘客将这种"吉祥"鱼撒盐烤了当作下酒菜，喝得非常尽兴。冬日的大海一旦起浪，能把波涛卷到甲板那么高，因此飞鱼就能很轻易地跳到甲板上来了。黑田并不想将此"吉兆"点破，扫了人们的兴致。

11月9日抵达了苏伊士后，一行人中有20多人利用起程去塞得港前的这段时间，前往开罗了。在三年半前日本邮船出版《埃及游览》（1925年5月）一书时，就已经有团体旅游了。大多数参加的都是日本人，美国人和法国人也各有一名。乘坐小蒸汽船上岸后，日本邮船代理店请来几位"眼神恐怖、留着长胡须的大块头男人"出来迎接他们。当地人一旦靠近过来，向导就拿起一把粗阳伞，从外围开始毫不客气地狠揍他们。黑田重太郎想这真是位"爱闹事的人"，但是后来他终于理解了此举的意义，"如果不这样做的话，对方是不会收敛的"。在伊斯梅利亚车站的咖啡馆前，黑田在那里等候开往开罗的列车时，一名少年未经同意就擅自为他擦起了鞋。当他看到列车开始冒烟准备站起来时，竟有男子横冲过来抢他手上的包。因此对待这群人，确实需要"格外小心"。

在开罗一行人预约了一辆汽车，穿过灯火透明的街区前往吉萨。小广场上停满了汽车。几个牵着骆驼的阿拉伯人凑了过来，声音大得如同吵架一般。一行人中谁也不敢单独行动。熟悉当地情况的人都提醒他们说，这些人"和强盗没什么两样"，要多加注意。导游挥动着伞，打走想要拐走同伴的牵骆驼的人。不久，在导游的安排下，一行人骑上了骆驼。骆驼从后脚开始站起来，双手抱着包和拐杖的黑田重太郎险些从前面掉下去。

日本邮船后来发行的《埃及游览》中，有提醒去往埃及的游客，要留心当地的小商贩和牵骆驼的人。前者会带你去开罗的名胜古迹或塞得港的市中心并"漫天要价"，而后者"死皮赖脸"的强行索取则十分有名。不管是何种语言的对埃及的介绍中，都会提醒读者多加注意。对待牵骆驼的人，如果一开始商定好了价格，之后即便他们再无理加价都不要予以理睬，直到让他们放弃为止。能否遵从这些注意事项，对一行人来说真可谓是一种考验。

首先谈谈去程。牵骆驼的人问黑田重太郎是说英语还是法语，回答是法语之后，他便开始向黑田介绍金字塔。当他正要感慨其规模之宏大时，介绍的内容引到小费上去了。当对方问他"您没落下什么东西吧"，黑田回答说"没有"之后，他还是不断将手伸到黑田面前想要索取小费。斯芬克斯前的沙漠上，空气清澈透明。4000多年前的巨大雕像在皎洁的月光照耀下甚是美丽，黑田看得不由得出了神儿。导游说为了让大家看得清楚点，还特地点燃了镁条照明。烧尽之后，他们转向古代坟墓的方向。导游在那里点燃了一根新的镁条，又开始介绍起来。

接下来是归途。牵骆驼的人对小费的要求愈加强烈。也有人实在忍受不了他们的纠缠不休，给了小费。黑田太郎没有给就回到了广场，但是下骆驼的时候却被带到一个又小又黑暗的地方，被好几个粗暴的男人从两边架住了胳膊。黑田拼命地想要挣脱，但又想还是给钱是上策。也有人恐吓他说，如果不给钱的话，就卸掉脚蹬（鞍两侧用来放脚的工具），让他从骆驼上滚下来。埃及的古代艺术总是让美术家们意犹未尽，他们表示如果时间宽裕的话，还想再次来访。但是在黑田看来，对于这种"满是灰尘与乞丐根性的人们"的地方，他是再也没有造访的勇气了。

虽然四名美术家对东南亚的异文化及埃及的古代美术很感兴趣，但他们此行最大的目的，正如书名所示，是"欧洲艺术巡礼"。11月16日清早，一行人到达了马赛。在那前一晚，黑田重太郎思考着"往昔与将来之事"，几乎一夜未眠。太阳升起来后，浓雾散去，耸立于山丘之上的圣母大教堂映入眼帘。40多天的航海终于结束，黑田的内心充满喜悦和激动，因为他的"向往之地"——法国，此刻就呈现在自己的面前。

[26]　漫画家近藤浩一路的首次欧洲行及弥次喜多珍道中

漫画家兼水墨画家近藤浩一路于1922年（大正十一年）初次赴欧旅行。他在巴黎再次见到了东京美术学校西洋画科同级的藤田嗣治，并在西班牙欣赏了埃尔·格雷考和弗朗西斯科·戈雅的绘画作品。20世纪10年代上半期，近藤入职读卖新闻社，冈本一平入职朝日新闻社、池部钧入职国民新闻社工作，三位报纸漫画家开始崭露头角。冈本与池部也是东京美术学校西洋画科的毕业生。近藤将自己欧洲之行的体验记录于《现代幽默全集9 近藤浩一路集 异国膝栗毛》（1928年12月，现代幽默全集刊行会，以下简称《异国膝栗毛》）一书中。书中以描述糗事为主，多是想引读者开怀一笑。

近藤浩一路于1月14日在神户乘上了日本邮船"三岛丸号"。同行的还有大寺与铃本二人。第一次世界大战后的欧洲航路常常满员。从《午餐的铜锣》

《午餐的铜锣》(《异国膝栗毛》)。画中的三人，左边是铃本，中间是大寺，右边是近藤浩一路。

这幅图可以看出，三人在两人舱内，将沙发拼起来挤在一起住。这个相当于起居室的空间只有三张榻榻米大，想找个下脚之处都十分困难。船内最初的糗事当属午餐信号的发布。原本听到第二遍铜锣的响声便可去食堂就餐，但是当人们"侧耳聆听"，蓄势待发的时候，第二遍响声却迟迟不来。上图便是人们疑惑不解，跑到食堂一探究竟的场面。一名男性副总长向这三人解释说，午餐的第一遍响声是示意人们落座。而这时，背后的餐桌上已经没有人影了。正在他们感到难为情、内心不安的时候，服务员拿来了用外语写的菜单，可是他们完全不知道上面写了什么。

　　近藤浩一郎原本就不喜欢西餐。他的妻子和母亲也不喜欢，因此家里一般看不到此类食物。此次为了作欧洲之行的准备，近藤持续了五个月的"吃面包练习"。面包倒是适应了，但并没有适应西餐。在箱根的富士山旅馆，因为读不懂外文菜单，就胡乱地点了些。然而吃饭时又将餐盘的顺序弄反了，引来女服务员的轻声嘲笑。于是，近藤将菜单带回房间里，想要试着翻译出来以后备用，里面有个单词在英语、法语、德语词典里却怎么找都找不到。问人之后，才知道"sawara"是"鰆"之意，近藤感到很扫兴，没有想吃东西的欲望，吃什么都食不知味。他想，像精养轩这样豪华的地方一定能够大饱口福。于是，他们来到甲板上，却看到了画家久米桂一郎。久米已经是第四次赴欧了，他发牢骚说这里的"餐点不称心"。三个人听到后，吃惊不已。

第一顿晚餐开始的半小时前，铜锣响了第一声。按照礼仪是要穿燕尾服的。但听说最近在欧洲航路上，一等船客穿便装也可以。三人决定穿西装。近藤浩一路没有穿西装的习惯，只带了一套西服，还是去世的岳父的衣服，已经有十年没有穿过了，款式老套，尺码也不太合适，而且近藤连领带的打法也不会。因此，之前从德国回来的时候让服装店改了一下。《化妆》这幅图，刻画的就是三人去食堂之前的样子。因为不习惯穿西装，三人在打领带上就花了很长时间，而且镜子也只有两个。他们虽然担心会迟到，但还是结伴而行。

西式浴缸的使用方法，他们在名古屋酒店和富士屋酒店已经练习过了。但是酒店的浴缸和船上的浴缸还是有些不同，后者只能在停泊于港口时使用，此外泡澡的时间和顺序也是安排好了的。在神户上船后，男侍者拿来了洗浴时间表，要求填上自己期望的入浴时间。规定一个人15分钟，因此不可以长时间泡澡。近藤浩一路选了早上6点半之后的15分钟。而且船上浴室的水是海水。海水黏糊糊的，需要用心细致地擦净身体。《船内浴室》这张图中，因为水量少，沐浴之人的后背与脚尖还露在外面。脚旁边的洗脸池里有浴后冲洗用的温水。

《化妆》(《异国膝栗毛》)。濑户内海上的欧洲航路船舱内。一行人十分紧张,即便是便装,但"因为是与外人打交道,为了不失体面,服装要精心打扮"。

只有这点温水是淡水,因此只能汲取少量来冲掉身体上的海水。

离开门司港后,就面临着航路上的第一个难关——玄界滩。首次海外旅行的人,并不知道自己晕船厉不厉害。出港后为了防止晕船,他们开始"绕着甲板来回走动",不论是西方人还是日本人都在甲板上走来走去。这是为了"让胃逐渐适应",进而增强抵抗力。就连众所周知的"优秀猛将"中佐,也说自己晕船,一直在甲板上来回走动。最后索性在甲板上放了张藤椅,进行障碍物训练。他越是专注练习,对于怀疑此举是否有效果的人来说,就越是觉得滑稽可笑。三岛丸号承重8500吨。从门司到上海的这段旅程中,船舱之间摩擦摇晃得厉害,去食堂吃饭的人,也由80人减至10人。《晕船小记》这幅图表现的是久米桂一郎散步的样子。因为船在摇晃,人的身体呈日语假名"く"一般弯曲的状态。久米

《船内浴室》(《异国膝栗毛》)。在日本的澡堂，"悠闲地泡完澡后，浑身就像煮熟的章鱼一般红至头顶"，"我"很怀念和羡慕日本的澡堂。

《晕船小记》(《异国膝栗毛》)。一行人乘坐的三岛丸号，是于1908年4月在神户川崎造船厂建造的。总吨位虽然很大，但一旦大海波涛汹涌便剧烈摇晃。如果用上图中的"〈"字表示"船摇晃程度"的话，可以说已是摇晃得相当严重了。同一船舱的"大寺"及"铃本"早晚餐都缺席。

虽说晕船，但可能是已经习惯了海上的航行，在食堂总能看到他的身影。

在欧洲之行中，近藤浩一路有着切身感受的是倒时差的问题。临近上海的某天，他发现时间晚了30分钟。《拖延的钟表》一图描绘的就是三个人对表时的样子。听说时差的问题后，近藤感觉宛如晴天霹雳。因为在东京完全没有意

《拖延的钟表》(《异国膝栗毛》)。仅仅离开日本一天，三人就意识到了"经度"这个世界地图上的概念。

识，只是按照日本的标准时间生活。但是若格林尼治天文台的子午线是零度的话，日本则位于东京135度，近藤这时才对此有了深刻的感受。第二天钟表上的时间，又晚了15分钟。

船长室是船内较为特别的场所，里边有船长专用的谈话室、寝室、浴室和厕所。三岛丸号船长的爱好是绘画，虽然一年前才开始学，却取得了长足的进步。近藤浩一路写道，"这也是料想中的"。第一次世界大战后的日本洋画家接二连三地远赴巴黎，去程和归途都要坐船，所以船长总能受教于这些优秀的"家庭教师"。"巴黎之春沙龙的会员小岛老师"便担任了他最初的家庭教师。"小岛老师"是指1921年远赴巴黎，第二年入选到巴黎秋季艺术沙龙的小岛善太郎。船长一有空，就马上拿起调色板，沿途停靠港口时也会采购各种珍奇的水果，

《热带植物》(《异国膝果毛》)。新加坡位于赤道以北仅137千米处。从图中船长室里养育的这盆植物来看,也能了解到异国的风土与气候,这也是在欧洲航路上旅行的特点。

以此为素材进行静物画的临摹。《热带植物》一图表现的是船长对在新加坡买的热带植物进行写生的场景,不过这次画得十分失败。如果因为工作繁忙一连几天都无暇拿起画笔的话,反倒会有意想不到的长进,不用进行深思熟虑的构图便可以开始画。

　　欧洲航路由科伦坡到苏伊士之间的印度洋航行是最漫长的。由于接近于赤道,暑热一直持续。为了打发船内的寂寥时光,船上举行了运动会、假面会和舞踏会等各种活动。近藤浩一路被委任为运动会日本一方的干事,但是关于活动策划的商讨却并不容易,因为日本人与西方人存在着一定程度的文化差异。在近藤看来,西方人执着于物质及奖品,同时十分尊重女性。这些活动中最受欢迎的是吃面包竞赛。如下图所示,竞技者的双手被绑在身后,盘子里撒满了面包粉,里面埋有饼干大小的面包块。竞技者将头埋于碟子里,口中塞满了面包粉,围观的乘客看到后捧腹大笑。

选择日本邮船的西方人大多数都非常喜欢日本文化。在音乐会上，尺八博得了相当高的人气。演奏结束后西洋人觉得非常不可思议，他们将尺八拿在手里，像看望远镜一样仔细观看。同样让西方人倍感好奇的是自彊术，自彊术是中井房五郎于 1916 年创造的健康体操，20 世纪 10 年代后半期至 20 世纪 20 年代前期，中井、十文字大元及松平康国出版了关于自彊术的入门书。有个叫川本的上了年纪且喜欢追求时髦的医生，用英语和德语对此进行大力宣传。近藤浩一路也成为其中一名"追随者"。如《自彊术的宣传》这幅图所示，由于船舱狭窄，他们跑到甲板上光着身子练习体操。渐渐地，围观的西洋人也只穿了件 T 恤衫加入了他

《吃面包竞赛》(《异国膝栗毛》)。参加运动会的只限一等乘客和二等乘客。从这样的活动中也可看出船上存在的阶级性特征。

《自彊术的宣传》(《异国膝栗毛》)。外国人"不喜欢光着身子"，因此最初的练习是在他们都就寝后才进行的。

们的队伍。欧洲航路日本邮船上的生活，让首次赴欧旅行的近藤在尚未踏上欧洲土地时，就逐渐适应了异文化。

一行人于 2 月 25 日抵达马赛。终于从一个半月的船内生活中解放出来，并来到向往之地——巴黎，双重喜悦让近藤浩一路上激动不已。在马赛的栈桥上，他看到了前来迎接久米桂一郎的和田英作的身影。和田是近藤在东京美术学校学习时的恩师。看到恩师健硕的身影，近藤的眼眶湿润了。《爱流泪的国民》这幅图画的就是横靠近栈桥的三岛丸号。船上的近藤伸开双手，摇着帽子，可以看出他的心情轻松愉悦。栈桥上左手拿着帽子遥相呼应的应该就是和田了。从他们的姿势当中也可以看出他们是画家。这时，箱根丸号开始出港了，似乎是与三岛丸交替出发。箱根丸号上的乘客当中，有画家青山熊治与小出楢重。

近藤浩一路环游了欧洲各国后，从马赛乘坐"榛名丸号"踏上了归国之旅。《异国膝栗毛》以榛名丸号出航的场景收尾，返航时近藤的动静无从知晓。不过我们找到了同船乘客留下来的记录，这是到美国留学且考察了欧洲后归国的荒木东一郎的《环游欧美的梦想之旅》（1922 年 11 月，诚文堂）。后来成为经营顾问的荒木于 1922 年 5 月 21 日在马赛乘上了榛名丸号。榛名丸号承重 10421 吨，是日本邮船公司最新的船舶。得知此次航海是归航的首航，荒木十分感兴趣，并于 3 月上旬就预订了船票。关于近藤对甲板高尔夫球的感想，荒木作了如下记载："近藤浩一路虽然内心牵挂着妻室，但不妨碍他打高尔夫球命中率极高，一路过关斩将，晋级榜首。打球时，他闭上一只眼睛，用他那奇异的眼神找准感觉，然后全神贯注进行投击。并且，他每次投中用的总是同一种滑稽的打法。"

《爱流泪的国民》(《异国膝栗毛》)。入港前的乘客在
"恍惚"中，看到了山冈上的圣母教堂，画中也描绘了
教堂的样子。

[27]　巴黎奥运会参赛选手的船上训练

　　在苏伊士下船后参观埃及时，南部兄弟商会与托马斯·库克旅行社联合
在《埃及游览》(1925 年 5 月，日本邮船)上刊登了广告。册子刊行的前一
年，石津作次郎于 1924 年 (大正十三年) 7 月 20 日在神户港乘坐了笘崎丸
号。据石津的《欧罗巴之旅》(1925 年 12 月，内外出版) 记载，船进入红
海之后，苏伊士的托马斯·库克旅行社与南部兄弟商会通过无线电信发来了
参观开罗的邀请。从科伦坡出发后天气持续炎热，抵达苏伊士前一天的 8 月
23 日清早，石津在船上的游泳池里享受了水浴。当天在船上的谈话室里聚集

塞得港的南部兄弟商会在《埃及游览》上登载的"开罗游览指南"的广告。广告内容为：

开罗游览指南：因本商会在当地与日本邮船公司的船舶有食品方面的业务往来，特为该公司乘客提供经济实惠的导游服务。关于本商会的服务水平以及过往乘客对我们的评价，可向乘船事务局长咨询。在您游览开罗之际，如向本商会提出任何需求，我们将会向您提供最亲切、便捷、安全且经济的服务。坡西土　南部兄弟商会

了 26 名乘客，商谈参观埃及的见闻，其中包含 2 名中国人、1 名丹麦人。因为可以用日语自由表达自己的需求，所以他们委托南部兄弟商会找了几名导游。

　　第二天早上六点乘坐汽艇出发时，笪崎丸号的事务长和石津作次郎打招呼说："石津先生，不好意思要给您添麻烦了，今天还得拜托您担任我们的干事。"这一插曲表明，参观埃及并不是乘客的个人旅行，而是在日本邮船斡旋下的团体旅行。南部宪一十多年前开了一家店，娶了位意大利妻子。这个南部宪一应该与 1919 年 5 月小野贤一郎到塞得港时拜访的富士商会的南部是同一个人。小野贤一郎到了苏伊士的海关后，负责人南部宪一和一名当地人已经在那里等候

了。一行人乘坐了7时出发的列车。列车在"炽热的沙漠"中行走。沙尘飞进了车里。"苏伊士的夜晚酷热难耐，而沙漠里的汽车内则更是如此。"

国画创作协会同人的埃及旅行团是两天一夜的旅行，但石津作次郎的旅行是当天往返。南部宪一给石津的行程表里注明，13时抵达开罗车站。南部在车里说道："给机关车的司机一点钱吧，这样能节省点时间，兴许能比预定时间早点抵达开罗。"实际到达开罗是12时40分。吉萨那些牵骆驼的人的举止，不论昼夜都是一个样子。他们不停地说着"帕克西，帕克西"。遇到完全不认识的人时，就用英语、德语、法语、意大利语等语言搭话。守屋荣夫比石津早一年半利用欧洲航路参观了吉萨。据《欧美之旅》记载，骆驼夫单手拉住坐在骆驼背上的守屋的脚，同时伸出另一只手向他要钱。知道没有效果后，就放开缰绳，任由骆驼在路边吃草。守屋大怒，从骆驼上跳下来走了。在参观斯芬克斯的过程中，他突然听到了一声哀号。一个工头模样的人正在用鞭子抽打刚才那个骆驼夫。后来才听说，同行的人几乎都有过这种经历。

不过，石津作次郎十分享受船上的泳池，在1919年10月修订的《欧洲航路指南》（日本邮船）中，他介绍说："船的上甲板上设有一个大游泳池，里面蓄满了热带海洋中新鲜的海水，慰藉了寂寞的船客。"1928年3月15日乘坐鹿岛丸号，从神户前往欧洲的诗人竹中郁也享受了船上的游泳池。诗集《象牙海岸》（1932年12月，第一书房）中收录的《红海》一诗这样写道："午前六时，红海的太阳缓缓升起。未洗脸就上到了甲板上。一根管子将红海里的水导入池内。从池子边缘溢出来的水，形成了一股美丽的喷泉（中略）我跳进倒映着大片云层的游泳池，进行平泳、蛙泳、自由泳。这是此生最惬意的时刻。水池为我独有。不，不单有水池，红海也为我独有。我与追赶船舷的大鲨鱼，进行了半小时的游泳比赛。鱼儿在海中，我在甲板上的水池中。"

在陆地上的泳池游泳，与在船上的泳池游泳，是完全不同的体验。泳池中的水是红海的海水，水面上还映有云层的倒影。泳池与红海融为一体，置身于这种非日常的时间与空间里，能感受到"自我"与"生命"的律动。船上的泳池并不只有欧洲航路日本邮船上的普通乘客体验过，1924年4月27日从神户乘坐香取丸号，去参加第八届巴黎奥运会的选手们也体验了这个泳池。大阪每日新闻社编的《奥运会的礼物》（1924年9月，大阪每日新闻社、东京日日新闻社）曾记载，除去逗留海外的代表，从神户上船的游泳选手有石田恒信、小野田一雄、斋藤巍洋、高石胜男、野田一雄、宫畑虎彦等六人，以及田径选手织田干雄、上田精一、金栗四三、田代菊之助、谷三三五、纳户德重六人。同时，从门司还上来了网球选手太田芳郎与马拉松选手日比野宽。

在欧洲航路的停靠港口，不仅可以利用田径设施，还有供选手练习的场所。在门司，当田径选手在老松町公园里练习时，近旁的中小学生连连赞叹。尤其让周围人感到惊讶的是走幅跳的织田干雄。他跳了7.09米，打破了自己在日本创下的纪录（7.085米），引发一阵轰动。在之后的走幅跳比赛中，他又创下了7.10米的纪录。他们的练习不仅仅局限于"本国"。抵达上海之后，田径选手在新公园跑道进行练习，游泳选手在美国人经营的北四川路的游泳池进行练习。从门司出港后，海上波浪肆虐，船上大部分选手都开始晕船。因为身体状态异常，头一日的练习只是活动活动筋骨，从第二天的练习开始作记录。

下一个停靠的港口是香港，日本与维多利亚娱乐俱乐部举行了对抗赛。对方是由英国人、中国人和印度人组成的混合队。由于日方都是奥运会的参赛选手，他们轻蔑地说"香港的运动员有什么能耐"。而与此同时，他们也感到不安，万一在这里输了的话，就不能前往巴黎了。田径比赛的结果是日方赢了，但是接力赛日本却输了，将胜利拱手让给了香港。游泳则大获全胜，高石胜男参加的项目是 440 码（约 400 米）竞泳，在前年五月的远东大会上刷新了自己的纪录。

在新加坡，日本人俱乐部帮他们约了英国人组织的新加坡板球俱乐部的运动场。抵达当天下着雨，对当地人而言是凉爽的一天，但日本选手却觉得酷热难耐。这个运动场通常是用于板球、足球、网球的练习，但这次却设置为选手们的临时跑道和跳跃场。淋浴与浴室的设备无可挑剔。室外光照很强，不戴太阳镜就无法出去，田径选手看着眼前的热带植物，运动了一个小时。

停靠港口以外的时间，日本选手也没有落下练习。船旅的大半是在海上。船舶内没有运动设施的话，选手们的运动能力就会下降。香取丸号从门司出发进入玄界滩时，一位穿着训练服的选手飞奔到甲板上开始了练习。奥运会每四年举办一次，日本选手才第三次参加，练习情景本身就很少见。很多乘客都兴致勃勃地跑来观看选手们练习。其中最引人注目的是投枪。枪的后面有一根 200 英尺（约 60 米）长的绳索，绳索的一端拴在甲板上。上田精一射出一枪，随之枪"像离弦的箭一样飞过碧蓝色的天空，而后落到海里，激起了白色的浪花"，围观的乘客中间响起阵阵掌声。不过由于强风和绳索的重量，没射出多远。但是向着大海的方向投出的标枪在空中画出一条弧线，这种景象选手也是初次看到。

田径选手在香取丸号船上练习（大阪每日新闻社编《奥运会的礼物》）。

　　长跑选手在甲板上进行跑步练习。因为是在甲板上，所以不能进行短距离全速奔跑及田径大步跑的练习。主要是以预热的体操及雨天的原地踏步为主。上图就是香取丸号船上的田径选手练习的场景。金栗四三每周绕着130米长的B甲板跑100圈。田径不只有跑步比赛。铅球选手拿着室内用的12磅铅球，在垫子上进行投掷练习。跳跃类项目的选手，也铺了个垫子专心致志地研究自己的姿势。

香取丸号C甲板上一个长25英尺（约7.5米）的游泳池，是从上海出发后建造完成的。下图左边的那幅图，就是即将跳入船上游泳池的选手们的身影。单凭这幅照片，还不足以表明船上游泳池与普通游泳池的区别。我们再看右边那幅图，就知道它有多么狭窄了。游泳池长为23英尺（约7米），宽仅有18英尺（5.4米）。跳进去后，立马就游到了对岸。即便如此，他们还是灵活利用了这么短的距离，反复进行转身练习。此外，还有选手腹部系着带子，由站在泳池一边的人拉着绳子，进行姿势的练习。据说游泳选手们即便晕船晕得很厉害，但只要一跳进泳池就恢复了活力。水温就连早上都有23摄氏度左右，临近中午时分能达到26摄氏度。

游泳选手在香取丸号上练习（出处同上）。

[28]　船舱的阶级性特征与印度的甲板乘客

1928年（昭和三年）2月，日本邮船公司出版的《渡欧指南》中，记载有不同等级舱位的船费。横滨到马赛，一等A是102英镑，一等B是97英镑，二等是66英镑，特别三等是39英镑，普通三等是27英镑。一等船室的内部陈设究竟是什么样的呢？1923年12月23日从神户乘坐"鹿岛丸号"的商业教育家下河内十二藏在《东西万里》（1925年12月，此村钦英堂）中称赞说，一等船室的设备非常豪华，面积约有六个榻榻米大，配有两人用的起居室、寝室、化妆间，还有宽敞的沙发、一人高的穿衣镜、衣柜。躺在吊床式的铁床上，几乎感觉不到船的摇晃。床的扶手上，有折叠式的架子，晕船的时候也可在船上用餐。此外还有防寒用的蒸汽管、避暑用的电风扇，以及紧急情况下使用的坐便器。

船内公用的空间有食堂、浴室、谈话室、吸烟室、诊察室、酒保、理发室等。《渡欧指南》里写道，日本邮船上有数名在欧洲一流酒店工作多年的老师，他们培养了一批西餐厨师。在乘船前，下河内十二藏正在发愁能否定做一套食堂就餐用的晚礼服。听说欧洲航路上的一等乘客，因为都是和"身份尊贵的人"在同一餐厅吃饭，虽然早餐、午餐可以着便服，但是晚餐都得穿晚礼服。从几个月前的关东大地震以来，下河内一直在向学生们提倡勤俭节约，所以他决定不新做晚礼服。下河内参加第一次晚宴时，就像参加入学考试般紧张。七八十人中，外国人占了半数，男性都身着西服。之后问船员缘由时，他们说如果没有特别尊贵的客人在场，穿着就变得简略化了。地震造成的灾害还记忆犹新，所以各国游客们尽量避免穿华美的服装，只是有些外国邮船要求乘客必须身着晚礼服。

身任东京市会议员的泷泽七郎于 1924 年 7 月 6 日在神户乘坐了伏见丸号。船上每次用餐时，食堂都会发放印刷好的菜单。泷泽在《手握护照》（1926 年 4 月，明文堂）中，坦诚地表达了自己对此奢侈行为的惊讶。伏见丸号的船长还询问泷泽，没有按"纯日本式"的风格来安排是否会有不妥。数十年前，一等船客中日本人还是极其稀少的，仅限于"大富豪、声名远扬的名人"。因此，一等舱船客的待遇，主要以西方人为中心。乘船几天后，食堂的男侍者掌握了泷泽的喜好，为他准备了他喜欢的食物。三餐都有大酱汤和米饭，小菜有"海胆、腌酵食品、什锦酱菜、鲑鱼、海带佃煮、虾虎鱼佃煮、干鱼子"，完全是"纯日本式"的食物。看来，即便是学习了欧洲口味的厨师，在泷泽面前也无法大显身手。

　　从三等船客的角度来看，他们是如何看待一等舱船客的呢？据《挥毫彩笔纵横欧亚》（1930 年 11 月，文化书房）一书记载，画家八木熊次郎于 1925 年 12

1938 年 4 月日本邮船公司发行的英文写真集《日欧服务图示》（*Japan-Europe Service Told Pictures*）。其中收录了欧洲航路上的照国丸号、靖国丸号、伏见丸号、諏访丸号、箱根丸号、榛名丸号、筥崎丸号、白山丸号、鹿岛丸号、香取丸号的照片。该图为该书中收录的"伏见丸号一等餐厅"。

月21日乘坐贺茂丸号从横滨出发，熟知乘船旅行的前辈推荐他坐一等舱。为了顾及送行人的面子，妻子也劝他乘坐一等舱。但是八木拒绝了这一建议，其实，八木想乘坐的是货船。因为费用便宜，在各港口停靠的时间也长，可以接触到不同文化的风俗和人情。但是，要成为"下级船员"，需要提供海员手册等麻烦的手续。而且"有很多行为不良的人、犯罪者频繁被检举"。所以，他放弃了货船，申请了特别三等船舱。

特别三等船舱是和他人合住一个房间。从神户起程时，八木熊次郎的房间里，有声乐家照井荣三、画家松田忠一，还有其他两名游客。三等舱的游客与一等舱的游客阶层不同，其中还有在南方的橡胶园务工的劳动者。到达上海时，上来很多前往香港及新加坡打工的中国人。食堂也是根据等级分开，一等、二等和特别三等为西餐，三等提供日本料理。不过，即便是西餐食堂，如果拜托男服务员，他们也会供应你喜欢的日本料理。浴室是一等、二等共用，每个人洗浴的时间是固定好的。特别三等是八人用的共同浴池。向男服务员支付的小费也有区别。一等约为船费的一成，二等大概是30日元，特别三等在20日元以内，三等是5~10日元。

八木熊次郎经常在三等舱和一等舱之间穿行。晚上去找挤在一块儿睡的三等船客，一起在三味线与和太鼓的演奏声中喝酒跳舞。当男服务员称一等船客为"上等客人"时，他会觉得自己像"下等人"一样，有点不愉快。但是，三等舱里充满了人情味。八木邀请照井荣三和松田忠一，在一等船客的房间里举行了忘年会。回去的时候经过三等船舱，看见这些打工者的忘年会闹得正尽兴，他们穿着浴衣或红色兜裆布，跳起了日本舞蹈——安来节。此外，还有三味线、和太鼓、箱子和铁罐来助兴，唱歌跳舞喝酒，犹如"百鬼夜行"。这比一等船舱有意思多了，八木和他们一直玩到深夜两点。

船舱的阶层性，不仅仅是《渡欧指南》中介绍的一等、二等、特别三等、三等。第二次世界大战后，担任众议院议员的今村忠助于 1930 年 10 月写了《世界游记》（帝国教育会出版部）一书。书中写道，"穷书生如我，从法国马赛航行到日本期间的 45 天是四等船客。除了埃及人、印度人、马来人之外，我是唯一一个四等船客。"在周游朝鲜半岛、中国、美国、欧洲期间，今村乘坐的都是"最下等"的交通工具。追述那段经历，今村感慨，"日本人非常蔑视下等船客那种厌恶的心情我从未经历过。特别是三等舱及二等舱的船客对待四等船客的那种态度，想起来就令人厌恶。"今村在马赛乘坐的是日本邮船笘崎丸号。受轻蔑的人会进而轻蔑低一等级的人以获取心理上的平衡，这一点也不奇怪。

船舱的阶级性是一面镜子，不仅能折射出贫富的差距，还能反映出国际形势的变化。1922 年 10 月前往欧洲旅行的西洋史学家烟山专太郎在《观察重生的欧美》一书中记录了自己出航的体验。烟山在横滨乘坐了法国邮船"阿赛·卢里德号"。这艘船是第一次世界大战后法国从德国获得的赔偿船。一等舱和二等舱船客约有 30 人，三等舱和四等舱船客有 133 人。后者中包括波兰人 112 名和其他一些俄罗斯人。1922 年 10 月，日军从西伯利亚撤退，12 月俄罗斯苏维埃联邦社会主义共和国成立。大部分乘客都是因为布尔什维克封锁了陆路，才从海参崴前往欧洲的。四等船客的船费只有二等船费的五分之一，他们几乎是"除了身上穿的衣服便一无所有"。

不过，四等船客并不是欧洲航路的最底层。石津作次郎在《欧罗巴之旅》（1925 年 12 月，内外出版）中开设了一个名为"甲板乘客"的栏目，对此作了如下介绍。

"从新加坡上船的甲板乘客和马来人、印度人、希腊人及很多其他人一起挤到了一等舱和二等舱中间的甲板上（中略）。他们是科伦坡和海峡殖民地之间的特别乘客，只需缴纳水和炭的费用，在甲板上搭个帐篷和衣而睡。相关部门不对此进行清点，他们也因为会给船上带来相当一部分收入而受到欢迎。据说每次航行都会夹带一两百这样的人，完全把他们当作货物一样对待。他们用自带的炊具在甲板上做饭，并用手抓咖喱饭吃。在外国邮船上，会有人连踢带踩地欺负这些下等乘客，所以他们欣然选择了日本邮船，总之觉得非常可怜。"

西洋画家川岛理一郎于《绿色时代》（1937 年 11 月，龙星阁）一书中写道，由于印度甲板乘客的存在，为欧洲航路带来了丰富的写生素材。他们不申请船舱，不单单是出于经济原因，还因为有"食物的选择""口腔及手的清洁""日常起居"等细致的规定。同行的还有"有钱人"及"贵妇人"。该图就是收录于此书的川岛理一郎关于甲板乘客的写生作品。

甲板乘客原则上是在甲板上生活，但并不是完全不能使用船内设备。他们可以使用三等舱船客用的厕所。各个邮船公司的规定根据国家不同而不同。日本邮船为他们搭了帐篷，也有外国邮船不欢迎他们乘船因而不允许搭帐篷。日本人对待甲板乘客的态度也不完全一样，有的日本人觉得他们脏，用手帕掩着鼻子，从他们面前快速经过；也有日本人看到飚风来袭时他们惊慌失措的样子而感到同情。不过，正如田子静江在《为了爱子寻访欧美》（1925年12月，东京宝文馆）中所记载的那样，"虽然语言不通无法交流，但是彼此心灵相通"的日本人并不多。田子曾把煎饼交给男服务员，让他分发"给黑人孩子当作零食"。

1924年6月2日，田子静江从神户乘上了船，不想在船上竟然遇到了一位意想不到的人物——亚洲首位诺贝尔文学奖获得者、支持莫罕达斯·甘地等印

拉宾德拉纳特·泰戈尔（田子静江《为了爱子寻访欧美》）。与泰戈尔相见的时候，田子想起了"苏格拉底与耶稣基督"。

度独立运动的诗人拉宾德拉纳特·泰戈尔。田子得知在日本女子大学期间的同学和田富子与泰戈尔在一起，于是就去拜访了二人。泰戈尔早上 5 点左右就开始在甲板上读书，弟子们则围坐旁边受教。每次见到泰戈尔，田子就对能够与他同船表示感谢。泰戈尔此行是前往新加坡。在分别前一天的船上演说中，泰戈尔说："我们东洋人必须以自己尊贵的精神文明去战胜物质文明。"在田子看来，甲板乘客与泰戈尔无疑是平等的。

[29]　与外国汽船和西伯利亚铁路对抗，缩短航海天数，发行多种旅游指南

　　20 世纪 20 年代上半期迎来的旅游旺季，引起了该年代后半期争夺旅客的激烈竞争。日本与欧洲之间的主要交通路线是欧洲航路和西伯利亚铁路。日本从西伯利亚撤兵两年零四个月后，即 1925 年 2 月，日苏邦交恢复正常。日本邮船对此作出了迅速的反应。《东京朝日新闻》（1925 年 3 月 17 日）的报道《缩短邮船的欧洲航程》称，"为了与外国汽船展开竞争，且由于西伯利亚铁道的全线开通，日本邮船将加快欧洲航路上各船舶的速度，将航海天数缩短三天"。4 月 13 日，从横滨出发的第一艘船是箱根丸号。缩短航海天数不是通过削减停靠港口的停泊天数来实现的。停靠港口时，需要装卸货物或者补充煤炭，对游客来说也是一个上岸的宝贵机会。因此，他们采取的做法并没有妨碍业务的进行或影响轮船的服务质量，而是通过增加燃料炭的燃烧，成功缩短了三天航程。

　　当然，缩短三天航程对于与西伯利亚铁路的竞争并没有太大意义。据 1926 年 6 月铁路省运输局发行的《西伯利亚铁路旅行指南》记载，从东京经由莫斯

科，前往巴黎、伦敦需要 16 天。与此相对，日本邮船于 1928 年 2 月发行的《渡欧指南》中显示，出发后第 43 天抵达马赛，第 51 天抵达伦敦。因为有一个月左右的差距，不能在速度上竞争，运费方面也是西伯利亚铁路更便宜。只是对于西伯利亚铁路来说，由于俄罗斯革命和西伯利亚出兵等形势变化的影响，铁路常常出现中断的难题，信息也不是很灵通。据《不安的西伯利亚，繁盛的欧洲航路》（《读卖新闻》，1930 年 9 月 10 日）一则报道称，由于俄罗斯食品匮乏，住宿费高，游客都尽量避开西伯利亚铁路，使得日本邮船艘艘爆满。欧洲航路的消息接收也很灵通。若是乘坐日本邮船的话，只需几句日语就可以前往停靠的港口。

在欧洲航路和在西伯利亚铁道体验到的异域文化，原本就性质不同。将去程与返程的交通方式分开，两种都体验了的旅客不在少数。如此想来，缩短三天航程，是与别国汽船公司进行竞争的一项举措。1924 年 8 月 26 日，《东京朝日新闻》刊文《东洋方面德国船活跃》，该文报道称，德国三家汽船公司都增加了东洋定期航路的船舶。另外，1929 年 9 月 14 日，《读卖新闻》刊文《瞄准太平洋》，该文报道称，意大利向远东航路派遣了两艘 2 万～3 万吨的巨型油轮。各国的邮船公司都意识到了一种危机感，如果一味沿袭传统的经营方式，就无法在国际竞争中取胜。

日本邮船制订了二次造船计划，准备新造 1 万吨级的大船，来更换欧洲航路上 8000 吨的船舶。据《二次造船计划的确定》（《东京朝日新闻》，1927 年 3 月 13 日）消息报道，日本决定新造两艘船，来取代热田丸号、北野丸号、贺茂丸号邮船。第二年 7 月 28 日，《读卖新闻》刊文《两艘欧洲航路船舶的建造》，其中报道称，因为向英国采购价格过高，三菱长崎造船厂降低一成的价格接受了订单。新造的客船"照国丸号"于 1930 年 5 月 31 日在长崎完工。

随着旅客的增加，日本邮船公司发行了各种旅行指南。1928 年 2 月的《渡欧指南》便是其代表性的一本（见本书第 14 页）。与 1919 年 10 月修订的《欧洲航路指南》相比，品质与内容都有大幅提升。后者连封面在内一共是 20 页，而前者是其 3 倍，共 66 页。目录分为 12 章，分别为："一、从日本到欧洲的路线""二、欧洲航路使用的船舶和沿途停靠的港口""三、船费""四、旅欧乘客的普遍体会""五、对旅欧乘客的优惠""六、欧洲航路预定的航海天数及距离""七、沿途经停港口指南""八、乘船注意事项""九、手提行李的存取方法""十、法国出入境税""十一、旅客随身行李保险以及旅行伤害保险""十二、欧洲航路里程表"。第 5 章中就如下四点进行了宣传：①"香港以东各港口换乘时刻表"，②"国内铁路免费乘车时刻表"，③"廉价的全天乘车券"，④"经由印度的好处"。

①～③在《欧洲航路指南》中也有记载。《渡欧指南》中，④是新增加的。因为有想从锡兰岛前往印度的乘客，所以日本邮船公司与 B・I 轮船等签署了协议，在新加坡与科伦坡之间，乘客可以从日本邮船换到协议公司的新加坡至加尔各答之间的邮船。加尔各答再往后虽然是乘客自付，但日本邮船也为他们准备了三条路线：①卡卡塔至科伦坡乘坐 86 小时的火车，②加尔各答至科伦坡的七日邮轮，③加尔各答至孟买的 40 小时的火车。如果选择③的话，可以无缝隙对接孟买至科伦坡之间的火车之旅（63 小时半），或邮轮（约 6 天）。"经由印度的好处"中写道，日本邮船的欧洲航路不仅仅是连接日本与欧洲的交通通道，还通过开发停靠港口周边城市的观光，来提升乘客旅游的附加价值。

20世纪20年代后半期，日本邮船增印了其他停靠港口的旅行指南（见本书第189~190页）。与1925年5月初版发行的《埃及游览》虽然内容相同，但更换了卷首插图后，于1929年12月再版。1929年10月初版的《死都庞贝寻访》也同样更换了卷首插图，于1929年8月再版。以整个欧洲为对象的《欧洲大陆旅行日程》于1925年12月发行了初版，1927年2月再版，1928年9月发行了第三版。新制作的是《乘坐邮船周游世界》（1929年11月）。沿着欧洲航路前往英国，之后横渡大西洋踏上美国的土地，再穿越太平洋回到日本。当然，相反的路线也可以。

20世纪20年代后半期发行旅行指南的不只有日本邮船。富田铁夫于1923年5月编纂了《东京起点最新欧美旅行指南》（太洋社）一书。这本书166页，1926年6月又改编为73页，以《（B）东京起点最新欧美旅行指南 附旅欧通信》为名进行了第八次出版。卷首的"日本邮船欧洲航路"写道："诸位读者想必已经知道，欧洲航路不得不借用日本邮船公司的航运。然而，应在何种情况下使用较为合适呢？对此，我们首先刊登该公司乘客科长永岛的谈话并不是无益之功。"诚如这段话所示，通过收录日本邮船公司的数据，以广泛的读者为对象，才使得这些图书得以形成。从上村知清的《欧洲旅游指南》（1927年4月，海外旅行向导社）中，我们也可了解到日本邮船公司发行的"旅行指南"演变为普通图书的过程。该书第336页，介绍了三条线路（西伯利亚铁路、欧洲航路、经由美国的航路）和欧洲观光。村上认为，为了给到海外考察及游览的人提供方便，有必要出版一本"正确的旅行指南书"。在日语书普及之前，日本人最为重视的是德国贝德克尔公司出版的《贝德克尔旅行指南》系列。上村也在"序"中写道，他们的目标是成为"日本的贝德克尔"。在关于欧洲航路的解说中，有这样一句话："多年担任日本邮船公司乘客科长，其职业道德、人品及做事原则都为世人称道的永岛义治如左图说道。"这里出现了永岛的名字，因此，这与

《东京起点最新欧美旅行指南》中的记述有一部分相同。

　　泷本二郎与德·布莱斯特女士的《欧美漫游留学指南》（1928年2月，欧美旅行向导社）在"序"中对贝德克尔作了如下介绍："用英、法、德三国语言出版，共分为40多册，而且每册都有四五百页。"颇为不便，而《欧美漫游留学指南》这本书用374页的篇幅就把欧洲各城市、西伯利亚铁路和欧洲航路都解说得十分清楚，所以没必要携带好几本。日本游客应该会将此书视为珍宝吧。泷本二郎以与法国籍妻子德·布莱斯特到欧美的三次旅行、贝德克尔等的指南书，以及旅行中收集的资料作为记述的基础。在对欧洲航路的介绍中，泷本充分调用了自身的体验。

　　旅行指南书受到欢迎，也使得个人旅行和团体旅行越来越盛行。1928年8

上村知清《欧洲旅行指南》（1927年4月，海外旅行向导社）的封面。海外旅行向导社设有代理护照、签证、船票的代理部，负责旅行及移居的调查部和负责导游的指南部。

月20日，在那不勒斯乘坐"白山丸号"，前往欧洲的80人旅行团，就是其中一例。据大阪每日新闻社编的《欧洲观光记》（1928年10月，大阪每日新闻社、东京日日新闻社）记载，新闻社主办了90多天游历欧亚各国的旅行团。此行目的是前去支援第九届阿姆斯特丹奥运会。去程走的是西伯利亚铁路，返程走的是欧洲航路，由托马斯·库克旅行社策划。歌舞伎演员市村羽左卫门（第15代）也乘坐了白山丸号，这真是一场意想不到的相遇。因此，一行人在表演会上，得以欣赏到了羽左卫门的舞蹈。他在《欧美歌舞伎纪行》（1929年2月，平凡社）中也对此作了补充，航行中受到人们的请求，他配合着蓄音器演奏的《娘家的北洲》，为人们表演了一场舞蹈。羽左卫门用蓄音器伴舞，还是空前绝后的事。

随着日本游客的增多，旅行中遇到熟人也习以为常了。小说家吉屋信子在《异国点景》（1930年6月，民友社）中记述，他乘坐日本邮船从马赛前往那不勒斯，出航时，碰上了小说家久米正雄夫妇。船长和船员认识久米，和他一起兴致勃勃地聊起了久米的话题。日本人的交际圈相对较窄。吉屋在下位春吉的介绍下，造访了罗马郊外诺贝尔文学奖获奖作家格拉齐娅·黛莱达（Grazia Deledda）。春吉是《死都庞贝寻访》一书的编者。

[30]　和辻哲郎感兴趣的风土、气候与文化的关联

1927年（昭和二年）2月17日，哲学家和辻哲郎从神户登上白山丸号，前往德国。和辻此行作为文部省的在外研究员赴德就职。他在旅途中写给妻子和辻照的书信，收录于《故国的妻子》（1965年1月，角川书店）一书中。欧洲航路的体验，也成为八年后9月出版的《风土——人间学的考察》（岩波书店，以

下简称《风土》）的素材。白山丸号临近地中海的意大利时，一种"特殊色调"的绿色进入人们的视野，这在印度和埃及都不曾见过。山腰上裸露的岩石中间，长满了和平地上同样的草。根据《风土》记述，当时同船的大槻正男（京都帝国大学农学部助教授）说，与日本不同，"欧洲没有杂草"。这句话给和辻一种"启发"。受"启发"的引导，这年初夏，和辻开始认真思考"风土"的问题。和辻在柏林读了马丁·海德格尔的著作《存在与时间》。他赞叹海德格尔以时间性来捕捉人的存在与其构造，同时也在思考为什么空间性不能灵活运用于根源的存在构造。他之所以产生这样的思考，并受这种思考的指引踏上欧洲之旅，正是异域风土对他内心的吸引。

在抵达新加坡时，和辻开始强烈地意识到，这里与日本的风土完全不同。上海也好，香港也罢，船一进港，人们就提醒他要注意小偷。船停靠时，人可以自由出入，所以必须要关紧窗户。在上海和香港，关不关窗户并没多大关系，但在靠近赤道的新加坡简直让人无法忍受。在《世界地理风俗大系》第四卷《南洋》（1929年3月，新光社）一书中，刊登了"新加坡年度气温表"。和辻进行访问时正值三月，最高气温为90.5华氏度（32.5摄氏度），最低气温为71.5华氏度（21.9摄氏度），平均气温为81.8华氏度（27.7摄氏度）。与日本不同，这里全年气温变化不大。30摄氏度左右的气温下，如果关上窗户不通风的话，就会汗流浃背。

和辻哲郎眼中的风土，不只是气温的不同。在《故国的妻子》中，他写道，乘坐汽车在新加坡转悠的时候，街上给他的印象是一片"纯白"，在气温高的地区，为了抑制阳光的温度上升，房屋的外墙一般会粉刷成白色。白色不经脏，没过几年局部地方就会出现黑色的斑点。这种斑点与上海和香港不同，呈现出

シンガポール一年間の温度と雨量の一例

月次	最高温度	最低温度	平均温度	雨量	降雨日数
一月					
二月					
三月					
四月					
五月					
六月					
七月					
八月					
九月					
十月					
十一月					
十二月					

最高温度はその日の或る瞬間で毎日かく高いのではない。

新加坡年度气温表
表头意为：新加坡年度气温与雨量一览。
表尾意为：最高温度表示当月某天某一时刻的温度，并不是指每天每时都是如此高温。

一种美感。究其理由，和辻认为是由于热带雨季的"强烈冲刷"导致的。每天一到两次，会有闪电惊雷和强劲的飙风来袭，冷却了热气，让绿色更加鲜艳，给人们带来一种清凉的感觉。《风土》中说，"建造和固定房屋的方法，是人们适应风土、了解自我的表现。"不仅是房屋，和辻认为，服装和饮食的特点也体现了"一个民族长期以来对风土的自我感知"。新加坡的白色墙壁和黑色斑点的形成，便是这种观点形成中的具体见证。

　　槟城是马来半岛繁荣程度仅次于新加坡的城市，和辻哲郎对它的印象稍有不同。这里没有了新加坡那样纯白的印象。建筑都涂着淡黄色或淡蓝色等浅色颜料。和辻哲郎对此很是惊讶，同属热带竟然有这般不同。不过，观察都市景观和风土、气候的关联仍旧是和辻哲郎关注的焦点。在新加坡，只有到郊外才能看到椰子，而槟城在市中心就长有椰子树。关于个中原因，和辻哲郎认为是土质不同导致的，新加坡的土是泥土，而槟城的土是布满沙子的岩石。东南亚与印度都是季风性气候特征。所谓季风是指季节风，冬季大陆温度低，由大陆吹向海洋；夏天与此相反，海洋温度较低，风由海洋吹向大陆。季风现象最明显的是东南亚和印度。狭义上的季风，只表示一个地域的气候。和辻哲郎路过的时候，印度洋风平浪静，但是印度洋狂风大作的情况并不稀奇。漫画家冈本一平在1921年环游世界时候，写下了《纸上世界漫画漫游》（1924年10月，实业之日本社）一书。下图中的"印度洋"只是其中一个画面，并配有文字："进入印度洋时正赶上季风前期，海浪拍打着轮船，上甲板上面的各种器具都漂了起来。正担心船会不会沉，但看到船员们竟愉快地将其捡了起来，也就安心了。"

冈本一平绘"印度洋"（《纸上世界漫画漫游》）。

白山丸号向着亚丁湾—红海—苏伊士湾前进的过程中看到的自然景色，给和辻哲郎留下了深刻的印象。在《故国的妻子》中，和辻写道，"在前往科伦坡的途中，在各港口看到的自然景色总觉得都是东方的颜色"，在日本人看来，也没有什么特别大的变化。但是通过阿登湾时看到的阿拉伯半岛，山上布满岩石和砂砾，绿色全无。深褐色的山，黑压压一片，如同"死尸"般瘆人。经过红海进入苏伊士湾后，看到左边非洲大陆的山，还是与此相同。

大自然有时会给我们带来不可思议的景象。1922年6月19日，地理学家山崎直方在红海目睹了一个形状怪异的太阳。据《西洋又南洋》（1926年2月，古今书院）记载，山崎从神户乘坐日本邮船诹访丸号，开启了第三次欧美巡游。遥望着亚丁湾的灯塔，船继续前行，穿过曼德海峡进入了红海。空气突然变得异常干燥，夕阳缓缓地落在地平线上。不久，太阳的四周出现了如下图"2"中所示的皱褶，然后又如下图"3"中所示，顶上出现了水平山峰的形状，欧洲人惊呼"富士山！富士山"，而后，山顶变为尖尖的三角形，如下图"4"中所示。山崎回答说是"金字塔"。到达苏伊士后，和辻哲郎乘坐汽车行驶在前往开罗的沙漠上。沙漠不像陆地一样固定不变，而是像大海一样时刻在变动。但是，大海生动且具有灵气，而没有植物的沙漠却如同一片死亡之界，人们认为那是"大海与陆地的混血儿"。沙漠里有一栋白色的建筑，那是被周围孤立的人工建造物体，和辻哲郎认为那是"人类在对抗自然"，为此留下了深刻的印象。骆驼从数千年前就被驯化为家畜，搬运柴火和水。如果不从外面搬运进来的话，沙漠里就几乎没有火与水。

乘坐汽车行驶于沙漠对当时欧洲航路的乘客而言，并不是什么稀奇的体验。研究英文的学者金子健二于1924年2月9日抵达了苏伊士。《欧美游记 马儿的

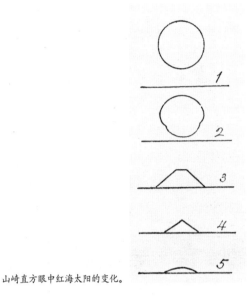

山崎直方眼中红海太阳的变化。

喷嚏》（1926 年 9 月，积善馆）·中描绘了人们沿着商队留下的足迹驱车行驶的情形。行驶距离约 75 英里（约 120 千米），预计 3 ～ 4 小时能抵达。但是行走到 59 千米处的沙漠正中间时，两辆车中的其中一辆发生了故障，此时是下午 3 点半。经过商量后决定，由剩下的一辆车将客人送到开罗的酒店，然后再返回来。在沙漠中等待的这种珍贵体验，让金子再次意识到自己身处沙漠这一事实。33 英里的沙漠行程中，他们只遇到三个当地人。人家自不必说，连河、湖、树都没有。只有骆驼的尸体，横七竖八地躺倒在"沙漠之海"中。直到傍晚 7 点，汽车才修理完毕，终于可以行驶了。大约走了 30 分钟后，看到迎接他们的车从对面开过来。

19 世纪后半期至 20 世纪上半期，利用欧洲航路的日本人不在少数。但是

①　　　　　　　　　　　　　　②

③

这三幅图收录于《世界地理风俗大系》第七卷《西亚》（1930年6月，新光社）一书中，描绘了阿拉伯的风土和那里人们的生活情形。①《红海岸的混血儿》中解释说，"红海沿岸除了纯粹的阿拉伯民族外，还居住有不少黑人和混血儿。这些混血妇女和孩子的身上，混有自古以来输入到阿拉伯的黑人奴隶的血。"②是亚丁湾的储水池。③是傍晚行走在沙漠中的商队。

像和辻哲郎那样，通过个人体验，将风土作为"人认识自我的方法"而加以理念化的，再无他例。和辻哲郎将风土与人的存在样式相结合起来的这种思考方式是很有魅力的。只是这种魅力，看起来有些危险和表里如一。例如季风区域，和辻在《风土》中指出，中国和日本在内的东亚沿岸一带属于季风区域，并以"湿润"为主，"一般而言，季风区域的人的性格是逆来顺受，忍让型的"，而南洋与印度是"典型的湿润"型气候，因为南洋没有促进生产力发展的"机缘"，所以"南洋式的人"没有体现"文化的发展"。相反，在亚丁看到的岩石上草木不生的那种阴暗凄凉，则不单纯是"自然的性质"，而是将其视为"人的存在形式"。那里的整个世界都是"干燥"的。这种"干燥"，不仅形成了阴森的岩山与沙漠，还塑造了"阿拉伯式的人"。

和辻哲郎欧洲旅行的第二年，日本邮船公司出版了《渡欧指南》（1928 年 2 月）一书，据书中记载，各停靠港口的停泊天数分别为：新加坡一日，槟城半日，亚丁只有几个小时。此外，在离开横滨的第 37 天抵达了苏伊士，第 38 天抵达塞得港，在那里停泊了半天。到达苏伊士，到离开塞得港的这段时间是允许乘客在埃及游玩的时间。和辻与其他乘客一起上了岸，用有限的时间进行了观光。若说《风土》的理念有缺陷的话，其理由可能就在于，没有实证来支撑"南洋式的人"与"阿拉伯式的人"，因此造成了真实性的缺失。

[31]　船医的视角——晕船、心理失调与优秀船客的回忆

载有游客前往海外的客船与客货船，必须有齐备的船医诊疗系统。长途航海中如果有人生病，当务之急是进行船上治疗。同时也需要判断是否需要在停

靠港口下船住院治疗。除了要应对游客们的普通疾病外，还有晕船问题。在船上当了三十多年水手的加藤久胜在《海员夜话》（1931年6月，祥光堂书房）中写道，对晕船缺乏抵抗力的体质的人，不适合当船员与海军。加藤通过亲身体验得出的结论认为，日本人属于"晕船体质"，特别是女性的抵抗力很弱。有传言指出，政治家床次竹二郎在船上"躺了一个昼夜就从日本航行到了美国"。据说从船离开日本起，他就一直躺在床上，直到抵达美国后才起床。但是抵抗力只不过是相对的，加藤坦言他自己现在也会晕船。

矿山工程师仓田龟之助在前往德国亚琛工业大学留学时，于1926年（大正十五年）7月22日从神户乘坐了箱根丸号。他在《欧美行脚》（1934年1月，杉野龙藏）中记载道，从上海起程驶入东海后，他的身体状况就变得不好，出现了腹泻和呕吐的症状。于是就让船医在诊察时间内来看了看，让他服了药，还用怀炉温暖他的腹部。船医告诉他，坐上邮船的前十天里，有一半乘客都会出现"原因不明"的腹泻症状。

从船医的视角来，船上生活又呈现出怎样的景致呢？曾任日本邮船欧洲航路船医的户田一外将自己十年的见闻写成《船医风景》一书（1930年7月，万里阁书房）。据户田介绍，经过长时间的航行，乘客与船员的心理都会出现异常。特别是在苏伊士与科伦坡之间的航路上，去程和返程都发生过一些状况。有一次，一对英国夫妇在香港上了船准备回国。船内有一种叫"斯威普"的游戏，即通过抽签选择自己的号码，如果选中的号码和当天船前进的英里数一致，就中奖了。这对夫妇挑战了三个星期都没能中奖，所以不再玩这个游戏了。但在一位时髦的美国女子的劝诱下，丈夫又去玩了。为此，妻子气愤不过，走向极端，在红海入口附近要跳海自尽，但幸好被水手拦住了。

航行途中，船不会在一个港口停留太久。据《欧洲航路预定航海天数及距离》（《渡欧指南》，1928 年 2 月，日本邮船）记载，从横滨到安特卫普的途中有 14 个停靠港口。其中，在伦敦停留了 5 天，这种情况很少见。神户 2 天、门司、上海、香港、新加坡、科伦坡、马赛各 1 天，槟城、塞得港停留半天，亚丁、苏伊士、那不勒斯、直布罗陀只停留数小时。各地都有关于船员风流故事的传言，指出他们会在停靠港口与当地的女子进行短暂的恋爱。户田一外在《船医风景》中写道，船员"品行不检点，在停靠港口沉溺于游玩，满足了低劣的性趣味，却也因此染上了性病"，但是，这种认识也只不过是一种单纯的表面印象。实际上，船员中花柳病患者的比率不超过 8%，与岸上的人们相比患病率小得多。

欧洲航路上船医的工作不单单是对患者进行诊疗。在一等船客享用三餐及进行甲板游戏时，要轮流招待船长、设备工程师、一等驾驶员、事务长、船医等五人。要想成为接待员，需要具备以下几个条件：首先是会讲外语；其次是了解西方礼仪；再者是衣着得体，不能让别人感到厌恶；此外，船内游戏的基本知识也是很重要的，必须要能担任桥牌和象棋的对手，有时也有人要求他们讲解甲板高尔夫的玩法；如果再会跳社交舞，还有一点音乐素养的话，那就再好不过了。

下图（右）是《船医风景》中收录的甲板高尔夫的一景。书中还收录有英文说明，指出"英国人至今还不会玩这种游戏"。所谓的甲板高尔夫，是在甲板上设置 9 个洞穴，用球棒击打代替球的 5 个圆盘，将其打入洞中的游戏。游戏的洞穴，是日本邮船贺茂丸号外国人船长与设备工程师两人做的。图（左）《甲板高尔夫》（*Deck Golf*）是美津浓公司制作的钢印版说明书，发行年月不详。

《甲板高尔夫》钢印版说明书。比赛场的面积及布局图没有特殊规定。比赛2～3人一组，通过审判来决定胜负，最低5人即可开始。

浅间丸号甲板上举行的甲板高尔夫的一幕（户田一外《船医风景》）。户田在书中介绍，甲板高尔夫是日本邮船上"有意思的游戏之一"。

　　即便擅长英语，掌握西洋的礼仪，对船内游戏了如指掌，有时也会犯大错。下图是运动会的时候在甲板上举行的名叫"猪尾巴"的游戏。绘画技术好的人在开阔的甲板中央，用白笔画没有尾巴的猪。如果船上有著名的画家，就会画漂亮的猪。竞技者离猪三四间（5.5～7.3米）开外的地方被蒙上眼睛，然后转三圈，面向画的方向站立。然后手拿别人递来的白粉笔，画出猪尾巴。

　　户田一外也参加了这个游戏。英国的外交官夫人被公认为"船上最美丽最有气质"的女性，于是参赛者们便委托她坐在一旁的藤椅上，担任裁判的角色。比赛者在意想不到的地方画了猪尾巴，引得围观的群众捧腹大笑。不久就轮到

户田一外《船医风景》中记载,"画猪尾巴"竞技比赛时,数百人乘客及船员围在周围。围观最好的场所是坐在藤椅上,据说那是妇人席。该照片就是书中收录的竞技场景。只是这张照片中,女性们站在右侧,左手靠里的藤椅上也能看到打着领带的男士坐在上面,大概规定也不是很严格。

户田了。一心想得一等奖的户田,从裁判旁边的大箱子的一角目测到猪尾巴位置的距离,朝着箱子走了过去。左手搭在甲板上,想要够到箱子后,再从下面伸出手去画。吵闹的观众瞬间变得鸦雀无声。他没在意继续往外伸手,突然触摸到了某种柔软的东西,接着就听到了女性的叫声和倒地的声音。原来户田把手伸进了女士的裙子里了。他逃也似的回到了房间,一直到晚上都不敢出门。

户田一郎多年担任日本邮船欧洲航路的船医,很多邮船都给他留下了回忆。

印象很深的一条船，是1914年6月在长崎三菱造船厂完工，并在20世纪20至30年代服役的伏见丸号，10940吨。船造好的时候，户田作为"验收员"被派往长崎，进行医务室与病房设备的验收。同一系列的船舶还有同年在长崎完工的英式风格的诹访丸号，神户川崎造船厂造的德式风格的八坂丸号，伏见丸号的装饰是日式风格。三菱为了伏见丸号的装饰，还专门派工程师到京都周边，考察了桃山时代的装饰与雕刻。得益于西本愿寺书院及桂御殿等的视察，才有了船内的设计。

户田一外验收完医疗设备后，乘坐陆上交通返回了东京。在途中看报得知，净土真宗本愿寺将派第22代法王、探险家大谷光瑞乘坐首次航海的伏见丸号前往科伦坡，去印度进行考察。户田很想参观一下西本愿寺书院，便在京都下车，特意申请参观书院。两周之后，伏见丸号从神户港起程了。航行途中户田听了大谷的演讲，请他喝了茶，还一起下了围棋。交往日益密切后，户田还请赐过墨宝（绘画），大谷答复他返程时会从新加坡乘坐伏见丸号，那时再为他作画。但是户田患了肠伤寒，为了疗养不得不在伦敦下了船。

几年后，户田一外被指派到常陆丸号上工作。在常陆丸于1917年9月被伪装的德国巡洋舰击沉前的那次航海中，大谷光瑞偶然从门司港上了船，前往香港。大谷想要胃药，户田拿给他后，大谷很高兴。户田再次请赐墨宝，大谷不仅为他写下了《放浪漫记》（1916年2月，民友社）中的一段内容，还另在一张匾额上写下了"是吾庐"三个字。这是因为大谷非常敬重的德富苏峰的别墅门口，就挂着一张写有"爱吾庐"的匾额。户田想着如果再建别墅的时候，可以挂起来。常陆丸号船长富永清藏也从大谷那里获得了"无量寿"的匾额。"无量寿"是佛教用语，意为"长生不老"。但不幸的是，常陆丸号在下一次航行中

日本邮船公司所编的《日本邮船公司五十年史》中以"新造船的精良设备"为题，对桑港线配置的浅间丸号、龙田丸号、秩父丸号等"浅间丸型客船"进行了介绍。三艘船设备基本相同，浅间丸号全长178米，宽21.95米，深12.95米。十个烹调室可以一次性做1000人的饭菜。两个诊察室中的其中一间可以做手术，还有四个房间配备有抗震动的病床。图为浅间丸号的游泳池（户田一外《船医风景》）。

被德国巡洋舰击沉，富永船长作为责任人引咎自尽了。

　　1928年10月，16947吨重的浅间丸号在长崎三菱造船厂完工，一时成为国内的热门话题。户田一外的亲戚也争相请求，想去参观。开往旧金山方向的浅间丸号在神户港停泊期间，户田招待了七个亲戚。浅间丸号不同于日本邮船公司之前的船舶，不是客货两用船，而是单纯作为客船设计的。一等可乘坐239人，二等96人，三等504人，加上船员300人，可容纳人数超过1100。一等船室 96 间中有 35 间带有浴室。上页图为浅间丸号的泳池，周围立有意大利产的大理石柱，是模仿"古代罗马浴场"的奢华制作。

在连接欧洲和美国的北大西洋航路上，进入 20 世纪后出现了 2 万吨级的客船。20 世纪 10 年代上半期，又出现了 5 万吨级的客船。46328 吨级的英国豪华客船泰坦尼克号与冰山相撞而沉没，是在 1912 年 4 月 15 日。据说当时船上船员和乘客一共有 1513 人。此时的客船已经不单单是交通工具了，那是因为，日本邮船欧洲航路迎来了具备海上大型酒店功能的时代。

[32]　船上的异文化体验——法国、英国、德国和日本的邮船

只有亲自置身于异文化中，通过与他者进行交流，才会正视自己与他者的本质问题。这不是踏上欧洲的土地才产生的问题，而是欧洲航路的出现，首次让日本人有机会遇到了这个问题。1928 年（昭和三年）4 月，乘坐"箱根丸号"赴欧的英国文学的研究者本间久雄在《滞欧印象记》中写道，"我们离开日本远赴海外，也许实际上就是为了看清日本。"本间在吸烟室的一个角落里找到了陈旧的留声机及一些长呗的唱片。唱片虽然受了严重的损坏，但每晚都有很多爱好者聚在一起专注地聆听。随着箱根丸号越行越远，日本的文化越来越鲜明地浮现于脑海中。那是因为与外国文化进行对比后，日本的轮廓更为清晰了。

欧洲航路上除了日本邮船公司的邮船外，还有英国、德国、法国等的邮船。乘坐外国的邮船，会发现船舱规格有所不同。1921 年 8 月 4 日从神户乘坐"克

赖斯特丸号"的洋画家小出楢重，翌日给石滨纯太郎的信（匠秀夫编《小出楢重的信》，1994年5月，形文社）中这样写道，"无论怎么说克赖斯特丸号还是德国船，对日本人而言镜子的位置太高了，只能略微看到自己的眼睛。"这是因为德国人大多身材高大的缘故。通过镜子高度的差距一事，小出想必深刻地感受到自己正走向未知的欧洲。

欧洲航路经停的各国港口，很多都是殖民地或租界地。大部分情况下选择乘坐哪国的邮船，目的地自然也就与该国相挂钩。1928年春天，在横滨正金银行里昂支行长期工作的随笔作家泷泽敬带着家人从马赛出发，开启了前往横滨之旅。泷泽曾拿不准注意是该乘坐日本邮船还是法国邮船。据《法国通信》（1937年5月，岩波书店）记载，因为在待遇和食物方面吃过欧洲航路英国邮船的苦头，所以一开始就将其排除在外。而德国、荷兰、意大利的船中途需要换乘，也从选项中被勾除。考虑的最终结果是，泷泽选择了插图中的法国邮船"阿拉米斯号"。乘坐法国邮船的好处，泷泽总结了如下六点。

第一是可以看到日本邮船不停靠的吉布提和西贡。吉布提是连接红海和亚丁湾的巴布尔·曼迪布海峡沿岸的港湾城市。泷泽敬一想亲眼来确认法国的殖民地与科伦坡及新加坡有何不同。第二是伙食好。日本邮船与外国船相比，提供"超级上等"的西餐。但是，食品的采购，去程只有神户，返程只有安特卫普。与此相对，法国邮船在每一个停靠港口都采购新鲜的鱼、肉和蔬菜来做法国料理，所以口碑也是日本邮船"望尘莫及"的。此外，葡萄酒也可以像水一样喝也是吸引力之一。不过，话也不能说得这么绝对，必须有所保留。比如，近藤浩一路在《异国膝栗毛》中写道，"科伦坡一带采购的"生鱼片和鳗鱼之大小和颜色就令人不快。第三是孩子的玩伴很多。法国船因为要运送殖民地和本国之间

法国邮船阿拉米斯号（泷泽敬一《法国通信》）。该书记载，阿拉米斯号在停靠的吉布提是"煞风景的炎热港口"，到处都是看似盐田的"白色金字塔"。法国投资完成的通往阿比西尼亚的铁道映入眼帘。邮船在此囤积了大量的牛肉和蔬菜。到达西贡后，大部分法国人都下船了。这里是受殖民省的指令行事，决定任地和角色。港口交替上演着悲喜交集的情景。

往返的军人和官员的家属，所以有很多孩子乘船，多的时候有七八十人，为此还专门为儿童准备了菜单。第四是船费没有太大的差别，但是设备很好。法国船的船室，有两张非蚕棚式的床、带镜子的衣柜、沙发、电扇、水龙头等设备。第五是如果两个大人两个小孩申请客舱的话，日本邮船收三个半人的船费，法国船仅收三个人的船费就够了。第六是小费便宜。

从泷泽敬一的比较来看，选择不同国家的船只，能体验到的文化也截然不同。当然，选择法国邮船，也有其自身存在的问题。船上除了法语之外别的语言不通，这点需要事先考虑，当然像泷泽那样在法国长期生活过的人没有问题。语言不通的话，生病的时候就会遇到很大的困难。无论哪个国家的船医都有相当的水平，但是法国的治疗方法与德国及其同一系统的日本治疗法不同。而且船上的男侍者数量少，叫了也不一定马上就能到。卫生也没有日本船那么周到。在停靠港口的午餐开饭时间也不准时。对短途观光的实施也不积极。

即使是习惯了法国文化的泷泽敬一，对在船上贩卖棺材一事也感到十分不舒服。当然这不是特产。当有人感染传染病去世时，就把他的遗骸放进棺材里，在船内一直保管到回国。如果不想在海上水葬的话，这倒是十分便利。船内还设置了邮局支局，因为是法国的邮局，即使在神户与横滨之间航行时，邮寄到东京，也要收取到外国的费用。相反，寄去巴黎的话，会按国内邮寄来对待。令泷泽感到非常欣喜的意外之幸是洗澡。日本邮船规定一人一刻钟。但是，法国人没有每天洗澡的习惯。因此除去下午茶前后的时间，随时都可以入浴。

先在三井物产，后在东洋棉花公司工作的实业家塚田公太于1907~1921年的近十五年间，一直在印度工作。1927年7月，塚田时隔很久再次造访了印度，继而又乘坐英国、法国、意大利的邮船，从东非前往意大利。在塚田看来，各国的邮船又有哪些不同呢？从印度西海岸的孟买前往非洲东海岸的英属肯尼亚的蒙巴萨，塚田乘坐的是英国邮船"卡拉帕拉号"，他在《外游漫想精髓》（1929年12月，浅井泰山堂）中写道，船舱设备陈旧，非常不便。海上航行了20多天，却没有洗衣的服务，饭菜的难吃就更不用提了。第一次世界大战以前，亚洲地区的英国邮船都很精良，从孟买到上海的邮船在设备、纪律、卫生、伙食等方面都颇受好评。但是近年来，随着其他国家船舶的进步，英国的邮船在逐渐衰退。

《世界地理风俗大系》第五卷《印度》(1929年8月，新光社)中介绍，孟买是印度西海岸的重要港口，人口78万。因为街市都是"欧洲人建设的"，所以"与印度其他的城市不同，几乎感受不到印度的气氛"。图为该书中刊载的孟买近代都市景观照，图中左下角的建筑是孟买的中心地。

　　从印度起程的英国邮船，东亚方面有日本邮船，西欧方面有法国、意大利的邮船与其竞争，苦于应对。在乘坐英国船达20多年之久的塚田公太看来，海运大国英国衰退的迹象非常明显。从非洲东海岸的达累斯萨拉姆到塞得港，塚田第一次尝试乘坐法国邮船。习惯了英国邮船的塚田，深切感受到了二者的文化差异。英国邮船对船员的训练很周到，法国邮船从船员到男侍者都很有亲和力。英国邮船在甲板上的运动很盛行，法国邮船玩扑克是主流。与英国邮船相比，法国邮船上很少有人种歧视。最显著的差异在于饮食，法国料理非常好吃。

在亚历山大港视察完棉花市场后，塚田公太乘坐意大利邮船前往那不勒斯。该船为埃斯佩里亚号，是2万吨的客船，设备的豪华程度令塚田瞠目结舌，感觉像是大型"酒店"。当然，在连接欧洲与美国的北大西洋航路上，超大型"酒店"级的客船并不稀奇。但是除去北大西洋航路外，塚田称赞埃斯佩里亚号是"世界上最高级的客船之一"。

倘如各国的邮船分别能体现其本国文化的话，那么日本人选择日本邮船最大的理由，则在于熟悉而亲近的日本文化。虽然也存在个体差异，但在衣食住

"亚历山大港"（《世界地理风俗大系》第十七卷《非洲》，1928年12月，新光社）。该书记载，亚历山大港有日本棉花公司的分店，为此横滨正金银行在此也开设了分行。该书还对亚历山大港与塞得港的区别进行了说明，塞得港是"日本制杂货的聚集地"，但是亚历山大港涉及"埃及贸易的九成"，担任着"向日本进出口"的职责。

中最保守的当属饮食文化了。大丸吴服店常务董事大石喜一结束了对欧美百货公司的考察后，于1926年10月8日从塞得港乘坐"鹿岛丸号"归国。大石在《新国古国》（1927年6月，吉村重辉）中写道，选择日本邮船的理由，便是想吃日本料理。9日晚餐的菜单中，有他期待已久的鳗鱼饭。一行人用一次性筷子，享受着久违的鳗鱼饭。之后，还陆续供应了亲子盖饭、火锅、茶泡饭、鸡肉饭、年糕小豆汤、和式点心等日本美味，大快朵颐。

第二次世界大战前，很多日本男性即便外出期间穿西装，但回到家后都换上了和服，为的是能放松一下。在船上，去食堂就餐则相当于外出，回到船舱就相当于回到自己的家。只是船舱的空间狭窄，所以很想到舱外放松一下。小说家木村毅便是这样一个人。1927年5月21日，木村从横滨乘坐白山丸号前往欧洲，从上海起程后他就感觉穿着西服很不自在。据《巴黎情痴传》（1931年2月，千仓书房）记载，木村想穿着浴衣到甲板上去，便和甲板上的男侍者商量。男侍者告诉他，如果西方的女士们能接受的话就无所谓了。想穿浴衣到甲板上的不只木村一个人。木村写道，征得西方女士们的同意后，船舱里的日本乘客都很高兴。之所以能够达成这样的交涉，也是因为木村毅乘坐的是日本邮船。

[33]　金子光晴与森三千代用一年时间抵达马赛

诗人金子光晴与森三千代于1928年（昭和三年）9月1日开始了经由东南亚前往巴黎的旅行。日本邮船的欧洲航路，从横滨出发43天就能抵达马赛。但是因为没有准备充足旅费，金子花了一年多时间才抵达马赛。同年11月，他从长崎到上海。在上海停留了近半年，第二年5月才抵达香港。据金子的《骷髅杯》（1971年5月，中央公论社）记载，为了筹措旅费，他在日本人俱乐部举办了个人画展。他花了近两个月的时间，在宣纸上画了约60幅水彩画。但是，展览的收入还不够支付旅馆的住宿费。"四面受困"的二人，对旅馆费进行还价且支付后，便前往新加坡了。

金子光晴到了新加坡还继续写生，但很难用水彩表现出热带植物及郊外深红色泥土的鲜明色泽。画作好不容易达到了日本人俱乐部的要求，销售状况却

苏腊巴亚市区。因为地处热带，所以白色服装十分醒目（《世界地理风俗大系》第四卷《南洋》，1929年3月，新光社）。《昭和六年七月　社团法人苏腊巴亚日本人会章程及内规》（苏腊巴亚日本人会）中记载，该会创立于1927年2月4日。两年后，金子光晴在此举办了个人画展。

不佳，连去巴黎的旅费都没筹集到。之后二人又去了爪哇岛的巴达维亚（今雅加达）。1854 年后，爪哇归于荷属东印度群岛，首都便是巴达维亚。7 月 20 日，二人前往爪哇乘坐的是荷兰邮船公司 KPM 号邮船，买的是二等舱船票，但是付完船费之后，积蓄就耗尽了。

金子光晴在《马来兰印纪行》（1904 年 10 月，山雅房）中记载了此次乘船旅行的情况。在一个名叫"MIJR 号"的小船船舱里，备有电风扇，只是吹过来的都是热风。不能晒太阳的森三千代为了避开光线，整日躲在船舱里。第二天的午餐，是荷兰风味的烘焙土豆。二人就这么在荷属东印度群岛游荡，直到 10 月中旬才返回新加坡。据《骷髅杯》记载，金子在苏腊巴亚的日本人会上举办了展览，并凑到一笔钱。从巴达维亚返回新加坡时，他乘坐了 KPM 号邮船，是甲板乘客。有个马来西亚男侍者想要帮他搬行李，当告知对方自己是甲板乘客后，男侍者把行李甩在一边狂笑不止。到了新加坡后他把这段话讲给别人听时，还受到日本人指责，说"一等国的国民与印度人一同待在甲板上旅行，不但有悖常理，还是国家的耻辱"。

森三千代的《女性之旅》（1941 年 9 月，富士出版社）中关于爪哇旅行的回想，与金子光晴的《马来兰印纪行》是姊妹篇。其中收录的《巴达维亚日记》8 月 17 日的内容中写道，"上午背诵法语单词。什么时候能去，现在还不知道。法国非常遥远，日本则感觉更遥远"，文中流露出难以抵达巴黎的焦灼之情。金子在苏腊巴亚赚到的钱，还是不够支付二人从新加坡到马赛的船费。于是便决定让森三千代先行一步到马赛，等金子挣够了钱再赶过去。11 月中旬森三千代只身一人乘船出发了。金子在《骷髅杯》中写道，"船渐行渐远，透过船底的圆窗，看到她的身影变得越来越小，不曾流过泪的我，还是情不自禁地流下了泪水。"

送走森三千代后，金子光晴沿着马来半岛西海岸，向北穿行。从槟城再次去了荷属东印度群岛的苏门答腊。金子在《马来兰印纪行》中写道，侨居棉兰的日本人有两种类型。新式日本人是"日本商品进出口的随从"，是"带着相当充分的预算方案与资金前来的人"。与此相对，旧式日本人是"身无分文迁居过来的人"。前者属于一等舱、二等舱船客的阶层，后者相当于三等舱船客的阶层。在马来半岛与苏门答腊的只身旅行中，金子终于挣够了去马赛的船费。他从槟城返回新加坡，12月乘坐诹访丸号去巴黎了。毋庸置疑他乘坐的是三等舱。

金子光晴在荷属东印度群岛和马来半岛足足生活了5个月之久。《马来兰印纪行》就是以这期间的见闻为基础，将人事融入自然的方式写成的。同是前往马赛的旅行体验，金子与和辻哲郎形成了鲜明的对照。虽然都是以移居到两个地区内地的日本人为中心，但金子通过田野调查，将季风地区的风土与人际关系用文字定格了下来。这种叙述真实地传达出了观念形成前实地调查的真实性。具体方法是对当地的风物和人进行观察并将其画成画，以此挣取船费。这种事情也只有为生活所迫的金子才能做到。

金子光晴一般会从一个很低的视角来观察人和事，这在欧洲航路的描写中也一以贯之。他的《睡吧巴黎》（1973年10月，中央公论社）一书在旅游业旺盛时代的欧洲航路游记中独具特色。日本邮船诹访丸号的三等舱是八人间，已经有四个日本人在房间里了。房间里充斥着"让人作呕的油漆味，热水洗衣服时发出的污垢水汽，和其他难以名状的气味"。打开船底的圆窗，会吹进凉爽的风。但是因为是船底的房间，船晃动幅度大的话波浪就会打进来，所以他们被海水浸得全身湿透。

在槟城停泊的谏访丸号（山崎直方《西洋又南洋》）。该船 11758 万吨，1914 年 3 月出厂于长崎三菱造船厂。据 1928 年 2 月发行的《渡欧指南》（日本邮船）记载，新加坡到马赛的三等船费是 22 英镑，为一等 A 的四分之一。

三等舱的伙食与船舱内的臭气同样令人不快，那是"让人难以下咽的饭菜"。但是，因为船费包含了一日三餐，到马赛这段路上不至于再挨饿。这对经济不宽裕的金子光晴来说，足以让他安心了。但金子还需要买一样东西，那就是鞋。因为在新加坡、爪哇、马来半岛、苏门答腊等地一直流浪，鞋底破得修也修不好了。但他又没有能力到百货商店去买英国制的鞋，所以只能买中国制的便宜货。金子想南方华侨最后一个大市场估计只有槟城了，便利用停靠期间下了船，砍价之后以定价三分之一的价格买了双新鞋。

在另外一个三等舱里，有四名中国留学生。从槟城到科伦坡的印度洋上航行期间，金子突然问男领班是否可以搬到那个房间。因为是八人间，有空床，金子想要闯入中国人和睦的生活空间中。金子斜瞟着困惑的领班，整理了行李后便搬到那个房间了。中国人感到很诧异，房间里的气氛一下子变得很尴尬。当时无论去哪个殖民地，日本人和中国人的关系都很僵。闯入者金子有一种"很狂妄的想法"，他想，"以个人身份友好相处，难道不也能成为两个民族和解的契机吗？"不过，金子对两位女性中的那位"长得丰满时尚的十七八岁女孩"很有好感，也是事实。

中国留学生乘坐的三等船舱，采光用的圆窗在印度洋航行期间一直没有打开过，也没有换气。因此，船舱里都是"异样的体臭"和"奇怪的发酵味"，让人感觉身体"变质、腐烂了"。金子光晴的闯入一时成为船上的谈资。领班佩服地说："金子先生果然精明。（中略）这船上，最诱人的地方就是这里了。"金子通过文字与中国人进行交流。其中一对已经订有婚约，另外一对还没有确立关系。订有婚约的那位女士毕业于鲁迅担任校长的上海一所女子学校。金子对后者姓谭的女子有好感。虽然语言不通，但是作为"恋人"也是很有趣的。

在科伦坡下船后，金子光晴顺路去了"船舶粮食采购的 N 兄弟三人之一"的商店。据说在欧洲航路上，N 一家颇受好评，其他的兄弟都在新加坡和塞得港经商。"N"大概是南部的意思。金子享受着与谭姓女子之间微妙的关系。在科伦坡前往亚丁的途中，深夜谭姓女子熟睡期间，金子还摸过她的腹部。到了马赛，金子还拉着她的手一起散步。金子想，"如果再能有一个星期的余裕，即使是相互之间语言不通，身体和心灵也能自然相通。"但是，到了马赛，欧洲航路之旅就结束了，他们二人的关系也走到了尽头。

南部兄弟商会的广告。塞得港的本部建成新加坡与科伦坡支店（新加坡日本人俱乐部编《行走在赤道》）。据该书记载，英属马来地方全境的日本人数量在金子光晴及森三千代访问的 1929 年是 8728。1920~1937 从 5000 多递增至 8000 多。

　　金子光晴和森三千代约好在巴黎碰头。森三千代在一个半月前曾路过马赛，导游还记得她。在横渡印度洋期间，森三千代发了高烧。到达马赛的时候，虽然病情有所好转，但仍高烧近 40 摄氏度。马赛的日本人都很担心，劝她休养一个月再前往巴黎。但是，森三千代留下一句"如果要死，我也要踏上巴黎的土地再死"，便趁着夜间赶赴巴黎了。事到如今，已经不能再与谭姓女子勾搭了。金子乘坐夜行列车，第二天就到了巴黎，接着赶到日本大使馆，在常驻日本人名簿上查到了森三千代的住址。在卢森堡公园附近的图尔农大街一家酒店的小出租屋里，两人顺利团聚。

第六章

法西斯主义的脚步与第二次世界大战
1931~1945

1931 年爆发的"满洲事变",进一步发展成了第二年
1 月因海军陆战队和中国第十九路军的交火而爆发的
第一次上海事变。这一年在上海的日本人总数达到了
25009。在上海有"内外棉""上海纺织"等多家日本
纺织工厂,占中国国内纺织工厂总数的大约三成。虹
口一带集聚着日本商店,形成了日本人的街道。事变
发生后,难民自发集聚到港口。上图为日本邮船"长
崎丸号"接回日本难民时的场景(《周刊朝日临时增刊
上海事变照片画报》,1932 年 2 月 22 日)。战争将客
船变为避难船,而十年后爆发的"大东亚战争"将被
征用的客船——逼入绝境。

[34]　满洲事变与第一次世界大战引发的难民运输

　　20 世纪 20 年代兴起的旅游热，一直持续到了 20 世纪 30 年代。这一时期出现了大量关于欧洲航路的游记。与此同时，第二次世界大战的乌云也在逐渐聚拢。视察欧洲各国达半年之久的法学家松波仁一郎于 1931 年（昭和六年）8 月 9日在那不勒斯乘上了"榛名丸号"。松波第一次到欧美留学是在 1897。据《睁眼一瞥》（1936 年 9 月，大日本雄辩会讲谈社）记载，抵达香港的松波深深感受到了这三十年的时光变迁。此前，英国的管辖区域集中在香港岛，香港岛的对岸只分布有少数租界，当时还是一片原野。而如今这片原野却摇身一变成为一个拥有 20 万人口的城市，加上香港岛，总人口已经超过了 80 万，这里也已经建成了可以停泊巨轮的港口。

　　让松波仁一郎感受到今昔强烈对比的，不只是街市的繁华。1987 年 8 月，当他乘坐 2000 吨级的英国轮船"安科耐号"到达香港时，没有一艘挂着日本国旗的轮船。但 1931 年 9 月 3 日，当他再次到达香港时，却看到港口停靠了十几艘日本邮船，总吨位超过了 12 万吨。日本邮船公司的美洲航路上，有以香港为始发港的航船，这次停靠在港口的除了榛名丸号之外，还有笃崎丸号、龙田丸号和长安丸号。大阪商船也有以香港为始发港的航路，停靠在香港港口的有包括凡尔赛号在内的四艘轮船。除了邮轮（于一定区域间定期往返）外，还有不定期的其他轮船停靠，平常皆可看到十几艘日本船停在码头。

上海同香港一样，在那儿也能感受到日本势力的壮大。9月7日到达上海时，松波仁一郎发现，除了日本邮船和大阪商船之外，还有隶属于国际汽船、川崎汽船、大连汽船、日清汽船的大量轮船进入港口。还有些虽知道船名，却不知隶属于哪家公司的轮船。此外，不只民间的客货船与货运船，以军舰平户为代表的几艘炮舰也停在了港口，让"在留日本人的底气"更足了。日本的经济渗入和军事渗入互相配合。松波写道，由于各国都在"虎视眈眈"，绝对"不可掉以轻心"。

读了市河三喜、市河晴子的《欧美面面观》（1933年7月，研究社）后会发现，读到，晴子也对19世纪的欧洲航行十分憧憬。在松波仁一郎旅行结束之后的两个月，即1931年10月21日，她乘坐诹访丸号从塞得港出发。这本书中收录着晴子写的《印度洋的焦躁》一文。11月3日，晴子在印度洋上，听说了实业家涩泽荣一病重的消息。市河晴子的娘家姓穗积，母亲穗积歌子的娘家姓涩泽。也就是说，晴子是涩泽荣一的外孙女。在甲板上她回忆起了与外祖父相关的事迹，不禁流下了眼泪。此时，天空下起了雨，与晴子的眼泪融为一体。她抬起头，看见头顶上的半边天空像浸染了墨水一般变得乌黑，沉沉的黑云一直延伸到了海面上，这便是印度洋所特有的龙卷风景象。下面的插图是收录在此书中的龙卷风的照片。涩泽荣一去世的消息，八天后被公布于世。

照片"印度洋上的龙卷风",下面黑色的部分是海面,中间黑色的竖线部分是龙卷风(市河三喜、市河晴子《欧美面面观》)。晴子将这次龙卷风称为"连接天空和地球的脐带",空气冷飕飕的。

　　随研究英文的学者市河三喜一起出国的时候,晴子曾经和涩泽荣一商量过,决定把孩子留在日本。涩泽荣一给晴子讲述了自己出国的经历。涩泽曾是德川庆喜的家臣,于1867年(庆应三年)随同德川庆喜之弟德川昭武参加了拿破仑三世在巴黎召开的世博会。那时日本还没有邮轮,涩泽一行人于2月15日从横滨乘坐法国邮船出发,又在香港换乘了另一艘法国邮船。晴子曾经饶有兴趣地阅读过涩泽荣一和杉浦霭人写的《西航日记》,该书是1871年由耐寒同社出版发行的。该书第一卷中记录着在去程中从"锡兰"开往"亚丁"的情形。64年后,晴子在返航途中,经过外祖父曾经渡过的印度洋时,得知了他去世的消息。晴子靠着外祖父曾讲述过的故事和她从书中所读到的内容,想象着外祖父在海上航行时的样子。

　　松波仁一郎回到神户的时候已经是1931年9月10日了。在香港和上海感

1867 年（庆应三年）涩泽荣一在上海拍摄的武士的照片。（涩泽
秀雄《攘夷论者赴欧》，1941 年 9 月，双雅房）

受到的日本势力的壮大，在他回国后，便迎来了一个历史性的转折。9 月 18 日，
关东军炸毁了位于奉天郊外的满铁铁路，声称是中国军队所为，并以此为借口
向中方发起了进攻，满洲事变由此开始。晴子在维也纳听说了满洲事变爆发的
消息，本打算利用西伯利亚铁路回国的她虽感到惊恐，却也无济于事，只得继
续前往布拉格。东欧各国的报纸都在关注苏联的动向。向日本公使馆咨询后，
得知欧洲航路尚且安全，晴子因此将归程改成了经由海路。中日之间的战争进
一步扩大到了内陆地区，在晴子归国之后不久的 1932 年 1 月 28 日，日本海军
陆战队和中国的第十九路军在上海发生冲突，第一次上海事变爆发。

　　第一次上海事变给日本的轮船公司造成了巨大的影响。《东京朝日新闻》
1932 年 2 月 4 日晚报刊载报道《国人陆续从动乱的上海撤回》。报道称，3 日，
日本邮船公司的"生驹丸号"从上海出发，接回以妇女和小孩为主的 1200 名避

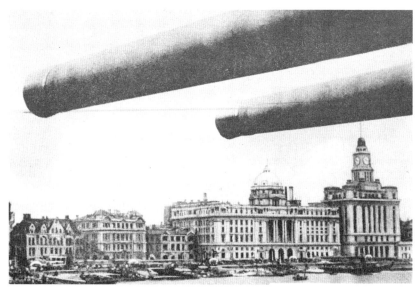

第一次上海事变中指向上海街道的日本军舰的大炮（《满洲事变上海事变新满洲国照片大全》，1932年4月，大日本雄辩会讲谈社）。1月18日，被陆军特务机关教唆的中国人，袭击了日本僧人并致其死亡。书中写道，日本海军于21日从吴军港派出大井号等五艘巡洋舰前往上海。面对日军的挑衅，中国军队组成敢死队，十九路军宣称将提供武力支援。28日，两军交火，日本人居住地区成为战场，难民为了寻求安全场所纷纷涌向城外。

难者。往返于上海和神户的长崎丸号和上海丸号，以21节的速度全速航行在上海和长崎间，马不停蹄地运送着避难人员。每次可以运载1500人，船上搭载了大量的医生和护士。日本邮船公司到7日为止，大约接回了6500人。另一方面，欧洲航路的香取丸号，旧金山航路的大洋丸号，孟买航路的加贺丸号，因为事变的爆发中止了在上海的停靠。但是，他们也做好了在必要的时候进入上海港、收容难民的准备。大阪商船公司的两艘往返于台湾的基隆和上海之间的轮船，也被调用来收容难民了。

事变对邮船公司造成的影响不只是难民运送。据《优质轮船建造计划终止》（《读卖新闻》，1932 年 2 月 25 日）报道称，除了难民运输船外基本没有其他客船可用，货运一度停运。日本邮船公司的轮船，除了日中线（长崎丸号、上海丸号）之外，都不再停靠上海。大阪商船的船只也中止了在上海的停靠。除了上海航路，欧洲航路和美国航路上，货主也不再敢把货物交由日本邮船公司运输。保险公司也要求日本邮船公司增加货运的保险金。结果导致货运量大大减少，已有的轮船都闲置了下来。日本邮船公司为纽约航路配置船舶，新造四艘 8000 吨级优质货运轮船的计划也随即终止。

　　这一年，欧洲航路也持续萎靡不振。《欧洲航路低迷状况进一步加重》（《读卖新闻》，1932 年 8 月 13 日）提到，大阪商船公司已经无法维持旗下六艘轮船的正常运转了。8 月，亚马孙丸号停运；到了 10 月，安第斯丸号也停止了运营。根据合同，这两艘船将作为雇用船被收入山下汽船公司三年。作为非定期轮船的亚马孙丸号，在修缮完毕后，将于 8 月在满洲装上大豆后运往欧洲。日本邮船公司的欧洲航路也一度萎靡不振，伦敦分公司甚至一度向总公司请求减少船只数量。不过因为去程的收支还算平衡，总公司没有同意减少船只。

　　两个月后的 10 月，或许是受到了大阪商船减少船只措施的影响，日本邮船的业务状况有所好转。《邮船欧洲往返实况》（《读卖新闻》，1932 年 10 月 30 日）称，由于出口的增加，停靠港口的货物汇集也十分顺利，去程状况良好。但是返程时，因为欧洲的出口量减少，再加上中国货物也不交由日本船只运送，货物只装了百分之二三十。返程途中，由于新加坡港口多出了货物，日本邮船希望增加轮船数量。但是，欧洲航路的配船数量，是由国内外的 22 家轮船公司组成的欧洲运输联盟决定的。货物减少的情况，不只限于日本船只，其他国家的船也是一样的。由于临时的增船请求，需要先经过联盟的同意，因此增船的请求一度很难实现。另一方面，就像《商船欧洲航路全线崩溃？》（《读卖新闻》，1932年12月8日）中所提到的，大阪商船于1933年2月将六艘邮船全部撤出，只保留航路运营权。

以满洲事变为契机，日本国内法西斯主义势力进一步抬头。1932年3月1日，满洲国宣布了《满洲建国宣言》。中日两军于5月5日在上海签订停战协定，按照协定，中日两方的军队都将从上海撤出。十天后，海军青年将校及陆军士官学校的学生们偷袭首相官邸，射杀犬养毅首相，"五·一五事件"爆发。小说家林芙美子于5月13日在马赛登上榛名丸号，6月15日到达神户。她在《三等旅行记》（1933年5月，改造社）中提到，两位日本女士、一位锡兰女士和她一起住在三等船舱的一间房间。虽然三等船舱"热死人"，"每天都几乎吃不饱"，但她却十分轻松地享受着这种生活。

当船在印度洋上航行时，受季风的影响，船体剧烈摇动。三等船舱头顶上的圆窗，宛如海洋馆的展示窗一般展示着海底的风景。锡兰的那位女士还算有体力，而剩下的那三个人都躺在了床上。也不管有没有效果，林芙美子听了其中一位女士的建议，把一个梅干放在了肚脐眼上。在摇晃的船舱内她没法写东西，"每天无所事事"。在这种情况下，她每天的期待就是听无线电传来的日本的新闻。为了能够读到这些东西，她经常往二等舱的黑板那边跑。就这样，她在印度洋上得知了"五·一五事件"。三等舱的乘客们，在仓库一般的三等餐厅里，靠着一点点新闻，一边臆测、一边讨论着日本国内的状况。

[35]　20世纪30年代前期的欧洲航路与名人归国的报道

　　20世纪30年代前期的欧洲航路，因满洲事变和第一次上海事变的战火的影响而蒙上了一层阴云。除此之外，从1929年（昭和四年）10月24日纽约股市的暴跌开始的世界经济危机，给客货船的货物运输造成了巨大的打击。另外，1933年日本邮船公司欧洲航路的船舶也接二连三地发生事故。《门司港内船只碰撞，船体损坏严重》（《读卖新闻》，同年3月12日）一文报道称，3月11日，10413吨级的"笘崎丸号"正要出港时，与正要入港的载有1300名南美移民的大阪商船"马尼拉丸号"相撞。马尼拉丸号的船头、笘崎丸号位于右舷后部的二等舱室外部分，出现严重裂缝，导致无法航行，因此还出动了打捞船（海难救助船）。幸运的是旅客并无大碍，但船舶无法继续出航，马尼拉丸号暂时回到了神户港。

　　两天后，伏见丸号上发生了火灾。题为《乘客和船员均无大碍》（《读卖新闻》，1933年3月15日）的报道称，从槟城出发的"伏见丸号"于3月13日在科伦坡附近的海面起火，并于翌日返回槟城。这艘船上搭载了前去参加戴维斯杯的网球选手伊藤英吉、佐藤次郎、布井良助。日本队在戴维斯杯欧洲赛区的半决赛中败给了澳大利亚，但在温布尔顿选手参赛资格大会上，佐藤和布井的双打组合却杀进了决赛，而佐藤的单打也闯进了半决赛。另外，既是实业家也是小说家（笔名丸木砂土）的秦丰吉也是这艘伏见丸号上的乘客。《"伏见丸号"火已灭》（《东京朝日新闻》晚报，同年3月17日）对这次火灾的情况进行了补充报道，伏见丸号到达槟城时，船上的灾情依然在持续，直到15日下午才被扑灭，19日离开槟城，前往科伦坡。

　　20世纪30年代，虽然经受了战火、经济危机和事故的洗礼，但从日本邮船的旅行指南和手册来看，人们的旅行活动并没有出现消退的迹象。1931年1月，日本邮船公司发行了《欧洲游指南》（见本书第16页），这是1928年2月《欧洲游指南》的修订版。对比二者的目录，1931年版的内容虽然增加了"埃及进出口关税""那不勒斯港关税及手提行李税""海外旅行中主要注意的地方"这些新项目，但是基本的内容构成没有变化。不过，这本指南的总页数由三年前的66页大幅增加到了92页，信息量丰富了很多。

五个月后，日本邮船公司船客科制作了题为"欧洲的日本旅馆"的传单。这是为想要吃到日本菜，希望旅途轻松愉快，期待住进日本人经营的旅馆的乘客们设计的。其中介绍了伦敦的常磐·日出之家，巴黎的牡丹屋、谏访旅馆，柏林的"杨松春子夫人经营"宾馆，那不勒斯"田中尧子夫人经营"的宾馆，罗马的日本馆这些旅店。

JAPANESE HOTELS IN EUROPE

欧洲に於ける日本旅館

昭和六年六月

日本郵船會社船客課

日本邮船公司船客科于1931年6月发行的"欧洲的日本旅馆"传单，通过电报和写信的方式进行预约，上面还写有电话号码。

1929 年 11 月发行的《乘坐邮船周游世界》(日本邮船)于两年后的 7 月再版，1932 年 8 月又发行了第三版。环游世界途中可以转乘的日本邮船公司的航路，除了欧洲航路外，还有旧金山航路(隔周，经由火奴鲁鲁，前往旧金山、洛杉矶)、南美西岸线(一年七次，经由火奴鲁鲁、加利福尼亚，前往南美)、西雅图线(隔周，前往温哥华、西雅图)、孟买航路(每月一次，前往孟买)、日华联络线(每四天一次，前往上海)、青岛线(每月两次，前往青岛)、天津线(每月六次，前往天津)。另外，在大西洋的南安普敦到纽约之间，日本邮船公司和丘纳德轮船公司签订了特别条约。连接美国东西海岸的是横贯北美大陆的铁路，由包括起点站和终点站都不同的几家铁路公司经营。经营着西雅图和东部海岸的是大北方铁路公司(The Great Northern)，这家公司和日本邮船公司签订了特别合约。和各个区间的船票价格相比，环游世界的船票便宜了近三成，而且有效时间为两年，也不需要着急使用。

20 世纪 30 年代前期，伴随着旅游业的繁荣，报纸上经常报道欧洲航路上名人回国的消息。例如，《安藤幸子女史等回国》(《东京朝日新闻》晚报，1932 年 12 月 4 日)报道了出差到维也纳担任比赛评委的安藤幸子于 3 日乘坐鹿岛丸号回国的消息。安藤是日本古典音乐界具有开创性地位的小提琴家，之前一直在东京音乐学校担任教授。乘坐鹿岛丸号的不只有安藤，在巴黎的油画家佐分真和长谷川升也乘坐同一艘船回国。在这一年的 7 月到 8 月举行的第一届洛杉矶奥运会中，担任体操竞技总教练的大谷武一也在船上。担任在苏黎世举办的第一次国际数学家大会副会长，并被选为第一届菲尔兹奖评委会成员的东京帝国大学教授高木贞治也是乘坐这艘船回国的。

1932 年 12 月 12 日，鹿岛丸号到港九天后，靖国丸号抵达神户。据《诸名士乘坐靖国号回国》（《读卖新闻》晚报，同年 12 月 13 日）报道，外交官即驻德国大使小幡茜吉乘坐的便是这艘船。曾担任第九代台湾总督，拥有日本无线电信社社长、贵族院议员等诸多头衔的政治家内田嘉吉也在船上。隶属于国画会的油画家大森启助和椿贞雄也和他们一起回国了，大森当时和费南德夫人在一起。庆应义塾大学医学部预防医学教室的初代教授、担任国际联盟阿片中央委员会委员的寄生虫学学者宫岛干之助也是乘客中的一员。住友钢管的重要人物，之后成为住友金属工业第一代社长的春日弘也在其中。

过完年后的 1933 年 1 月 14 日，诹访丸号回到了神户港。《东京朝日新闻》于 1 月 15 日以附有插图的形式刊载了报道《松内播音员回国》。曾是东京广播电台播音员的松内则三，通过六大学棒球大赛直播博得了极高的关注度。虽然前一年的洛杉矶奥运会没能允许他在现场进行直播，但是他把自己在现场看到的内容通过电台进行实况广播，将比赛的情形传达给了大家。

1933 年 9 月 19 日，《读卖新闻》以 "靖国丸号回国——其中搭载了天才钢琴家井上小姐" 为题，报道了井上园子回国的消息。其实，这艘船上还有画家竹久梦二。竹久于两年前的 5 月 7 日从横滨出发，在美国待了一年三个月，在欧洲待了一年后，于 8 月 19 日在那不勒斯登上靖国丸号回国。但是《读卖新闻》关注的并不是历时两年三个月才回国的竹久，也不是驻德国全权大使长冈春一和画家矢崎千代二，而是在维也纳国立音乐学院留学的井上，她在 1933 年的维也纳国际音乐大赛中获得了特别奖。因为这是在国际音乐大赛中日本人的首次亮相，所以备受关注。

两个月后的 11 月 17 日，笠崎丸号抵达神户港。题为 "笠崎丸号搭载名人回国"（《东京朝日新闻》晚报，1933 年 11 月 18 日）的报道在文章开头便提到了讲道馆柔道的创始人嘉纳治五郎回国的消息。出席完在维也纳举行的奥林匹克委员会之后，嘉纳便开始在欧洲进行柔道的巡回演讲。此外，比利时大使一家、驻伦敦副领事一家、东京帝国大学教授、驻印度武官回国的消息，也在文章中进行了实名报道。欧洲航路日本邮船公司的船舶到港的新闻，起到了告知名人动向的作用。20 世纪 30 年代初期席卷欧洲航路的世界经济危机，到了中期以后便逐渐消退。1934 年 5 月 19 日，《读卖新闻》刊登了题为"日本邮船以重启分红为契机转向积极的经营政策"的报道。连续七个分红期没有分红的日本邮船公司，终于进行了两分分红。这是因为他们预计认为，已经具备进行长期持续分红的能力。日本邮船公司以此为契机，开始着手改进升级主要航路的现役船只。最初的方针是更换欧洲航路的船舶，为取代已经老旧的香取丸、鹿岛丸、

伴随着旅游活动的高涨，日本邮船面向"乘坐国外航路轮船的旅客"，于 1934 年 5 月发行了一本名为"船内注意事项"的手册，内容长达 12 页。船内的礼仪规范按照"国际"标准，严禁穿浴衣、光脚及穿草鞋出门。关于西餐吃法的说明依据的是帝国酒店编的《来自酒店的提示》。浴缸用水除了出浴冲洗水外，用的都是海水。只有日华联络线上的长崎丸号、上海丸号用的是淡水。鞋子只要放在房间门外，服务员将在第二天之前擦好。只要有工作人员的指引，乘客原则上可以参观其他等级的船舱。

伏见丸以及诹访丸号，已经制定了投资建设三艘优质客船的计划。为了和英国P&O邮轮以及法国M·M航运公司抗衡，必须投入10000吨以上经济速力（速度与燃料消耗比）小的16节以上的船舶。此时的日本邮船公司终于具备了放手参与竞争的经济环境了。

在题为"欧洲航路迎来春天"（《读卖新闻》，1935年2月13日）的新闻中，建造三艘10000吨以上轮船的消息被大肆报道。欧洲航路客货运输市场持续繁荣，据说日本邮船公司还制定了建造4艘18000吨级轮船的计划。另外，1932年以来已经停航了的大阪商船，也在讨论重开欧洲航路的问题。有报道称，他们可能会在欧洲航路上配置两艘最新建造的6500吨级的轮船，并在纽约航路上配置定期往返的船舶。国际汽船公司也在讨论建造两艘8000吨级轮船的计划。欧洲航路上的中途停靠港也出现了变化。《欧洲航路将会在基隆停靠》（《东京朝日新闻》，1935年7月1日）中提到，根据拓务省的要求，日本邮船公司决定将从1936年4月1日起开始中途停靠台湾的基隆。

[36] 高滨虚子、横光利一的俳句会和"二·二六事件"

1936年（昭和十一年）2月16日，俳句家高滨虚子乘坐日本邮船公司的箱根丸号，从横滨前往法国，离开门司港的时间是23日。高滨在《赴法日记》（1936年8月，改造社）中提到，这天"横光利一先生也从这个时候开始和我们用同一个餐桌，于是机关长楠窓先生的餐桌上，多了我们父女和横光"。小说家横光利一作为《东京日日新闻》和《大阪每日新闻》的特派员，为了报道第十一届柏林奥运会的情况，坐上了箱根丸号。在他的《欧洲纪行》（1937年4

月，创元社）中提到"我和高滨虚子先生及其女儿，还有上畑纯一先生同一个饭桌"，上畑纯一是高滨的弟子，号楠窓。高滨和横光搭载的这次航班，是箱根丸号经改造后的第一次航行。1936 年 2 月 9 日，《东京朝日新闻》，刊载了题为"轮船欧洲航路面目一新"的文章。看到德国和法国题为"超豪华欧亚联络船"的新闻，日本邮船公司决定在建造新船前，对欧洲航路上的十艘轮船中除了靖国丸号和照国丸号的八艘，以改善乘客乘船体验为目标进行大规模改造：扩大船舱房间的面积，将双层床改造为单层；为了实现房间内部的现代化，添加了

高滨虚子是著名的俳句诗人，所以出发前造成了很大的混乱。《赴法日记》中提到，箱根丸号的会客室内挤满了新闻记者和前来送行的人。在名古屋以西的"国内"停靠地，也有俳句相关人士和新闻记者前来拜访。章子不知是累了还是因为没有食欲睡着了。"船舱房间里熟睡的女儿，宛如寒牡丹。"图为在箱根丸号船舱房间里拍摄的虚子和章子的照片。

挂西服的立柜及浴缸；把定员为 55 人的二等舱和 100 多人的三等舱的定员数减
为原来的一半。新闻出来的当时，第一艘改造的箱根丸号已经进入了横滨的船
坞。接下来的 2 月是诹访丸号和伏见丸号，3 月是笠崎丸号，4 月是石白山丸号
和榛名丸号，5 月是香取丸号和鹿岛丸号，预计在这一年的上半年，将实现对以
上所有船只的改造。改造后的箱根丸号在首次航行所载的乘客中，便有虚子和
横光。

到达上海时，虚子目睹了四年前第一次上海事变的战火带来的伤痕。虚子
因为担任俳句杂志《杜鹃》的主编，到达东亚的各个停靠港口的时候，都有弟
子前来迎接。虚子在船上的会客厅接受了记者的采访。由弟子堀场定祥陪同，
虚子去了江湾镇。那里作为日本军队连队长战死的地方，成为日本旅行者必去
的地点。在公共租界闸北，依然可以看到全毁或者半毁的房屋，让人深深地感
受到炮弹的巨大威力。为祭奠战死者而用白木建造的上海神社，吸引了虚子的
目光。但是，第一次上海事变带来的伤害，不仅仅是对过去的文化历史，它的
影响还一直延伸到了现在。1933 年 3 月，日本脱离国际联盟，1935 年 8 月，政
府发表了"国体明征"声明，国内法西斯主义苗头进一步增强。

箱根丸号出发前往欧洲的十天后，东京发生了"二·二六事件"。皇道派
的青年将校率领 1400 多人的部队，占领了永田町一带。就像林芙美子在欧洲航
路的船上听说了"五·一五事件"一样，高滨虚子和横光利一也是在船上听到
了这个消息。但和作为三等舱的乘客林芙美子通过二等舱的告示板看到了这个
信息不一样，他们是在海图室从船长处得知内阁中有人死伤的消息。虚子写道，
"大家都默不作声地听着这个消息"，并作了一首俳句"今从水仙处，闻得日本
事"。横光利一倒是符合特派员的身份，把一般的乘客听到这个消息的反应都写

無線ニュース

昭和十三年九月〇日 箱根 丸

①

在船内，新闻被贴在了公告栏上。

① 为 1938 年 9 月 2 日箱根丸号的《无线新闻》，登载了台风预报以及重光和李维诺夫（苏联外交家）举行会谈的一般新闻，以及由香港、上海发出的新闻。因为上面写了年月日和船舶名作为题目，所以我们推测其他欧洲航路上日本船舶用的也是同样的报纸。后面是和②（见下页）一样横排的文字，年月日和船舶名都没有标明。

② 为同一天箱根丸号的英文版《今日新闻》（部分）。登载着从贝希特斯加登（阿道夫·希特勒的山庄所在地）、柏林、布拉格发出的新闻。但是箱根丸号 1938 年 8 月 29 日的《今日新闻》中，报纸的题目与 9 月 2 日是一样的，但是纸的颜色有些不同。9 月 2 日用的纸是米黄色的，但 8 月 29 日用的纸是薄薄的红色的，上面介绍的是从布拉格、伦敦、耶路撒冷等地发出的新闻。欧洲航路上的客人既有日本人也有外国人，所以我们推测，船上的新闻是用日语和英语两个版本刊登的。

TO-DAY'S RADIO NEWS

S.S. " HAKONE MARU "   MARU   Y.K.LINE   Friday, 2nd September, 1938.

NAUEN RADIO NEWS

Berchtesgaden: Mr.Konrad Henlein, Leader of the Sudeten Germans who left Asch
in Czechoslovakia on Wednesday evening to pay visit to Fuehrer and Reich's
Chancellor at Berchtesgaden arrived here Thursday where he put up at leading
hotel. No meeting took place on Thursday between Hitler and Henlein states
trust worthy source. The conversations will take place on Friday at Obersalz-
berg. It is considered unlikely that any other leading persons will be present.
Reich's Propaganda Minister, Dr. Josef Goebbels, is only member of Reich's
Cabinet at present at Obersalzberg, but is paying purely private visit Goebbel:
having accepted invitation of Fuehrer to visit him at Fuehrer's home,acompanied
by his family.

Berlin: Rumours circulating here state that after this return from London ,
the British Ambassador in Berlin, Sir Nevile Henderson, had meeting with Reich
Minister for Foreign Affairs, Baron Joachim Von Ribbentrop, on Thursday   at
latters country seat from Authoritative German quarters of from the British
Embassy. At intimate dinner party at the British Embassy on Wednesday night,
the British Ambassador already met State Secretary in German Foreign Office,
Baron Von Weizsaecker. In political circles, it is, however, thought improba-
ble that Henderson made important and political disclosures to Weizsaecker.
It is assumed rather that Henderson himself conveyed verbally to Reich Minis-
ter for Foreign Affairs the standpoint of the British Goverment.

Prague: More optimistic view of political situation prevailed here in all
quarters on Thursday night without their being any concrete reasons for this.
This may be regarded rather as natural re-action from dark pessimism-since
proved be exaggerated-that has prevailed in last ten days. No major negotia-
tions took place on Thursday except for conversation between Runciman and
Benes lasting one and half hours. Otherwise everything now awaits result of
discussion between Konrad Henlein and Adolf Hitler in Berchtesgaden.
The political committee of the Sudeten German party met Thursday afternoon
under chairmanship of Henlein's Deputy Frank. The meeting lasted two hours .
The communique issued at close gives no indication of party's future plans,
but permits conclusion that those entrusted to negotiate on behalf of party
will have further conversations with Benes Friday.
Henlein's journey to Berchtesgaden was expected in political circles here,
therefore, caused no surprise. In the Sudeten German party circles meeting
Henlein with Fuehrer is said to have been matter of course and is expected
to contribute essentially to clarification of situation.

DOMEI PRESS NEWS

Tokyo; The Chinese National Government succeeded concluding one million
Pound Sterling loan contract with Britain, according to the press message
from Hongkong which says that loan be secured on telephone services in south-
western China comprising Kwangtung, Kwangsi, Cunnan and Szechuan, Kwangsi,
Yunnan, Kweichow and Szechuan. The message points out south-western economic
development commission recently organized by Hankow Government for developing
in south-western China with ten million Yuan appropriation.
The message says that first task of commission be construction of railway

②

了下来。打着甲板高尔夫的"年轻乘客们"听到了暗杀的消息后，一齐静默了两分钟，之后像"忘记了一切"般又开始沉浸在打高尔夫球的快乐中。在一旁看着他们的横光，只能感慨"原来也不过如此"。

在停靠港口的上海和新加坡，高滨虚子都召开了俳句会。在上海的月迺家作了题为"霰"的俳句，并在午饭吃完精进料理后进行评选。冬日的2月25日，上海下起了夹杂着雪花的小冰雹。"待到上海风雪停，再来筹划后来事。"在上海，横光利一因为要和旧友内山完造及鲁迅等见面，就单独行动了。但在新加坡的时候，便与虚子同行。他们在有名的植物园吟诗，并在晚饭后召开俳句会。"落日归隐处，乃是椰子林。"（虚子）根据横光的《欧洲纪行》，出席俳句会的，包括虚子在内的20位住在新加坡的弟子。最后，虽然楠窓夺得了评选中的最高分，不过横光也夺得了第四位。虚子选出的横光的作品是"扶桑花儿开，似那水牛车"。

俳句会除了会在中途停靠的港口召开，在船上航行时也会举办。离开香港后，当船行驶在南海上时，机关长上畑纯一也聚集了八人召开俳句会。在南海上时，从玄界滩涌来了一排巨大的波浪。"船窗迎巨浪，该是春潮来。"（虚子）难得和高滨虚子同船，受其影响，很多人也在船上开始尝试作俳句。于是上畑纯一便把他们聚集到会客厅，给他们听虚子俳话和俳句朗读的录音。三月三的女儿节时，轮船行驶到了婆罗洲海域。加上六个新手，大家以"女儿节""更衣"为题召开俳句会。在这些新手中，便有在"二战"后成为著名东洋史学家的宫崎市定，为了学习阿拉伯语，他欲前往巴黎的东洋语言学校留学。虚子作了一首："南海星光下，迎来女儿节。"横光也作了一首，"椰子林荫下，厚衣换薄服"，被虚子选中。之后，这样的俳句会也陆续举办。

在从新加坡到科伦坡的马六甲海峡和孟加拉湾上，备受关注的是戴维斯杯的网球选手佐藤次郎和小说家二叶亭四迷。佐藤在两年前的1934年4月5日在船舱房间里留下遗书，跳入马六甲海峡自杀。横光利一在《欧洲游记》中写道，"晚上九点开始到十一点这段时间，佐藤次郎的事让聚会瞬间热闹了起来。因为这段时间，刚好是佐藤跳入海里自杀的时间。"在这里之所以提到佐藤，除了地点和时间的原因外，还有其他的理由。实际上，佐藤当时乘坐的船便是箱根丸号，船长和服务员都记得佐藤自杀的事。从那时候开始到第二天的这段海域，被称为自杀人数最多的"魔鬼海域"。佐藤从日本出发的几天前，横光还和佐藤一起坐在资生堂店内。夜里，横光独自一人来到甲板上，从佐藤跳下去的地方往下看去。只有那里没有扶手，好像脚下一滑就能掉到海里，想到这里他不禁觉得一阵头晕。

就像东亚局部地区的战况会给欧洲航路带来不利的影响一样，非洲的局部战争也为欧洲航路布下了阴云。1935年10月3日，意大利亚军队和厄立特里亚军队入侵埃塞俄比亚，第二次埃塞俄比亚战争爆发。欧洲航路的船舶一旦进入亚丁湾，左边最先看到的非洲的瓜达富伊角便是意大利占领的索马里岛（即现在的索马里）。再往前行驶，就是英国领内的索马里岛（现在的索马里），再经曼德海峡，便是意大利占领的厄立特里亚（今厄立特里亚）。箱根丸号在对岸的阿拉伯半岛停靠的时候，高滨虚子和横光利一都下船了。《赴法日记》中提到，为了守卫英国领内的索马里岛国境而派出的英国士兵的样子引人注目。

在到达苏伊士之前的红海上，高滨虚子读了《埃及游览》。这是1935年8月日本邮船公司发行的第三版（见本书第189页）。初版和再版的内容是一样的，全书都是56页。在第三版中，删除了"编者的话"这一部分，取而代之的是"观光旅程",全书共 61 页。当小时候学的"世界史"上介绍的地点,真的出现在眼前时,他不免兴奋不已。船进入苏伊士港之前,虚子被邀请登上船桥,随着一等驾驶员手指的方向,看到了西奈山。根据《圣经》的传说,摩西把从上帝那里得来的"十诫"刻在了山上的石头上。在地中海中,从船上望去也有几处让人印象深刻的地方。意大利的撒丁岛和为意大利王国建立做出了巨大贡献的军事家朱塞佩·加里波第(Giuseppe Garibaldi)有着深刻的渊源。法国的科西嘉岛是皇帝拿破仑一世(Napoléon Bonaparte)出生的地方。

在欧洲航路上,高滨虚子想留在记忆中的,不仅是那些世界史上提到的地方,还有那些世界著名的小说里描绘过的地方。1936 年 5 月 8 日,虚子在马赛登上箱根号踏上了归国的旅途。出发后,船长"特意为我们"选择了离陆地近的航路,经过了"岩窟王岛"的北侧。

同年八月,日本邮船公司出版的《渡欧指南》的修订版虽然再版(见本书第 16 页),但在"中途停靠地介绍"中,"马赛"的开头部分却没有介绍"岩窟王岛"。可能和虚子记录的内容一样,是有着特别的考量。自从黑岩泪香于 1901年 3 月 18 日在《万朝报》上开始了《外史传岩窟王》的连载之后,"岩窟王"的名称也被一般的日本人所熟知,其创作素材是大仲马的《基度山伯爵》。从马赛可以乘坐观光船到达作为小说的舞台的伊夫岛,伊夫堡就耸立在岛上。虚子在船上仔细地观察这个古堡,女儿章子则拍下了一些照片。

在日本人的欧洲游记中,经常出现"岩窟王岛"这个地方。田子静江在《为了爱子寻访欧美》中写道,回想起曾经醉心于翻译法国小说的经历,便去到了岛上。从马赛出发一个小时之后,由于当时风浪大作,乘客们全身都被打湿

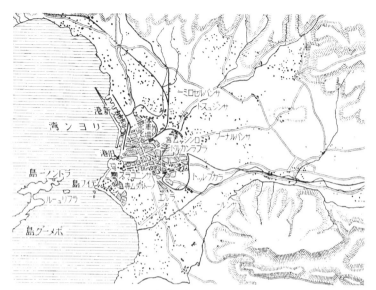

马赛附近的地图（《世界地理风俗大系》第十二卷《法国》，1929 年 2 月，新光社）。
（d'if）岛在这个地图上，不是标记为"伊夫岛"，而是标记为"迪夫岛"。

伊夫岛的外观（泷泽七郎《手握船票》）。

了。阳光照不进牢房，"让人深感残忍"的牢房一间接着一间。泷泽七郎在《手握船票》（1926 年 4 月，明文堂）中也写下了他在参观这个岛时的印象。在黑岩泪香的书中，对"岩窟王"倍感亲切的泷泽，买了蜡烛，在位于要塞的"政治犯监狱"中转了一圈。尤其是特意用来放置埋葬前一周的死者的房间，"鬼气袭人"，气氛颇为恐怖。

[37]　二叶亭四迷传说和豪华邮船时代的开启

1936 年（昭和十一年）5 月 2 日，在高滨虚子和横光利一出发前往欧洲后的三个月后，武者小路实笃乘坐改装后的白山丸号从神户出发。白桦派小说家武者小路实笃为了实现自己的理想，于 1918 年在宫崎县建立"新村"。根据他所著《湖畔的画商》（1940 年 6 月，甲鸟书林）和《欧美旅行日记》（1941 年 3 月，河出书房），在他从东京到达横滨的一路上，很多与"新村"有关的人士都前来为他送行。在上海时，更有旧友崔万秋和《上海日报》的平山弘前来迎接，还在内山书店见了鲁迅。在基隆时，曾在"新村"待过的儿岛荣二郎特地赶来，带他参观了台北市。到达香港时，内山完造介绍的平冈贞，为他充当导游。但是，当船逐渐往西航行，他作为小说家的名气便开始变得不那么管用了。武者小路在他的《欧美旅行日记》中写道，"到新加坡为止还有爱读我书的人，但从槟城开始就已不再是我的势力范围了。"

在东亚的众停靠港口，高滨虚子和武者小路实笃一样，都作为有名的文学家受到了热情接待。但是，和高滨虚子不一样的是，武者小路在船上不时感到有一种孤独感袭来。在《欧美旅行日记》中，从香港出发后，有如下一段记述，

登上从横滨起航的白山丸号，穿着西装背心的武者小路实笃（《欧美旅行日记》）。

"时不时一种寂寞感在我的心中蔓延开来，那种孤独感，就像是在那无边无际的大海中，只有我一人"。听着船上打着甲板高尔夫的人欢呼的声音，他却感觉自己"置身世外"。从新加坡出发后的日记中，有一段写道"那些洋人女子在神气活现地说着话"，武者小路却并没有参与到甲板上的对话当中，他躺在船舱房间里的床上自言自语，"没有人来看我，也没有一个说话的伴，但这样反倒让我感觉很轻松"。

而高滨虚子出国的时候有女儿陪同在身边。而且，船上的机关长是向他学习俳句的弟子，为他提供了各式各样的便利。如果在船上开俳句会的话，便可以增进大家之间的交流，小说家横光利一亦参与到其中。这样一来，虚子便没有时间去感受所谓的孤独了。但是，这两人心境的不同，并不仅仅是因为船上人际关系的差异。《湖畔的画商》一书中，记叙了一件武者小路上错厕所的囧事。他虽然也觉得有点奇怪，还是在一个厕所解了小手出来。但是在几个小时之后，他又在船内发现了另一个写着"男士"的厕所。也就是说，武者小路刚才确确实实是在女厕所小便了。他晚上上厕所的时候，都要特意系上领带。在日本的时候，一直都是穿着轻便的和服，行李也都是用布包包着。在没有用惯皮包锁的开关的过程中，他的心情变得越来越差。因为穿不惯刚做的西装背心，在船内就换上了和服。

从武者小路实笃的欧洲航路的经历中，看到了与西洋文化的某种隔阂。在《湖畔的画商》中，武者小路针对日本船肯定地说道："单纯用日语就可以解决一切，这一点比任何事情都要让我感到自在。"但是，他同时又批判道，"船上所有的装修都是按照西洋人的习惯来的，这一点让我感到有些不自在。浴室，厕所都是西式的。吃的东西，日餐也只是配角。"在他眼里，日式和西式，完全被置换成了"自我"和"他者"，欧洲航路便是与他者相遇的地方。通过"衣食住"这些日常的生活体验，武者小路对他者产生了排斥，并努力保护自我。虽然这是任何前往西方的人都需要面对的问题，但因为武者小路由于太过于保守和强调自我，这让他倍感孤独。

武者小路实笃出国的九个月后，1937 年 2 月 19 日，山口青邨在神户乘坐"榛名丸号"出国。为了研究选矿学，他出发前往德国。他既是工学研究者，也是在《杜鹃》杂志上发表过俳句的俳人。在《柏林留学日记上》(1982 年 5 月，求龙堂)中，他提到，在船离开门司港的第二天，海上升起了大雾。比原定计划已经晚了一天的轮船，一边鸣着汽笛，一边快速前进。"茫茫大雾中，波光聚浪头。"那天夜里，山口在给"虚子老师"写着信。到了上海，当地的俳人带他

看到亚丁草木不生的景色，武者小路实笃在《欧美旅行日记》中抒发了他的感想："这是我有生以来第一次看到这样的景色。"第一次感受到坐着汽车时迎面扑来的热气，看到骆驼也是那么新鲜。5月28日，航行于红海上的白山丸号上举行了烧烤聚会，大家伴着《东京小调》跳起了舞。照片上右起第二个便是穿着浴衣出席烧烤聚会的武者小路。

参观了上海。参观完战争遗迹之后，他们在东本愿寺举行了俳句会并留下了墨宝。到了新加坡，还去拜谒了"二叶亭四迷终焉之碑"，"二叶亭四迷终焉之碑和刻着点南书的石头"，一起矗立在墓园的一隅。

1909年5月1日，在返程至孟加拉湾的加贺丸号轮船上，二叶亭四迷去世。在欧洲航路上死亡的事情本来就很少见，二叶亭四迷之死在那之后也被附上了许多神秘的色彩。高滨虚子在 1936 年 3 月 5 日拜访了安葬二叶亭的公共墓地。根据他的《赴法日记》（1936 年 8 月，改造社），带他去的俳人石田敬二指着橡胶林的深处说，"二叶亭的墓就在那里"。因为上面写着"二叶亭四迷终焉之碑"，虚子惊讶地说道，"这怎么看起来都不像是墓。"石田回答道，"但是，他确实被埋在这里。"那之后的一年，山口青邨也是和石田一起去的，所以应该听到的也是同样的解释。这既可以说是碑也可以说是墓，真是一句模糊不清的说明。实际上，二叶亭四迷在新加坡被火葬之后，其遗骨就被加贺丸号送回了日本。二叶亭的墓被安放在东京的染井灵园里。

另一个关于二叶亭四迷的传说，出现在八木熊次郎的《挥毫彩笔纵横欧亚》中。那是 1926 年 1 月 10 日 22 点左右，轮船正在新加坡和科伦坡之间航行，八木在甲板上跳着舞。之后船员便劝他早点回床上睡觉，并威胁他道，"这片海域被称为'恶魔海域'，会因为气温或者其他的原因，导致心情发生变化跳入海中自杀。好像二叶亭四迷等人也是在这里闲逛的时候跳入海中的。"听到这里，八木便乖乖地回到了房间里。横光利一在《欧洲纪行》中针对孟加拉湾写道，"真正的恶魔之海是这一两天中的海面，人们的心理在这里发生奇妙的变化，突然间产生了要跳下去自杀的冲动，二叶亭四迷也是在这里死去的。在航海中，船员之间最容易起冲突的地方也是这里。"因为"恶魔海域"的说法，让二叶亭四迷自杀的传说在一部分人中流传。

已不是第一次出洋的山口青邨，和武者小路实笃相比，对异文化的态度就开放得多。在可以看到地中海的斯特龙博利火山的地方，风大浪高，船体开始剧烈地摇晃。船内上下左右都在摇晃，就算是在浴缸里，热水也会溢出浴缸。餐厅里空无一人，只有山口坐的那张桌子上的四个人都来齐

欧洲航路上的船从离开塞得港进入地中海起，用不了几天就可以到达马赛了。八木熊次郎在《挥毫彩笔纵横欧亚》中写道，到达马赛前的三天前，船长和事务长为他举行了送别宴。身为画家的八木和船长的关系非常好，曾在船长室内画埃及的花瓶，进行花鸟写生，送别会当天他也画了17张油画。"岛上喷出的烟火直冲天际""像河水一般"流到了山脚下，斯特龙博利火山的风景宛如"奇观"，船员向八木介绍称，这座火山被称为"地中海的灯塔"。插图是八木画的斯特龙博利火山的素描。

了。因为装了水的杯子会在桌上滑动，他们便在桌布上洒上水，阻止杯子滑动。山口一直后悔那个时候没有点鳗鱼盖饭。因为他听说那是从塞得港进货的、来自尼罗河的鳗鱼。山口幻想着，"没准这鳗鱼还有克利奥帕特拉的香味"。

武者小路实笃和山口青邨乘坐欧洲航路邮船的 20 世纪 30 年代后半期，是豪华船时代逐渐拉开序幕的时期。《欧洲航路豪华版！》(《读卖新闻》，1936 年 5 月 2 日) 报道称，日本邮船公司决议通过了建造四艘 16000 吨级轮船的计划。德国在欧洲航路上，配置了他们引以为豪的吨级为 18000 吨，速度为 28 节的"沙恩霍斯特号"(Scharnhorst) 轮船。看到这一幕，日本邮船公司几度讨论，认为仅凭鹿岛丸号、香取丸号、诹访丸号和伏见丸号四艘老旧的轮船根本无法与其抗衡。然而，他们虽然商议决定将公司内部的保留资金投入到新船的建设中，但恰逢递信省的"积极推进海运的国家政策"这一契机，他们也在积极和大藏省交涉，以申请海运补助金。

三个月后的 1936 年 8 月 11 日，《读卖新闻》刊载了题为"欧洲航路两万吨"的新闻，这一话题引发了进一步的热议。前来位于远东的日本的外国旅客的人数年年增加，同时，在同年 7 月 31 日于柏林召开的奥林匹克委员会大会上，东京打败赫尔辛基成为 1940 年奥运会的举办城市。预计界时来到日本的外国旅客的人数将超过十万人。这样，不仅需要建设奥运会相关的设施，也需要建造新的轮船。日本邮船公司欧洲航路上的十艘轮船中，最好的照国丸号和靖国丸号的吨级也只有 12000 吨，速度仅为 18 节。美国航路的定期轮船浅间丸号和秩父丸号为 17000 吨级，速度不到 20 节。因此，建造 20000 吨级、速度达到 20 节的轮船的梦想便高涨了起来。

除了改善船的大小和速度，他们还讨论了充实船舱内部设备的问题。1936 年 7 月 30 日《东京朝日新闻》上刊载的题为"船上配置了各种设施"的报道中提到，8 月 7 日从横滨开往美国的秩父丸号船上开通了无线电话。因此，停靠在香港的秩父丸号一边测试，一边经由神户开往横滨。递信省在确认了秩父丸号测试结果之后，决定首先在美国航路的客船上安装国际电话设备。另外，在欧洲航路上，按照先在靖国丸号上安装无线电话设备的方针，也正在和日本邮船公司进行交涉。

[38]　中日战争、第二次上海事变后邮船中止在上海停靠

那么在20世纪30年代后半期，被称作日本邮船公司欧洲航路上最优质的两艘轮船——照国丸号和靖国丸号内部的设备到底如何呢？新修订的《渡欧指南》(1936年8月，日本邮船)中提到，这两艘船运用了"现代最先进的造船技术"，是目前最新锐的轮船。它们和其他船最根本的不同是配置了燃烧重油的柴油机，因为不使用煤炭，所以不会排放煤烟，可以保证船内的清洁。航海用具和防火用具用的都是最新款的配置。

靖国丸号的外观（《渡欧指南》修订版）。

客房内的换气设备由原来的风扇改为了空调设备。加宽了一等舱的房间，床也都换上了美国产的弹簧床垫。不仅仅是洗手台，配备了浴室的房间数量也增多了。二等舱则改善了装饰、采光和通风条件。

1937 年 5 月 12 日，在伦敦举行了乔治六世的加冕礼。另外，巴黎在这一年的 5 月到 12 月，召开了"巴黎艺术与技术博览会"。大阪每日新闻社、东京日日新闻社结合这两项重大活动，策划了"观看英王加冕礼环游欧洲"旅行团。去程利用西伯利亚铁路，返程则利用的是欧洲海上航路。日本邮船公司的船舶因为会在那不勒斯停靠，所以乘客还可以欣赏到维苏威火山的风光。实业家的吉田辰秋便是乘客中的一员。他在《外游漫笔》（1939 年 2 月，明治图书）中写道，以前乘坐电车和缆车登过山，现在是坐汽车到火山口。靠近喷火口，便可以听到"轰隆隆的响声"，白烟带着硫黄味在翻滚，熔岩还冒着热气。

从火山回来，一行人又去了公元 79 年被火山喷发掩埋的庞贝古城。让吉田辰秋饶有兴趣的是"欢乐罗马时代淫荡的遗迹"。庞贝古城的浴场，建筑物本身保存完好，所以可以真实地想象到其当时的样子。夏季冷水浴，冬天温水浴。吉田写道，虽然男女浴场是分开的，但是"将赤裸的男女集中在一起本身就是产生淫荡气氛的源泉"。大道的中央设置了男性生殖器的雕塑，这个雕塑指向的地方是"女郎屋"。"女郎"指的是"招揽往来的顾客的人"，女郎屋还被完整保存在二楼。该处禁止入内，但是如果给工作人员"一点好处"，便可以让男性游客进去。这是一间装饰豪华的房间，有用石粉画的彩色的绘画。虽然这幅画被指定为"禁止参观物品"保存在盒子里，但是同样的，买通工作人员之后，盒子被打开了，旁边的女士也一起往里看。

在那不勒斯登上靖国丸号的吉田辰秋对船的舒适度赞许有加，他写道，"船内的各种设备应有尽有，十分便利"。在航海的过程中需要用到的东西，都可以收纳到柜子里。换下衣服后，可以把要洗的东西放进洗衣袋。两人间房间的天井上有三个换气口，外面凉爽的空气可以流通到室内。理发师也可以根据日本人的发型提供理发服务。吉田和同房间的人穿着浴衣，盘腿坐在椅子上。进入餐厅，发现里面有60多个日本人，感觉跟回国了没什么区别。可以用日语点日本菜，服务员训练有素，以"日本人特有的亲切感"为大家提供服务。在吉田的眼里，大家都在和谐地进行交谈，"这是日本人才能创造出来的和睦友爱的气氛"。经过这次欧洲旅行，乘坐上靖国丸号后，吉田心中"日本"的形象跃然而出。第二天，在地中海上的塞得港，吉田给家中发无线电报称"靖国丸号设备良好，凉风习习，一路旅程都很愉快"。一封电报虽然需要80钱，但是现在已经可以随时传递船上的近况了。

然而，接下来的消息却给他这种"愉快"的心情泼了一盆冷水。他听说自己在马赛装上船的手提行李，被人走私了。他急忙跑回房间，发现自己从巴黎寄出的箱子中，在各地购买的当地特产果然都不见了。虽然在意大利的时候，有人提醒他们要保管好行李，但没想到在法国也一样。按照规定，一旦行李被秘密走私，需要把自己损失的物品的明细寄送给伦敦的托马斯·库克旅行社。为了行李能在科伦坡通过空运运出去，他急忙写了一份丢失物品的明细。

到了塞得港，大家都下船了，准备去参观开罗和吉萨。靖国丸号的船员给每个乘客赠送了两个蜜橘、一条毛巾和一块肥皂。在托马斯·库克旅行社前乘坐轿车出发，一行人开始前往位于开罗的酒店。两天一晚参观金字塔和狮身人面像的行程，一直没有变，但和以前唯一的不同是，开罗和苏伊士之间的沙漠上修起了一条宽阔的柏油马路。车子在沙漠穿行了一个小时后，终于出现了一间屋子，那是托马斯·库克旅行社为自己的客人修建的"托马斯·库克之家"。里面提供有冰镇过的啤酒、苏打水和柠檬水等饮料，这样大家在沙漠中就可以喝到润喉的冷饮了。

吉田辰秋在印度洋上经历了非常少见的情况。18时左右，突然响起汽笛，船员们冲进来，紧紧关闭船窗，因为沙暴袭来了。等吉田赶到甲板上的时候，甲板上已经聚集了很多乘客。在远处的海面上，可以看到一阵黑云。最后，一

吉田辰秋在《外游漫笔》中写道，一到开罗的郊外就是沙漠了。一边兜风，吹着那"温热"的风都感觉热，汗流浃背，口干舌燥。以金字塔为"卖点"，布满了"无懈可击的生意网"，吉田对英国人的"精明"深感佩服。短暂休息后，汽车又在沙漠上跑了一个多小时，才看到苏伊士港口的船。图为收录在这本书中的沙漠中的"托马斯·库克之家"。

阵暖风袭来，周围像笼罩着一层雾水一样，视野变得模糊。沙暴的速度很快，甲板的椅子和乒乓球台上马上就堆积了一层沙子，甚至可以在上面写字。昏暗的船舱内持续响了一分钟的汽笛，让乘客们感到"一丝恐惧"。沙暴在一个小时后终于过去。像这天这样猛烈的风暴非常少见，靖国丸号也是时隔四年才再次遇到。

到了新加坡，开始听到大量日本方面的新闻。《船上新闻》刊载了日本最近的新闻，这个时候也能听收音机了。按计划，靖国丸号下次出海时，乘客便可以在船上使用无线电话。为了实现这一计划，在此次的航行中，递信省的四名公务员也在船上，进行着各项试验。7月11日，作为第一次尝试，靖国丸号发布了面向日本国内的广播。船长致辞和乘客的谈话通过无线电波传播了出去，吉田辰秋也在广播室听到了这段广播。

第二天，卢沟桥事变的消息传来，乘客们开始变得紧张起来。收音机继续播送新闻，日本人以及外国乘客都聚集到收音机前，听着后续报道。

1937年7月7日在卢沟桥发生的中日两军的交战，成为日后漫长侵华战争的开端。8月13日的上海，海军陆战队和中国军队发生冲突，第二次上海事变爆发。因为靖国丸号停靠上海的时候是7月16日，上海市内还算平静。在上海上岸的吉田辰秋，在第二天便返回了居住地青岛。但是，战火的进一步蔓延，使日本难民的数量急剧增加。《为接回国人增派船只》（《读卖新闻》第二晚报，同年8月18日）称，"在青岛，聚集了从长江沿岸的其他城市来的避难人员大概一千五六百人，长期居民一万五千人"，希望回国的人数激增，现在的船只数量根本不足以应对。作为紧急对策，各个轮船公司的船舶都被派往青岛。因为来

1937年9月从青岛回"国内"避难的人们，在四个月后陆续回到青岛。图为1月21日乘坐返航的第一艘船"谏访丸号"返回青岛的乘客的照片。（《朝日影集》，1938年2月16日）

不及送往"国内"，便在大连设立了临时收容所。日本邮船公司则派出了刚回国不久的靖国丸号前往青岛。

　　上海的战况也给日本邮船公司欧洲航路在上海的停靠造成了不利影响。《东京朝日新闻》在1937年8月21日报道了题为"停止停靠上海"的新闻。不仅是日本邮船公司的欧洲航路，旧金山航路及孟买航路的所有客船都决定停止停靠上海。在这六天前的8月15日，日本海军发动了对南京的远洋空袭，侵华战争全面爆发。

这一年的 12 月 13 日，日本军队占领南京。上海的治安也得到了恢复，日本邮船公司恢复停靠上海是在第二次上海事变发生后的四个月后的年后。据《邮船欧洲航路停靠上海》（《读卖新闻》，1938 年 1 月 10 日）报道，1 月 16 日从横滨出发的箱根丸号是第一艘恢复停靠上海的轮船。

1938 年 4 月 1 日，《国家总动员法》公布，日本国内的战时气氛迅速浓烈起来。中国大陆的战局进一步扩大，5 月 19 日，日本军队占领了徐州，10 月 27 日占领了武汉三镇。同年 3 月 2 日，停靠在德国不来梅港的日本邮船公司的货轮"但马丸号"发生爆炸。题为"停靠在德国不来梅港的'但马丸号'遭受袭击"的报道被刊载在 1938 年 5 月 4 日的《东京朝日新闻》晚报上。之所以在事情发生之后的两个月才刊载，是因为日本政府认为这有可能是"敌人为了离间日德之间的友好关系而策划的阴谋"，禁止当时的报纸及时刊载这一消息。该报道称，根据德国警察的调查结果，引发爆炸的犯人是"某社会主义秘密社团的成员，该社团中由中国人和某小国国民在内的十余人组成"。日本和德国在 1936 年 11 月 25 日于柏林签署了《日德防共协定》。

第二天的 1938 年 5 月 5 日，《东京朝日新闻》刊载《强力手榴弹？》一文，称部分甲板被损坏的但马丸号已经修理完毕，4 日在门司港下水。手榴弹的事情是船长高久文男从德国专家处得知的。货物没有起火，也没有人受伤，这不得不说是不幸中的万幸。不管是对客船还是货船，时局的动荡带来的影响都显而易见。

[39]　野上丰一郎对古代复原图的想象、野上弥生子对日本的相对化

　　研究英文的学者野上丰一郎和小说家妻子野上弥生子一起，于1938年（昭和十三年）10月1日在神户乘坐靖国丸号。他们此行的目的是以能乐为主题，在英国的各个大学举行介绍日本文化的讲座。这两人的旅程和欧洲航路的一般旅客大不一样。一般旅客大多很享受苏伊士和塞得港之间的两天一晚的短途旅行，但他们两人却坐船穿过苏伊士运河，10月30日在塞得港才下船，之后花了大概两周时间，游览了埃及和东地中海。野上丰一郎在《西洋见学》（1941年9月，日本评论社）中提到，前者的短途旅行，只能浅尝"埃及最优秀的文化盛宴"。他认为，要了解埃及古代文化的伟大之处，有必要多花一点时间，沿着尼罗河去追根溯源。

　　野上弥生子在《在欧美的旅程中》（1942年5月，岩波书店）中写道，到达塞得港的那天，下了一场时隔六个月的雨。他们请了南部商店来帮他们规划在埃及的行程，所以到达后便有店员前来迎接。在打车前往领事馆的时候，司机之间为争夺客人发生了争执。他们其中一个是叙利亚人，一个是犹太人，本来关系就不好。夫妇两人请了南部商店的地头蛇，不管是在酒店的招待还是金字塔附近的贝都因人中都很受欢迎的萨义德·麻布罗伍德做导游。在利比亚的沙漠中，持枪的贝都因人一看到萨义德·麻布罗伍德，都会上来亲切地打招呼，然后消失得无影无踪。

　　野上丰一郎想在埃及看到的，并不是埃及的现代文明。他在《西洋见

学》中写道，"从文化史的角度来说，开罗引以为傲的东西都是和伊斯兰教相关的，是和阿拉伯相关的；和法老、和埃及并没有多大关系。"在开罗的，不是"古代王朝时代的埃及人"，而是作为侵略者的贝都因人（阿拉伯游牧民族）、阿拉伯人、土耳其人、亚美尼亚人、犹太人和苏丹人。5000～3000 年前的古代埃及人，已经从地球上消失了。"法老"曾经君领天下的地方，已经成为"空无一物的空地"，在这片土地上，和古代埃及文化没有任何关系的侵略者们在这里争夺势力范围。所以，沿着尼罗河，站在卢克索、凯尔奈克、埃德夫和丹德拉等神庙的遗址前，丰一郎想要想象曾经在这片"空地"上存在过的文明。

在开罗郊外，被称为"处女之树"的悬铃木依然挺立在那里。为了躲避以色列的迫害来到埃及避难的时候，圣母玛利亚抱着还是婴儿的基督在这棵树下生活过。在那附近有一口古井，玛利亚一旦使用就会出现神灵。因为在 5000 年前的埃及传说中，赫里奥波里斯地区的太阳神第一次现身的时候，在这口井边洗过脸，所以这口井便被赋予了神圣的意味。后来，埃及文化消亡，泉水便转移到了一个叫玛利亚的有名的地方。在开罗，还有一个地方是玛利亚抱着还是婴儿的基督躲藏过的名叫"阿布撒尔迦"的教会。丰一郎认为，与其伫立在欧洲的教会或者宗教画前，还不如在埃及更能亲切地感受到玛利亚和基督的存在。因为在这里，和基督当时一样，丰一郎可以"穿着脏兮兮的衣服，光着脚丫"，在心中想象着基督的形象。

11 月 12 日，野上丰一郎和弥生子离开埃及，坐上了从亚历山大出发开往那不勒斯的意大利邮船。到了船上他们两人才知道，这艘船不是直接前往那不勒斯，而会在罗德岛和比雷埃夫斯中途停靠。他们原本的计划是在去意大利途

开罗的旧街市（野上丰一郎《西洋见学》）。

中参观耶路撒冷、大马士革和伊斯坦布尔。但由于巴勒斯坦地区犹太人和阿拉伯人之间的激烈争端，他们的参观请求遭到了公使和领事的拒绝，不得不放弃。但是中途停靠其他港口的信息，又再一次激起了他们的好奇心。两个人又迅速调动起他们记忆中有关罗德岛的知识，开始调查起罗德岛的历史。从罗德岛进入爱琴海，分布着萨摩斯岛、奇俄斯岛、利姆诺斯岛等一些古希腊神话中出现过的地方。丰一郎的思绪再一次跳到了众神的时代，在他眼里，罗德岛前面的这些意大利军舰是如此的"幼稚"。

一听到罗德岛这个名字，野上丰一郎首先想到的是赫利俄斯的巨像，赫利俄斯是古希腊神话中的太阳神。据说公元前3世纪，当时的统治者为了纪念战

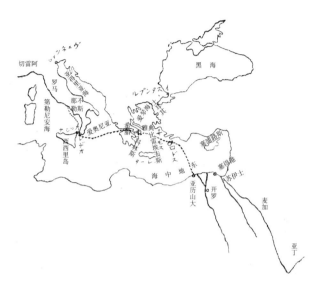

野上弥生子《在欧美的旅程中》中收录的，从亚历山大到那不勒斯的手绘地图（原图为日文——译者注）。

争的胜利，在港口的入口处建造了一个包括底座在内高五米的赫利俄斯像。但是因为半个世纪后的一次地震，雕像倒塌，之后被放置在那里八百年。但青铜材质的残骸，已经被"犹太商人"卖掉，所以后来也没法进行确认。下文插图是《西洋见学》中收录的想象图。"两只脚横跨在两边海峡、立在半空中的太阳神，他年轻的身体沐浴着朝阳的样子"和画中的形象相对应。因为丰一郎在船上的时候手中拿的导游图上面也画了这样的图，由此可知这是典型的想象出来的图。但是，这也是丰一郎根据罗马时代的记录和希腊"均匀调和"的"美化原则"画出来的想象图。

野上丰一郎在《西洋见学》中写道，"群岛上孕育着神明和英雄，这让我的内心涌现出了一种诗意的冲动"。罗马的博物学者老普林尼的记录和乔纳森·斯威夫特的《格列佛游记》中提到的场景，似乎都在他面前活了过来。图为收录在这本书中的丰一郎想象中的罗德岛的巨人像。

在雅典的帕台农神庙，当野上丰一郎惊叹于那一根根柱子的美丽时，思绪也被带到另一个地方。他想为这些现存的遗迹填上肉、覆上皮，从而复原出它本来的面貌。在他的想象中，并不只是还原它整体的面貌，而是对部分结构进行装饰，在内部安放一台"本尊"，最后再对它施加色彩。丰一郎以前看过很多希腊学者的复原设计图，这些都为他思维的驰骋插上了想象的翅膀。

然而，和丰一郎一起旅行，并和他处于同一空间的弥生子眼中的世界又有所不同。在她的《在欧美的旅程中》中有这么一段："大多数关于欧美的游记，都是关于巴黎、伦敦、柏林等这些繁华绚丽之地。但是过于着急把读者带进这些地方，难道不也是一种遗憾吗？"从远东到欧洲的广阔地区，存在着与日本迥然不同的丰富多样的文化。欧洲航路的轮船，到底连接起来的是"怎样的港口，怎样的民族，怎样的人们"呢？弥生子的目光则比较现实，她关注的是包括日常生活在内的文化差异。在出国之前，弥生子第一次买了西式服装，为了和衣服搭配，还特意剪了"古风的头发"。多样的文化，不仅仅指埃及的古代文化、古希腊的神话，现在的亚洲和中东地区亦是一面镜子，能够让日本从中进行自我反省。

在槟城，从极乐寺回到波止场经过的住宅街上，排列着门前带有庭院的洋房，庭院里有绿草坪。在这片地区，居住的是已经发家致富的中国人。弥生子对于在这样的家庭中出生，后来又去到欧洲留学的中国年轻人十分感兴趣。他们和靠着小药店和杂货店起家的父辈之间，不管是在生活上还是思想上，都存在着巨大的隔阂。这些不同的群体，不是单单用"中国人"这一个词就可以概括的。看到他们的身影，弥生子便忍不住想到了在美国生活的日本人的第二代。在开罗街上看到的女学生，穿着连衣裙和高跟鞋，英姿飒爽地与男同学并肩漫步。弥生子深深地感觉到，"应该成长的事物就这样一点点地在成长"。这些女学生的身影，使她想起了到现在仍未被准许进入大学的日本女性。虽然说埃及受着伊斯兰教严格的戒律的影响，但弥生子认为，反倒是日本更处于"特殊的封建制度"下。

中东和日本竟然意外地在某些地方存在联系。在苏伊士运河的阿拉伯半岛一侧，可以看到"冬天的雪山"风光。那是盐山，用发动机把海水抽上去之后，水分蒸干后就成了盐。这些盐还出口到了日本，北海道的荒卷鲑上面基本上裹的都是这种盐。我们都说荒卷鲑的茶泡饭是"日本味道"，殊不知里面还混着

"阿拉伯味道"。阿拉伯地区和日本之间"经济力量的大网"的缔结，不仅仅包括阿拉伯向日本出口东西。在开罗留学的日本人，给大家讲述了关于伊斯兰教最大的圣地——麦加的事情。现在去麦加朝圣也变得便利了，甚至可以开着汽车去。在麦加的纪念品店，出售"绘有本山寺庙图案的手帕和念珠"，这些东西都是在日本制造的。

野上丰一郎和弥生子旅行期间，是欧洲航路能够实现平稳航海的最后一段时间。在第一个"外国"停靠地上海看到的第二次上海事变所带来的伤痕，已经在暗示着未来两人旅程的走向。弥生子写道，"虽然同是上海，但是和一年前来过的上海大不相同。这一点显而易见。"上海到处可以看到被大炮炸出缺口的墙壁，屋顶被吹走的房屋。在两人起程后的十一个月后的 1939 年 9 月 1 日，丰一郎在位于巴黎的日本驻法大使馆得知，德军已经入侵波兰。两人从波尔多出发到达利物浦，再经由纽约和旧金山，于 11 月 18 日乘坐浅间丸号回到了横滨。在大战的阴云下，世界一步步走向荒芜。

[40]　深尾须磨子的意大利之行与第二次世界大战爆发

在野上丰一郎和弥生子出发半年后的 1939 年（昭和十四年）3 月 17 日，诗人深尾须磨子从神户出发前往欧洲。和十年前乘坐过的箱根丸号一样，到了吃饭和茶歇的时候都会响铃提醒。但是此前的 1924 年的第一次赴欧和 1930 年的第二次赴欧，都是夹在两次世界大战之间，是旅游业相对平稳的时代。与之相比，此次的第三次赴欧，则是在东亚中日战争爆发且欧洲第二次世界大战的气氛也逐渐浓烈之际。对此，深尾在中途停靠港口时和船上航行时都能深刻感受到。

①

DINNER

HORS D'ŒUVRE

Ecrevisss au Naturel

Gumbo Marinée   Foie-Gras Sandwich

Œufs Belle-Vue   Olives de Lucullus

Consomme Portugaise   Crème de Marquise

Poisson au Gratin

Entrecôte of Beef, Soufflé Potato

Fricassée of Veal with Mushroom

Japanese Dish   Tenpura   Osuimono

Brussels Sprouts Hollandaise

Roast Haunch of Mutton, Mint Sauce

Roast Royal Pigeon, Plum Stuffing

Parsnips in Butter

Potatoes   Boiled & Browned

Steamed Rice

—— BUFFET FROID ——

Roast Pork   Bologna Sausage

Salad   Sliced Onion and Plain Lettuce

Gitana Pudding, Claret Sauce

Coupe Bélle Heléne, Mushroom Meringue

Bouchees de Aubergine

Cheese Souffle

Fruits   Pomelo   Persimmon

Assorted Nuts, Mascatels, Preserved Ginger French Prunes

Café

S.S. "HAKONE MARU"

Thursday, 22nd September 1938.

—(Clocks will be put ahead 10 minutes to-night)—

②

MOVIES

will be shown on the Deck beginn'ng
at 8.15 to-night.

PROGRAMME

1. View of Colombo ....   1 Reel.

2. Birthday Party ....   1 Reel.

3. New News ....   2 Reels.

4. Blond Bomber ....   2 Reels.

All passengers are cordially invited.

. . . .

③

箱根丸号船上的菜单。①是 1938 年 9 月 22 日的晚餐菜单的封面。背面写着标题名和作者名"武士的妻子——Yeisho"。另外还写着"游客们到达日本时，会对梳着发髻的日本女性感到不可思议。其中，有很多不同的发型样式，最普遍且最常见的包括以下几种"，桃裂髻、Chochomage、岛田髻、圆髻等发型样式。②为菜单的内容。③是这一天 20 点 15 分开始上映的电影节目单。④（见下页）是 1938 年 9 月 25 日的晚餐菜单的封面，背面写着"浅草观音"，并说明道，"浅草观音是东京的一个景点，去到那里，你总能看到从全国各地来的人参拜供奉在那里的观音菩萨"。⑤（见下页）是同年 8 月 29 日的早餐菜单。⑥（见下页）是同年 9 月 9 日的晚餐菜单的封面，在背面写着"古代东海道上平和的景象，由歌川广重创作"。⑦（见下页）是同年 9 月 10 日的午餐菜单。

④

N.Y.K.LINE

BREAKFAST 128 lb

Apples, Water Melon, Grape-Fruits Juice Stewed Apricots
Watercress   Spring Onions   Garden Radishes

Scotch Oats with Fresh Milk
Force Grape nuts Corn-Flakes Puffed Rice Puffed Wheat

Sautéd Sea Bass Melted Butter
Chicken Giblet Lyonnaise
Japanese Dish — Misoshiru Tirimen Zako
Meat Curry and Steamed Rice
Potatoes Boiled & Chips
——— (From the Grill 5 or 10 Minutes) ———
Point Steak with Green Peas
Lamb Chop, Currant Jelly
Broiled English Ham and Breakfast Bacon
Eggs Boiled Fried Scrambled & Shirred
Omelets — Tomato, Mushroom, Minced Ham or Plain
Œufs Napolitane
(COLD MEAT)
Bologna Sausage   Corned Beef

Buck-wheat Cakes   Parkin
Breads   Hot Roll Dried & Melba Toast
Marmalade or Strawberry Jam
Honey & Golden or Maple Syrup
Tea — Ceylon China & Green
Coffee Cocoa Ovaltine Instant-postum

S.S. "HAKONE MARU"
Monday, 29 th August 1938.

⑤

⑥

LUNCHEON

Brunoise au Tapioka
Fried Plaice Cole-Slaw and Lemon
Omelet with Calfs-Kidney
Lamb Stew Moscovite
Chopped Beef Ball Hamburg Style
Chicken Curry and Steamed Rice
String Beans in Butter   Baked Pumpkin
Potatoes   Boiled & Lyonnaise
—— From the Grills 5 to 10 minutes ——
Pork Chop, Piquante Sauce
Cheese on Toast
——— BUFFET FROID ———
Roast Sirloin of Beef, Horseradish
Roast Milk-fed Veal
English Ham   Galantine of Capon
Ham Sausage   Spiced Brawn   Head Cheese
SALAD   Summer and Plain Endives,
French or Mayonnaise Dressing
— SWEET —
Stewed Rhubarb with Whipped Cream
Sorbet de Groseilles Verts, Dessert
Tartelette Commere
Cheese   Edam Gruyere Cheddar Trapist Kraft
Breads Vienna Rolls, Browned, Hovis, Pulled & Melba Toast
Fruits   Apples   Musk Melon
Tea & Coffee.

S.S. "HAKONE MARU" 130
Saturday, 10th September 1938.

⑦

297

在香港，深尾有一个想去的地方。他在《旅情记》（1940 年 7 月，实业之日本社）中写道，相比螺旋形的车道，更让他念念不忘的是那色彩缤纷的花市。但是，原定在香港的停靠却被取消了。船内贴了类似于"当下，中国人对日本人的感情有恶化的倾向，请上岸的日本人注意人身安全"的提示。深尾看着餐厅里新换的花，不禁怀念起香港的花市来。

在餐厅和他同桌的两名同盟通信社的记者，因为要前往香港赴任，所以便乘坐小汽艇前往港口。深尾挥动着手中的手帕目送他们离去，"就像是目送着冲向敌区的敢死队勇士一样"。帆船上有一家中国人围着一个大碗吃饭，当深尾朝他们挥手的时候，对方也笑着回应了。这里和往常一样，看到的都是一些日常化的情景。

在日本邮船上，对于日本的复杂感情开始显现出来。离开香港后，餐桌的位置开始调动了。根据厨师长的判断，深尾须磨子和其他日本人一起，围坐在中间的一个大桌子旁。一个乘客说，不想和日本人一起吃饭，想申请调换到其他的桌子。那位乘客是为了做机械工业方面的研究前往英国留学。他是混血儿，母亲是日本人，所以他从外表和说话看起来和日本人没什么差别。但是对于母亲的祖国，他却无论如何也爱不起来。他的父亲是印度人，他总是尽量避免和日本人在一起，反而和西方人更加亲近。

深尾须磨子也并非无条件地喜欢日本人。到神户的英国领事馆去申请签证的时候，相比英国籍领事馆办事人员礼貌亲切的态度，日本人馆员却显得傲慢和冷漠，让人感觉十分不愉快。不仅仅是领事馆，在外国的商馆中，也有狐假虎威"讨人嫌"的日本人在那儿工作。作为比利时驻日大使在日本待了 18 年的巴松皮埃尔夫妇，在新加坡搭乘上了箱根丸号。箱根丸号的船长见此马上在日本国旗的旁边升起了比利时国旗。巴松皮埃尔谦逊的品格，使得船内的气氛变得柔和。和这位大使接触的过程中，深尾想起了日本的"公务员"，不禁觉得可悲。

当然也有这样的日本女性，她们在本国并不威风，却在国外坚强地生活着。此时的箱根丸号竟然依靠在了法国的殖民地西贡，这很不常见。在码头上，有"穿着浴衣，撑着洋伞的日本小妇人"，迅速冲上舷梯，据说是为日本旅客提供导游和买卖服务的，已经在这里生活了三十余年。深尾感慨道，"这种情形在世界任何地方都能看到""她们是勇敢的日本女性的代表"。那些不停地争夺着乘客的车夫，一见"小妇人"便吓得躲到一边。就算在胡乱抬高价钱，只要"小妇人"在旁边，便会马上改回西贡当地的一般价格。

第二次和第三次赴欧相隔的九年间，发生了各种各样的变化。例如在科伦坡下船的统舱旅客的服装都是欧美风的。吃饭的时候使用的碗碟，都改成了濑户烧。在香港上船的捷克斯洛伐克人一行，在槟城下了船。在箱根丸号从神户出发的两天前的 1939 年 3 月 15 日，德国占领波西米亚和莫拉维亚，第二天阿道夫·希特勒便发表宣言称将其变为德国保护下的领地。这一宣言，意味着捷克斯洛伐克国家的解体。也就是说，捷克斯洛伐克人已经没有自己的国籍了。看着他们的身影，深尾须磨子并没有觉得事不关己。

1936 年 5 月 2 日《读卖新闻》以"欧洲航路豪华版！"为题进行过报道的日本邮船公司 16000 吨级轮船的建造计划，终于在三年后实现了。《豪华船"新田丸号"明日试水》(《东京朝日新闻》，1939 年 5 月 19 日) 报道称，豪华姐妹三船之一的第一艘船"新田丸号"的试水仪式，将在 5 月 20 日于长崎三菱造船厂举行。至于剩下的两艘，预计"春日丸号"将在同年的 9 月、"八幡丸号"将在第二年的

2 月试水。三艘轮船都是 17000 吨级，这样的速度达 22 节的高速客货船在日本史无前例。在所有的一等船舱内都安装有冷气设备这一点，在世界上也属先例。下图是《欧洲航路新船 新田丸八幡丸春日丸》（刊行年月不详，日本邮船）中收录的"春日丸号一等舱特别餐厅"。但是，在这本册子里面夹着一张由日本邮船公司发行的题为"关于新田丸号出航旧金山航路的事宜"（见本书第 306 页）的传单。由此我们可知，并不是三艘船都被投放在了欧洲航路上。

"春日丸号一等舱特别餐厅"（《欧洲航路新船 新田丸八幡丸春日丸》）。这本书在开头的前言中回顾了欧洲航路的历史，"甲午战争后，作为国家发展的先驱，我们以英国建造的邮船'土佐丸号'为第一艘船，在横滨和安特卫普之间开始运营欧洲航路，至此已有四十余年了"。对于日本邮船公司来说，三艘新船的建造象征着"帝国航海权的保障和延伸"。

1939 年 5 月 22 日，德意结成军事联盟，欧洲战争一触即发，这一波动也影响到了东亚。《东京朝日新闻》同年 8 月 12 日发表《禁止犹太人进入我方警备区内》一文，报道称，上海总领事馆收容的来自德国和意大利的犹太人人数已达上限，请求不再为犹太人签发渡航许可。因为德国和意大利国内的反犹太运动，导致上海的犹太人迅速膨胀到了 13000 人之多。在日本的警备区域内，有 7500 名难民。日本邮船公司决定，自 8 月 14 日从那不勒斯出发的白山丸号之后，欧洲航路上不再运送犹太人。

因为欧洲开战的风险进一步加大，日本邮船总公司和海外分公司之间不停地讨论着战时应对的方案。1939 年 9 月 1 日，德军入侵波兰，并封锁格丁尼亚港口。第二天《读卖新闻》以"经由苏伊士的船舶改道巴拿马"为题，报道了欧洲航路采取紧急措施的消息。开战时原定经由苏伊士运河返航的日本邮船公司的船舶，改由巴拿马运河返航。另外，命令在地中海以东航行中的去程船舶，在特定的港口待机不动。因为他们现在无法判断，战局是否会进一步扩大。因为政府还没有给日本邮船公司下达相关的指令，所以公司只能一边维持着欧洲航路的基本营运，一边随时待命。

同年的 9 月 2 日，《东京朝日新闻》以"保证同胞安全撤回"为题的文章，报道了日本邮船公司船舶的具体情况。在挪威的中立港口卑尔根，停靠着收容了 200 名居住在德国的日本人的靖国丸号，鹿岛丸号正在从意大利的热那亚到马赛的航行中，室兰丸号已经在从热那亚出发的返程中，返程中的榛名丸号也已经到达了苏伊士，里斯本丸号已经在返程中到达了阿姆斯特丹，返程中的栗田丸号已经到达了安维尔斯。开战后，向日本邮船公司询问船舶情况的人蜂拥而至。如果要接回居住在欧洲的日本人，需要准备六艘轮船，运输任务，被交给了伦敦分公司。在日本，预定开往欧洲的诹访丸号和龙田丸号的航程相继被取消。担心遭到英军和法军扣留的德国劳氏船级社的轮船，也从马尼拉航行到了神户港口避难，希望找到解决方案后再离开。

德军入侵波兰后，出现了一些节外生枝的情况。9 月 1 日，英国和法国开始进行战斗动员，3 日，英法对德国宣战。4 日，英国对"非急需商品"颁布了进口禁令，"非急需商品"的其中一种便是玩具。《玩具厂商的悲鸣》(《东京朝日新闻》，1939 年 9 月 6 日）报道称，为了赶在圣诞节出售，日本厂商准备了大批玩

挪威西部的港口城市卑尔根(《世界地理风俗大系》别卷《世界都市大观》，1932 年 2 月，新光社)。
这个港湾城市，既是挪威渔业的根据地，又是停泊着众多汽船的进出港，还是拥有挪威最大造船厂的商业城市。世界通编辑所编的《世界通》(1921 年 5 月，世界通发行所）介绍说，卑尔根是挪威最古老、最美丽的城市之一，挪威特有的峡湾风光从这里往北延伸开去。

具存货。但是，伦敦的合作商传来消息说，4 日前无法装船的玩具，一律禁止进口。虽然中立国荷兰又发来了新的订单，但之后的态势会如何发展，不可预测。之后，工商省发出警告，禁止向欧洲出口玩具。

在巴黎致力于介绍日本文化的小说家山田菊，于 1939 年 8 月 25 日在马赛登上了诹访丸号，和被国际文化振兴会聘用的丈夫——画家康拉德一起，时隔九年回到了日本。在轮船航行至苏伊士运河时，他们得知了英法向德国宣战的消息。《战栗的欧洲航路》(《读卖新闻》，同年 10 月 6 日）报道了山田回国后召开的记者会上谈到的内容：苏伊士运河以东，船上的灯光都被关闭，整个航程充满了不安的气氛。从科伦坡出发后，潜艇的望远镜在黑色的海面上画出了一道道白色的水纹，他们在轮船的周围巡视，确认是日本船后便消失在海面。到了新加坡附近，在相隔不到 1000 米的地方，中国的帆船因为碰到水雷，瞬间灰飞烟灭，消失在海面上。经过香港后，应该是英国的军舰，跟着他们走了将近两个小时。在东海上看到日本的军舰时，乘客们才终于放下心来，流着泪挥动手中的手帕。

[41]　英国东海岸"照国丸号"的爆炸沉没和意大利参战

1939 年（昭和十四年）年关将近，旅居在欧洲的日本人相继回国。《在欧洲游览的诸位名人回国》(《东京朝日新闻》晚报，同年 12 月 2 日）报道了第三批人员回国的消息。10 月 10 日从利物浦出发的箱根丸号搭载着 166 个撤回国内的日本人，经由巴拿马运河，于 12 月 2 日到达横滨。乘客中，包括宗教学者姉崎嘲风（正治）夫妇。在 5 月召开的学士院联合会上作为日本代表出席的姉崎，在英国对德宣战后滞留在了伦敦。据说，在离开英国时，连报纸也没能带出来。声乐家鹿子木绫子，本来在波兰已经留学了三年，在德军入侵之前的 8 月末终于得以逃离华沙。

两天后，即 1939 年 12 月 4 日，第四批撤回的 168 人，乘坐"鹿岛丸号"经由美国回到了横滨。因为是 9 月 25 日从法国波尔多出发的，所以这艘船主要以居住在法国的日本人居多。《满载着在巴黎的日本人——宛如艺术船》（《东京朝日新闻》晚报，同年 12 月 5 日）称，上面搭载了画家、音乐家、舞台艺术家三十余人。其中，留法二十三年之久的油画家中的泰斗冈田稔，也带着丹麦裔的夫人英格博格，长子泰美、次子真澄回到了日本。当时还是小孩的泰美，就是之后活跃在众多领域的艺人 E.H.Eric，真澄便是演员冈田真澄。冈田一家本来居住在尼斯的近郊，宣战后，因为无法在户外写生，便决意回国。在维也纳大学留学两年之久的民族学学者石田英一郎也在这个时候带着妻子回国了。

乘坐欧洲航路的船舶回国的乘客占多数。另外，开战前由日本运出的，被英国或者法国官方扣留的货物，以及还未到达目的港口就被迫要运回的货物数量非常大。《乘船归来的被扣留货物》（《东京朝日新闻》，1939 年 10 月 14 日）中，刊载了这些货物的目录。到达波尔多港的鹿岛丸号被法国官方强行扣留了运往德国汉堡和经由汉堡运输的货物。"箱根丸号"在塞得港的时候，被英国官方命令，将预定运往德国汉堡的货物转运到英国，并在利物浦卸货。"伏见丸号"在科伦坡时被英国官方命令将运往德国汉堡的货物在伦敦卸载上岸。除此之外，佐渡丸号和能登丸号也碰到了同样的事，外务省因此与两国展开了交涉。

第二次世界大战开战的四个半月以前，在欧洲航路上工作了二十五年的照

照国丸号的第 16 次出航所制作的《乘船纪念芳名录》（年月不详，日本邮船）。由钢板印刷制成，记录了 85 名日本乘客和 13 名乘务人员的头衔和住所信息。乘客中，可以看到涩泽荣一的第四个儿子涩泽秀雄（PCL 监察）的名字。船长的名字是奥野义太郎。

国丸号船长奥野义太郎在《商船航路也发生了变化》（《读卖新闻》第二晚报，1939 年 4 月 16 日）一文中，如此描述了停靠地当时的情景。3 月 1 日到达伦敦时，伦敦市内到处都在紧急地挖着防空壕，政府给每家每户都发了铁板。荷兰的鹿特丹，比利时的安特卫普都在建造应对空袭的防空设施。但是地中海却相对平静，在英国的要塞直布罗陀，只能看到仅有的几艘驱逐舰。在意大利的军港那不勒斯，只停靠了两三艘老旧的军舰，商船上也没有被武装的痕迹。虽然大城市都已经紧锣密鼓地开展着防空作业，但是航路上仍没有发生太大的变化。

7 个月后，在英国东海岸哈里奇海域航行的"照国丸号"，因触发水雷爆炸沉没。《轮船"照国丸"号爆炸沉没！》（《读卖新闻》，1939 年 11 月 22 日）报道称，英国的救援船急速赶到事故现场，救起了乘客及乘务人员 200 余人，在传单"关于新田丸号出航旧金山航路的事宜"(《欧洲航路新船 新田丸八幡丸春日丸》)。传单内容为：新田丸号与目前尚未完工的姊妹船八幡丸号及春日丸号当初都是作为本公司欧洲航路的船舶制造的。逢迎此次欧洲战乱不断，世界海运局势大变，本次新田丸号将与浅间丸号、龙田丸号、镰仓丸号一起被派往旧金山航路进行航运。值此对新田丸号开启旧金山航路进行信息发布之际，也有请各位江湖圣贤多多关照与支持。昭和十五年（1940）四月　日本邮船公司

新田丸の桑港航路就航に際して

新田丸は目下建造中の姉妹船八幡丸及び春日丸と共に當社歐洲航路使用船として建造されましたが、今次歐洲戰亂勃發によって世界海運界の情勢が一變いたしましたため、當分の間淺間丸、龍田丸、鎌倉丸三船と共に桑港航路に就航致すことに成りました。

新田丸の桑港航路就航を御披露申上ぐると共に、江湖諸賢の御愛顧御後援をお願ひする次第であります。

昭和十五年四月

日本郵船株式會社

这次航行中担任船长的是松仓文次郎。此次事故，是在 11 月 20 日从伦敦出发的返程当中遭遇的。以此次事故为契机，日本邮船公司决定改变欧洲航路上的轮船配置。《改为中型船》(《东京朝日新闻》，同年 12 月 3 日)一文称，日本邮船公司将取消预定 12 月 31 日从神户港出发的鹿岛丸号的航行计划，同时，欧洲航路上航行的船舶，将改为 6000～7000 吨级的中型船舶。《欧洲航路新船新田丸八幡丸春日丸》这本册子中夹着一张题为"关于新田丸号出航旧金山航路的事宜"的传单，其中提到第二次世界大战的爆发，预定投入到欧洲航路上的三艘新船（新田丸号、八幡丸号、春日丸号）被安排到了旧金山航路一事，便是因为这个原因。

到了 1940 年，在经由美国的欧洲航路的返程船上，依然搭载着很多从欧洲撤回的乘客。《德国乘客平安无事》(《东京朝日新闻》，1940 年 1 月 25 日)报道称，1 月 24 日在横滨入港的伏见丸号上，画家里见宗次带着法国籍夫人马里

瓦拉回国了，船上还有从中南美洲撤回的四名德国乘客。2月3日，诹访丸号也返回了神户港。《诹访丸号归国》（《读卖新闻》晚报，1940年2月4日）称，德国面包店的老板缪勒和两个同伴——生田岛夫人以及夫人的儿子亚历山大一起回到了日本。在法国被怀疑是间谍的缪勒，在《基度山伯爵》故事发生的舞台——马赛附近的伊夫岛监狱被关押了49天，终于回到了日本。

日本邮船欧洲航路上的船舶还经常受到英国海军和法国海军的临时检查。《法国军舰突如其来的临时检查》（《读卖新闻》晚报，1940年5月）中提到，4月30日回到横滨的箱根丸号，苦于英法两国的海上临时检查和水雷，比预定时间晚了两个月才回国。船长是之前担任照国丸号船长的奥野义太郎，和松仓文次郎交替完职务后，照国丸号就沉没了。据奥野船长所说，在经过英吉利海峡时，全体船员抱着"决一死战的心情"，为了不管在任何时候碰到水雷都能成功应对，饮食起居都"只穿着身上的一身衣服"。箱根丸号在从利物浦出发后的返程中，在法国沿岸的海边，接到法国军队停船的命令。士官和士兵登上船，对船上的乘客和货物进行检查，船上还搭载着四名前往上海的德国女士，但最终被放行。在马六甲海峡的时候也遭到了英国海军的临时检查，不过对方知道是日本船后，便放行了。

欧洲战火进一步蔓延，1940年4月9日，德军突袭挪威，占领了丹麦，5月1日发动了对比利时、荷兰及卢森堡的攻击。荷兰军队在15日签署了投降书，比利时的布鲁塞尔于17日沦陷。日本邮船公司认为战火会进一步蔓延到地中海，所以对航路的变更进行了再次探讨。《航路政策变更的决议》（《东京朝日新闻》，同年5月28日）称，欧洲航路上所有的货物都将从欧洲撤回。原先停靠在利物浦的欧洲航路的客货船，都将改停葡萄牙的里斯本。原定经过美国前往欧洲的航船，都将在美国停航。《商船停止返回伦敦》(《东京朝日新闻》，同年 5 月 29 日) 称，大阪商船预计意大利也会参战，决定停止返回伦敦，而在纽约停航。

意大利于 1940 年 5 月 1 日向英国和法国宣战，正式加入第二次世界大战。这一天，挪威军队向德国军队投降。四天后的 6 月 14 日，德国军队和平入主巴黎。因为巴黎的沦陷，认为德军将马上发起对英国本土的进攻的驻英大使重光葵，为了商量撤退事宜，于 6 月 15 日向外务省致电，称希望安排日本船返回日本。《欧洲航路的特殊配给》(《东京朝日新闻》，同年 6 月 16 日) 称，单单依靠预定于 6 月 20 日从利物浦出发的榛名丸号和 8 月中旬到港的诹访丸号，无法运送全体人员。对此，大使称只要能尽快回国，就算是乘坐货船也未尝不可。外务省认为诹访丸号时间上赶不上，把榛名丸号的出发时间延迟到月末。另外，让预定从马赛开往里斯本的白山丸号在里斯本待机，收容了在波尔多避难的 55 名日本人。如果这样还不够收容难民的话，将动用在附近海域航行的货船收容难民。

由于意大利的参战，地中海也无法航行。日本邮船将欧洲航路改为从开普敦绕行。但是，因为非洲航路规定由大阪商船独占经营，日本邮船如要经过，需要两家公司就此进行协商。《于开普敦绕行的邮商，正在协调》(《读卖新闻》，1940 年 6 月 29 日) 称，因为这次是基于国家政策的绕行，大阪商船表示会尽力合作。7 月 3 日，从神户出港的筥崎丸号将会是从开普敦绕行的第一艘船。

筥崎丸号的出航充满了悲壮的色彩。1940 年 6 月 29 日登载在《读卖新闻》上的文章《只要能去的地方都要去闯！》，标题将这种悲壮感表现得淋漓尽致。筥崎丸号作为意大利参战后第一艘走欧洲航路的邮船，搭乘了 180 名乘务人员。

深尾重光《南海的明暗：印度洋、非洲、南洋纪行图册》（1941年3月，ARS）中收录的卡萨布兰卡港的照片，上面还写道"纳粹德国的船只在这里频繁进出"。

标题即日本邮船总公司下达的指令内容，乘务人员已经做好了"无法活着返回"的心理准备。开普敦之后的停靠点是卡萨布兰卡和里斯本，利物浦是此次航行的目的地，但是最终在里斯本停航的可能性也很大。因为当前的世界形势变化莫测，此次航行前途未卜。实际上，在第二天的《读卖新闻》的晚报上，就有报道称"邮船放弃了停靠卡萨布兰卡港"。因为对该船将在卡萨布兰卡卸载的货物，英国政府的监管方针尚不明确。

[42]　欧洲大撤退及"大东亚战争"导致的欧洲航路的消亡

1940 年（昭和十五年）4 月 9 日，以德军入侵挪威为契机，欧洲战场进一步扩大。战场扩大后，成为日本人避难的第一艘船只便是 7 月 7 日到达神户的伏见丸号。据《伏见丸号从战火蔓延的欧洲回国》（《东京朝日新闻》，同年 7 月 8 日）报道得知，接到劝告归国的消息后，从利物浦、马赛、那不勒斯乘船回国的达到了 81 人。伏见丸号冲过布满水雷的大西洋东岸和地中海，在停靠地又经过了严格的检查，大约经过 50 天的航行后才终于得以回国。其中，便包括画家藤田嗣治。

藤田嗣治在《游过地面》（1942 年 2 月，书物展望社）中写道，德军进攻巴黎的 5 月 21 日，他从日本人那里听到了最后的避难劝告。伏见丸号和白山丸号的二等舱、三等舱已经满了，白山丸号的出发日期尚不知晓。到达马赛后，白天依然可以在此地看到多国风光，但晚上因为灯火管制，周围已经变得一片漆黑。藤田幸运地拿到了伏见丸号最后的一张船票，得以在 26 日离开法国。在藤田离开的几天后，巴黎和马赛等城市遭到了德军的空袭。伏见丸号在离开那不勒斯后，意大利将要参战的气氛变得更加浓烈，沿岸一带布满了水雷。在伏见丸号通过苏伊士运河后，运河被封锁。当船到达红海时，意大利已经宣布参战，红海的入口被封锁。伏见丸号是最后一艘驶过苏伊士运河的船舶。在印度洋上，藤田听到了巴黎沦陷的消息。

1940 年 8 月 22 日的《东京朝日新闻》在《宛如艺术船》一文中写道，6 月 3 日从利物浦出发的白山丸号在 8 月 21 日到达神户。因为伏见丸号是最后一艘通过苏伊士运河返航的船舶，所以白山丸号便无法再走苏伊士河的路线。白山丸号是这一时期第一艘通过开普敦回国的船，所以航行时间也达到了 80 天。夜晚到达神户时，因为那里正在进行防空演练，感觉整个城市都被黑暗包围。乘坐此船避难的 36 位日本乘客中，包括居住在巴黎的画家猪熊弦一郎、荻须高德、冈本太郎等人。《满载着战祸话题的船》（《读卖新闻》晚报，同年 8 月 28 日）写道，相隔十四年才回国的荻须根本没带任何行李，他打算等到战火平息后再回法国。

白山丸号 6 月 21 日才从利物浦出发，晚了半个月。榛名丸号在 9 月 2 日到达神户。《海上七十余日》（《东京朝日新闻》，1940 年 9 月 3 日）报道称，这艘船上搭载了 72 个从英国前来避难的乘客，从里斯本上船的乘客当中有电影演员兼歌手牧嗣人、约兰达夫妇，以及评论家小松清。德军进入巴黎城两天后的 1940 年 6 月 16 日，法国贝当亲德内阁成立。牧嗣人在《埃菲尔铁塔下》（1941 年 3 月，爱亚书房）一书中写道，榛名丸号到达卡萨布兰卡时，英国军舰开始对法国军舰进行炮击。牧嗣人通过无线电报得知了法国军舰被击沉的消息。

在卡萨布兰卡装满硝石的榛名丸号到达了开普敦和德班港，这两个港口都禁止有色人口上岸，所以日本人只能待在船上喝酒。"英国人实在可恶，竟然像德国人对待犹太人一样对待日本人"，小松清一边愤怒地抱怨道，一边说着"欧洲没落论和反基督教理论"。牧嗣人在船上举办了慰问难民的音乐会。到新加坡海边的时候，他们看到一艘巨大的法国商船停在那里，可能是被英军抓住了。由于香港被禁止停靠，且牧嗣人的妻子是意大利人，因此遭到了严格的盘问。日本人被拒绝上岸的地方只有非洲和香港，但是德裔犹太人却被禁止在上海之前的任何港口登陆。

在重光葵大使向外务省打电话告急的两个半月后，德军对英国的轰炸近在咫尺。在英国的日本人都希望可以登上定于 8 月末出发回国的诹访丸号。《"诹访丸号"登船请求激增》（《东京朝日新闻》，1940 年 8 月 22 日）称，诹访丸号预计将会是最后一艘从利物浦出发的日本船。总部公司命令，在伦敦的各个商社的员工、银行职员，都务必登上这艘船撤回。三井、三菱、日本银行以及横滨正金银行的员工，都在办理诹访丸号的乘船手续。因为听说这是从利物浦出发的最后一艘日本船，在留的日本人都将所有的行李委托给该船进行托运，诹访丸号最后于 9 月 4 日出发离港。但据《留在英国的有 788 人》（《朝日新闻（东京）》）这一天的新闻标题得知，在那之后，仍然有大量日本人被滞留在了英国。其中，包括与日本男性结了婚的西方女性和他们的孩子。

诹访丸号经过 95 天的航行后，最终于 1940 年 12 月 8 日返回神户。

《突破战火的海洋》（《朝日新闻（东京），同年 12 月 9 日》）一文报道称，乘坐这艘船撤回的日本人有 54 名。船长说，虽然诹访丸号 8 月 19 日就已经到达利物浦，但随即便遭到德军的空袭。9 月 4 日开向爱尔兰，在都柏林和贝尔

牧嗣人在《埃菲尔塔下》中写道，到了上海时，询问德裔犹太人今后的打算时，他们回答道，"准备大步向前走着瞧"。当犹太人的兄弟和女儿来接船时，他们抱在一起哭作一团。还有犹太人坐着一艘小帆船和榛名丸号并行，一直叫着妹妹的名字。此照片是收录在此书中的，在日本慰问"白衣勇士"的牧嗣人的夫人约兰达。

法斯特稍作停留后，经过北海海峡开向大西洋，再经由开普敦，向着日本航行。与此同时，7月3日从欧洲悲壮起程的笛崎丸号，之后怎样了呢？据《"笛崎丸号"回国》(《朝日新闻》(东京)晚报，同年12月4日)报道称，轮船到达里斯本后，又有26名日本人登上船。其中大部分人都在纽约改乘了箱根丸号。箱根丸号搭载着两名撤回的日本人，在比诹访丸号早一点的12月3日到达横滨港。

　　日本邮船欧洲航路最后的货船"德班丸号"于第二年的1941年1月18日返回横滨。去年的5月2日出发，到返回经历了八个半月。《沉没的轮船，燃烧的机场》(《朝日新闻（东京）》晚报，同年1月19日）中介绍了船长和其他船员的经历。1940年6月11日，意大利参战第二天，德班丸号预备进入亚丁港。但是在港外，挪威的货船由于遭到意大利潜艇的攻击而着火，机场也遭到了空袭，整个城市都被大火包围。无奈之下，德班丸号只能返回庞贝。但因为英国的军事封锁，连续21天都无法前进。德班丸号再次被迫放弃前往利物浦，改经由巴拿马回国。在英属百慕大，还被扣留了150吨货物。

1941年12月8日，"大东亚战争"开始后，《朝日新闻（东京）》及《读卖新闻》上，关于欧洲航路的新闻基本都不见了，只是通过《我国潜艇已经进入

日本人从欧洲撤退的港口之一——葡萄牙的里斯本（《世界地理风俗大系》第十三卷《西班牙、葡萄牙及比利时、荷兰》，1929年2月，新光社）。印度航路被开发后，里斯本作为欧洲和亚洲之间的通商口岸繁华起来。在此书刊发时，里斯本是世界排名第12位的商业港口，集中了葡萄牙近一成的人口，宽广的海湾据说"可以停得下全世界的舰队"。

三大洋》（《东京朝日新闻》，1942 年 7 月 19 日）一则报道，说明了连接印度和欧洲的航路实际上已经无法通行这一事实。德国空军在苏伊士运河上布满了水雷，就算是英国船侥幸通过了苏伊士运河，到达印度洋后也有日军的潜艇在虎视眈眈。大本营昨天刚发布了一个月内"西印度洋方面击沉舰船 25 艘，总计 20 万吨"的"惊人战果"。但是，报纸却不再报道与欧洲航路相关的新闻了，这并不仅仅是因为该航路被阻断，还因为大本营推行的报道原则，操纵了报道内容，报道什么和不报道什么都由他们决定，人为地封锁了关于欧洲航路的消息。

曾经点缀了欧洲航路的日本邮船公司的船舶被征用作了陆军御用船、海军御用船和船舶运营会专用船。1936 年 8 月修订的《渡欧指南》再版（日本邮船）上介绍的欧洲航路上的十艘现役船，后来又各自迎来了怎样的命运呢？照国丸号已经于 1939 年 11 月 22 日在英国的东海岸触水雷沉没，榛名丸号在 1942 年 7 月 7 日的御前崎海边触礁搁浅。根据日本邮船在战后整理的《七十年史》中的终结可知，除此之外的八艘，香取丸号在 1941 年 12 月 24 日于婆罗洲遭到水雷袭击沉没；1943 年，四艘遭受战祸：伏见丸号于 2 月 1 日在御前崎南方受到水雷袭击沉没，诹访丸号于 3 月 28 日在大鸟岛附近遭到水雷袭击沉没，鹿岛丸号在 9 月 27 日越南的金兰湾东南部附近遭到水雷袭击沉没，箱根丸号在 11 月 27 日在厦门海边因为空袭沉没。到了 1944 年，靖国丸号在 1 月 31 日在关岛附近遭到鱼雷袭击，白山丸号在 6 月 4 日的硫黄岛西边遭到水雷袭击，皆化为海上的尘屑，灰飞烟灭。最后的箱根丸号也在 1945 年 3 月 19 日的东海因为水雷袭击，消失在海面。

1939 年作为 17000 吨级的豪华轮船成为热门话题的新田丸号、春日丸号、八幡丸号后来怎么样了呢？实际上，这三艘船在建造当初都被设计成可以改造成航母的样式。新田丸号后来被改名为"航母冲鹰"，春日丸号被改名为"大鹰"，八幡丸号被改名为"云鹰"，后来被美国的潜艇击沉。从1941年到战败，日本邮船损失了172艘轮船，总吨位达到103万吨。战败时日本邮船的船舶保有量仅为155000吨。从战争中保存下来的优质客船和高速货船，仅剩"冰川丸号"一艘。而且，这不仅仅意味着船舶的损失，有着船舶驾驶能力的人才也和欧洲航路的记忆一起沉入了海底。

1942年7月30日，从横滨出发的搭载着英国大使、比利时大使等"敌国公民"454人的"龙田丸号"交换船（日本邮船编《七十年史》）。在上海加入了324人，在西贡加入了146人，在新加坡又加入4人。作为交换，该船带回了滞留在英国各个领地的877名日本人和42名意大利人，把其中的613人放在新加坡后，于9月27日返回横滨。

第七章

战败后的赴欧之途与欧洲航路客船时代的终结
1946~1964

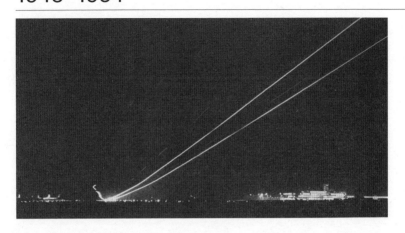

1955 年 6 月 1 日的《朝日相册》中，刊载了《新装修
的天空大门：东京、羽田》一文。第二次世界大战以
前的机场是 22 万坪，美军接管之后，扩大到 77 万坪，
先前 7000 尺的国际等级 B 级的跑道也被延伸到 A 级，
长 8400 尺。该图为新航站楼的夜景。尽管一天之内起
飞降落的 120 架飞机中，有大约 70 架是美军空输部队
的飞机。但为了应对飞机的大型化和喷气式飞机的升
级，还是加快了机场的扩建工程。航空时代的到来，
宣告了海上旅行时代，也即欧洲航路旅行时代的终结。

[43] 荻须高德寻访战争遗迹的航程及日本邮船欧洲航路的再次启动

1945年（昭和二十年）8月5日，日本迎来战败。签署投降协议之后，日本的船舶都被置于联合国军司令部的管辖之下。从明治、大正、到昭和时期的战前阶段，由于日本人向"国外"进行扩张的活动，将大概700万日本人留在了"国外"。从战争中存留下来的旧陆军的舰艇和从美国借来的货船，都被用来接回在国外的日本人。战争虽已结束，但是20世纪40年代后半期日本邮船的欧洲航路恢复一事依旧是天方夜谭。

在这样的时代背景下，有一位画家再次将目光投向了巴黎。他便是荻须高德，在第二次世界大战时期，他乘坐负责从欧洲接回避难者的白山丸号，于1940年8月21日回到神户港。他曾在回国后的采访中称，待战争结束还想再次回到法国，于是在1928年10月12日便从横滨出发了。当然，当时已经没有日本邮船公司的客船了。荻须高德在《巴黎画信》（1951年4月，每日新闻社）中写道，他查了一下法国船，却发现定期航班只经过上海以西，最后他乘坐的是荷兰的轮船公司租借的英国船"兰利史葛号"（Langley Scott）。这本书记录的是日本人乘坐欧洲航路船舶的感受，当时非常少见。兰利史葛号虽然是客货船，但一等船舱只有12间，且没有二等和三等舱。因为是上一年刚刚下水的船舶，所以设备相对完善，室内的淋浴间任何时候都有热水。从横滨出发的客人有六人，其中有钢琴家的村上田喜、到瑞士留学的稻垣守动以及荻须高德三个日本人。战败后才过了仅仅三年，但国内外的差距相当大，特别是饮食情况非常不同。船内的饭菜是英式的，从早上开始就供应培根和鸡蛋，蛋糕大得让人吃不下。而一片废墟中的东京，就算是黑市上也找不到蛋糕。到了香港时，有装满了香蕉的小船前来售卖。他们已经很长时间没吃到香蕉了，甚是想念。衣物的供给也大不相同，和战前不同，上海的劳动人员的衣服看起来"十分好看"，特别是警察和海关人员的衣服相当体面。因为从战中到战后的日本人的衣服都是寒酸且"脏兮兮"的，所以对比下来，上海人的衣服看起来就更好了。

荻须高德乘坐的兰利史葛号（荻须高德《巴黎画信》）。这艘船上的船员半数以上是女性，荻须是从停靠地的报纸上才知道这一点的。据说担任事务长、厨师、补给员、客房服务员的，曾经是第二次世界大战中的英国海军士兵。

但是，荻须高德切实地感受到，经历过侵略到战败的日本自身地位发生了变化。在欧洲航路的各个停靠港口，由于想到"当今的日本正受到世界各国的审判"，荻须高德只能尽量"老老实实"地待在船舱的房间里。在上海，日本人不被允许下船。白天，外面是热闹的货物集散，晚上是灯火辉煌如宝石般闪耀的夜景，然而自己却只能被排除在外，呆呆地看着船内。经停上海、香港、马尼拉、宿务、新加坡这一条路线，就像是在进行"战地巡礼"。想到日本给世界留下的"坏印象"，荻须内心"忧心忡忡"。他也根本没想到，船会停靠在独立后的菲律宾罗宋岛上的马尼拉和宿务岛上的宿务港。一想到他们对日本的强烈反感，连检疫官看起来都不友好了。事到如今这里连日本的领事馆都没有，所以他们没拿到签证，当然他不被允许下船。

马尼拉港内外，残留着三十余艘沉船的残骸。在马尼拉停留的三天内，每一位日本乘客都有一名护卫官不分昼夜地跟着。但是，当地人对于荻须高德却并没有恶意。早上听到"爱国进行曲"的口哨声。荻须惊讶地打开窗子一看，跟着荻须的护卫官却用日语说了句"早上好"，也可以从他们口中听到"朋友"这样的词。穿过莱特岛和宿务岛之间来到宿务港时，他深深地感慨，"战争留下的痕迹是如此的惨烈，如果不亲自来看看，大概无法深入体会。"兰利史葛号上既没有医生也没有理发师，又因为无法下船，头发开始肆意生长，顶着一头长发在热带实在难熬。

让荻须高德感到欣慰的是，船内的西方人对他们还算亲切。正在环游世界的英国女记者李普曼夫人，对日本怀有不错的印象。她告诉荻须，自己和政治家吉田茂及芦田均都见过面，和文学家谷崎润一郎也很熟。来自葡萄牙的达科斯塔（Da Costa）作为标准石油公司的员工在香港工作了三十年，对战前的日本很有好感。到了印度洋的时候，船长还邀请荻须到自己的餐桌上就餐。船长不会说法语，而荻须不会讲英语，即便如此，也无法阻挡两人之间的交流，荻须还被邀请去参加船上的鸡尾酒会。必要的时候，有李普曼夫人帮忙翻译，一个月过去后，这艘船上的人让荻须感觉像在家中那么自在。

科伦坡是航程中第一个允许日本人上岸的城市，这里是荻须一行看到的第一座没有经受战火摧残的城市。到了苏伊士运河的时候，一艘被破坏了的铁锈斑斑的轮船，像是作为第二次世界大战的纪念品那样被放置在那里。让荻须感到震惊的是，在地中海上停靠在意大利城市热那亚时，因为没有签证，他们不

荻须高德的马尼拉港写生（荻须高德《巴黎画信》）。在停靠地，虽然战争的痕迹历历在目，但是复兴的号角也已经吹响。这本书中写道，"目之所及，马尼拉街道上的高层建筑都配有足球场，处在大规模修理中"，港湾中也在进行着大规模的工事。从船上看到的新加坡也一样，好像正在"恢复到战前的繁华景象"，汽车频繁地来来往往。荻须感觉自己像"从长时间的闭关锁国中走出来的人"一样。

得不放弃上岸。但是，他们一用意大利语和海关人员打招呼，便被允许上岸了。走在市内的时候，发现虽然意大利也是第二次世界大战的战败国，物资却十分充盈。金银和西装、图书和收音机、巧克力和香草糖汁栗子，都被排列在明亮的灯光下。意大利人的服饰很有品位，特别是鞋子的质量很好。日本和意大利的差距之大，让荻须感到十分震惊。12月11日，一行人抵达了马赛。因为为期两个月的入境证明已经过期了，荻须十分担心会出现问题。但是入境官员却只是欢迎道，"感谢你来到法国。"

日本邮船欧洲定期航路得到恢复是在荻须高德到达法国的四年后，也即战败七年后的1952年6月24日。《欧洲航路，逐渐谈妥》（《读卖新闻》晚报，同年3月14日）一文介绍了身在纽约的浅尾新甫社长关于欧洲航路复航的手续基本办妥的讲话。浅尾上个月在伦敦再次签署了加入欧洲航路同盟的文件，满足了定期航路开设的条件。《对话之港》（《读卖新闻》晚报，同年5月28日）中提到，6月24日从横滨出发的平洋丸号将成为复航后的第一艘船。但事实上是，平洋丸号是第二艘，而平安丸才是第一艘。平安丸号在新加坡、亚丁、苏伊士及塞得港靠岸，经由马赛和伦敦，于8月29日到达汉堡。途中经过马六甲海峡时，为1934年4月5日跳海自杀的网球选手佐藤次郎举行了祭奠仪式。

平安丸号于1952年11月10日返回横滨，这一天，将明仁天皇作为皇位继承人立为太子的立太子礼和太子的成人礼同时举行。《尤里斯B号到达横滨》（《读卖新闻》晚报，同年11月10日）中提到，平安丸号运来了送给皇太子的名马——尤里斯B号，在船上由奥运会马术运动员喜多井利明负责照看。

日本邮船恢复欧洲航路，对于经常往返于欧洲主要城市和日本之间的日本人来说是一大喜事。但是，在战败后的日本，海外旅行还未实现自由化。能去海外的人，只限于有业务、视察、留学等特定目的的人。1953 年 9 月 23 日，大阪商船欧洲定期航路的"伦敦丸号"从神户港出发，第一次下水航行。《"伦敦丸号"处女首秀》（《读卖新闻》，同年 9 月 24 日）一文中介绍道，乘客都是研究者，包括海商法研究者岛谷英郎、东洋外交史研究者英修道等人。报道最后以"此时出航，恰逢适合进行学术研究的秋季"结尾。如果不是为了进行研究或者留学，是很难被允许前往欧洲的。

不仅去程，返程也是一样，只有特定的乘客才能搭乘。《矢田中大教授回国》（《读卖新闻》，1954 年 7 月 27 日）一文报道了 7 月 26 日到达横滨港回国的日本邮船公司欧洲定期航路的栗田丸号回国的消息，矢田一男作为文部省留学生出国前往罗马大学罗马研究所学习了两年。1954 年 12 月 17 日，《读卖新闻》的晚报以"对话之港"为题报道了小调歌手石井好子回国的消息。四年前在旧金山学习的她，在电视小姐选举中获得了一等奖，因而得以在欧洲持续了三年的演唱生涯。石井在 12 月 17 日乘坐大阪商船欧洲航路的"安第斯丸号"，抵达横滨。

日本邮船公司和大阪商船为了获得欧洲航路联盟的同意，将经由苏伊士运河的船舶增加为原来的两倍（日本邮船一年航行 24 次，大阪商船每年 12 次），于 1954 年 10 月提出了增加轮船配备的请求，之后两公司增加船只的要求逐渐被满足。《同意增加三艘航船》（《读卖新闻》晚报，1955 年 2 月 4 日）称，联盟同意了半年内在东线（经由巴拿马运河）增加三艘航船的要求（日本邮船公司两艘，大阪商船一艘）。日本邮船公司的中东航路（从日本到热那亚）原本被规定只能在半年内通行，但在上一年的 9 月，期限被同意延长至一年。四个月后，

《邮船、商船的配船增加已定》(《读卖新闻》，1955 年 6 月 11 日) 称，经同盟同意，东线航路可将航行期限再延长半年，中东的可航行船次也由原来的 12 艘增加到 18 艘。

[44]　苏伊士战争的爆发与欧洲航空时代的到来

20 世纪 50 年代前半期到 60 年代初期，欧洲航路上存在着巨大的问题，即三井船舶加盟欧洲航路的问题。构成欧洲航路同盟的是以英国为中心的美国、意大利、荷兰、瑞典、丹麦、西德、日本、挪威和法国的轮船公司。日本邮船公司于 1952 年 (昭和二十七年)6 月，大阪商船于 1953 年 (昭和二十八年)2 月，像战前一样重新加入了该联盟。但和奉行门户开放主义的纽约航路同盟不一样，欧洲航路同盟相对封闭，基本不允许新的轮船公司加入。三井船舶在 1951 年 1952 年，都提出了加入的申请，均被拒绝。《走向欧洲航路》(《朝日新闻 (东京)，1953 年 2 月 17 日》) 一文称，为了表示抗议，三井船舶决定延长纽约航路，开设经由苏伊士返航的环地球一周航路，并于 1953 年开始配置船只。因此，联盟内的轮船公司和联盟外的轮船公司之间的竞争变得异常激烈，有记录显示，欧洲航路上从欧洲运往远东地区的钢材骤减了将近七成。

为三井船舶加盟欧洲航路暂时画上休止符的是三年后的 1956 年 6 月。虽然欧洲航路以外的定期航路的船票价格都在上涨，但欧洲航路依然坚持进行低价竞争，同盟中的外国轮船公司开始难以抵挡。《今日正式签署》(《读卖新闻》，同年 6 月 2 日) 中提到，石川一郎前经团联会长作为斡旋委员，在东京与同盟议长思韦茨进行谈判，签署了主要包括以下内容的协议书：①承认三井船舶经由苏伊士运河的世界一周航路，但是三井船舶应该作为日本邮船的分包公司停靠各个港口并对运输的货物加以限制。②分包公司的身份持续时间为五年，是否要将三井船舶转为正式的会员，要在五年后进行讨论。③在分包期间，不允许三井船舶下属的代理店存在，由日本邮船统一进行货物与人员的集散。这一协议书，在 6 月 7 日召开的欧洲航路同盟的定期大会上正式通过。

到了五年后的 1961 年，是否接纳三井船舶作为正式会员这一问题提上了日程。《读卖新闻》在同年 2 月 14 日的报道中，以"三人委员会的结论十分微妙"为题解读了日本邮船副社长有吉义弥出席欧洲航路联盟大会的报告。三井船舶的问题被委托给了三人委员会，但结论却十分不明确。大致的意思是，会由三井船舶来选择两个选择项中的任意一个：①承认三井船舶的会员地位，但不会取消对其在装载货物及停靠地点方面的限制。②放宽在装载货物和停靠地点方面的限制，但不同意将其升格为正式的会员。也即，需要三井船舶在"名"（正式会员）和"实"（放宽限制）之间进行取舍。

经过对欧洲航路联盟提出的条件进行讨论，三井船舶决定选择①，成为正式的会员。《东京朝日新闻》在 1961 年 2 月 18 日的报道中通过《三井船舶正式加盟》的文章，介绍了业界对于这次三井船舶正式加盟的评价。业界认为，近三十五年间都没有其他公司能够正式加盟欧洲航路联盟，这次三井船舶的加入，提高了日本海运界的国际地位。但是，三井船舶不被允许参与从欧洲到马来亚联合邦（今马来西亚联邦的一部分）以及到香港的货物运输。另外，代理门店及停靠港口的限制也继续存在。以此为代价，三井船舶获得了欧洲航路的独立支配权。

20 世纪 50 年代中期的欧洲航路上，苏伊士战争（第二次中东战争）的爆发也成为巨大的阻碍。1956 年 7 月 26 日，埃及总统加麦尔·阿卜杜勒·纳赛尔发表了苏伊士运河的国有化宣言。对此，为了使其恢复国家管理，英法准备付诸武力。10 月 29 日，以色列进攻埃及，苏伊士战争爆发。第二天，英法军队向苏伊士运河进发。虽然埃及暂时处于劣势，但 10 月 31 日美国总统德怀特·戴维·艾森豪威尔对英法提出了指责。11 月 7 日，在联合国紧急大会上，通过了要求三国军队立即撤出埃及的决议案。12 月 22 日，英国和法国军队完成撤退，以色列军队也于 1957 年 3 月 4 日开始撤退。同年 4 月 26 日，苏伊士运河航运恢复。

但是，埃及军舰被击沉一度使得苏伊士运河无法使用。《苏伊士运河阻塞与日本》（《读卖新闻》晚报，1956 年 11 月 2 日）称，数十艘日本船舶正在苏伊士附近航行中。受到影响的定期航船是每月都有东线和西线运输的三井船舶环地球一周航路的船舶。除此之外，日本邮船公司每月走两次欧洲航路，一年走 18 次中东航路；大阪商船也有欧洲航路。如果苏伊士运河无法使用，那么船舶就必须绕道好望角。横滨和汉堡之间的单程行距，如果经由苏伊士运河的话是 13710 海里，但是如果绕道好望角的话，则是 17480 海里，往返将会产生大约 7000 海路的差距，会增加大概 3000 万日元的航海费用。这样一来，运费自然就要上涨。并且，一旦苏伊士运河关闭，埃及生产的盐和棉花、突尼斯的磷矿、中东的石油便无法运出。可以预计，特别是石油运输的中断将会给各国的经济带来巨大打击。

三井船舶欧洲航路上航行的"秋叶山丸号"，正好碰上了苏伊士战争。《"秋叶山丸号"遭遇空袭》（《读卖新闻》晚报，1956 年 11 月 5 日）称，从马赛出发的秋叶山丸号于10月31日进入埃及的亚历山大港。由于轰炸已经开始，于是改变了经由苏伊士运河的计划。11月2日从亚历山大港出发，前往摩洛哥的休达，并在休达补给燃料，绕道好望角回国。幸运的是，船体并没有遭到破坏。乘客中有两名日本画家。

苏伊士战争所带来的影响立马就体现到了运费上。欧洲航路联盟于11月6日决定对绕道好望角的情况增收15%的特别费用，并通知货主。《好望角绕道，

欧洲航路的定期货物运输再次开启后，到达亚历山大港的"相模丸号"（日本邮船编《七十年史》）。相模丸号是在欧洲航路定期货物运输开始的三年后，于1955年4月在横滨的三菱造船厂建造完成的。20世纪50年代前半期日本邮船经由苏伊士运河的欧洲航路的货物运输业绩，以每年20万吨的速度增长。

增收 15% 运费》(《读卖新闻》，1956 年 11 月 7 日)，运费上涨的具体实施内容如下：①欧洲发货运往远东地区的货物从 7 日开始以百分比计算上调运费。②因为钢材在日本的需求量相当大，所以不按百分比，而是按照每吨加收 30 先令的幅度增收运费。③从日本发货运往欧洲的货物，到 11 月为止依然按照现行的运费计算，12 月 1 日以后按照百分比增收运费。

如果要继续追踪 20 世纪 50 年代在欧洲航路上发生的三井船舶欧洲航路加盟问题和苏伊士战争问题相关报道的话，我们会发现一个巨大的变化，那就是第二次世界大战之前新闻报道中备受关注的乘客不见了，而货物则成为关注的焦点。战前欧洲航路对旅游热发挥了巨大的作用，但是第二次世界大战后的欧洲航路，不再承担运送旅客这一功能了。乘客所带来的热闹不复存在，但是欧洲航路作为货运航路的性质却加强了。

1954 年 9 月 25 日的《读卖新闻》晚报称，吉田茂首相将用大概 50 天时间先后访问加拿大、法国、德国、意大利、梵蒂冈、英国、美国七国。正如标题"明日一早，羽田机场出发"所示，此次出行不再是船舶之旅，而是飞机之旅。战败六年后的 1951 年 8 月，日本航空公司设立，但是航运和设备等事务都委托给了美国的西北航空公司。三个月之后的 11 月，东京—札幌、东京—大阪、东京—大阪—福冈的日本航空的定期航班开通。1953 年 10 月，旧日本航空公司解体，新日本航空公司成立。到了 1954 年 2 月，日本航空最初的国际航线，东京—旧金山航线开通，战后的日本，从此迎来飞机时代。

在三井船舶问题还未见分晓的 1955 年 11 月，运输省为了解决加盟问题，将海运协调部长派到伦敦。《运输省出手解决问题》(《读卖新闻》，同年 11 月

1954年2月国际线第一架航班出发（日本航空史编纂委员会编《日本航空史》，昭和战后编，1992年9月，日本航空协会）。但是，根据此书，第一次航班的21名乘客中，只有5人是买票乘坐的。第二次航班只有1个大人和1个小孩乘坐，还远远没有到盈利的程度。草创时期的困苦状况，在这之后还持续了很长一段时间。

25日）称，是因为担心这个问题会给预期在第二年签署的《日英通商航海条约》的签订带来不利影响，政府才派出官员的。但是，抛开当时的背景不谈，这是一个具有时代象征意义的报道。换句话说，为了解决欧洲航路的问题，交涉者通过空中运输前往伦敦。就作为交通工具的速度而言，船舶完全无法和飞机相抗衡。

到了20世纪60年代初期，日本航空不仅拥有到美国的航线，还开通了到欧洲的航线。1960 年 3 月，日本航空公司和法国航空公司合作，承担起了欧洲航线北线的飞行任务。第二年的 4 月，开始了欧洲航线南线的独立飞行。《读卖新闻》在 1961 年 5 月 17 日的"海外短信"一栏，刊载了《日本航空伦敦分公司成立》的小篇幅新闻。并称，在该分公司，于下月的北线定期航班开始运营之前，将有 6 名日本员工、16 名英国员工负责开展日常业务。直飞欧洲的航空时代的到来，意味着欧洲航路客船时代的终结。日本人的海外旅行，在三年后的 4 月 1 日，实现了自由化。

后 记

在对日本人在巴黎、伦敦、柏林的体验进行共同研究期间，看着那些片段性的关于欧洲航路的记录，我就在想着什么时候能试着描绘出欧洲航路的全貌。现在，乘坐直航飞机，只需要十几个小时便可抵达欧洲的主要城市。像从东京到关西出差一般轻松，我们抵达机场后，乘坐地铁、公交或是搭乘出租车便可进入市内。就像游览日本的都市一样，在国外的城市也可信步漫游。

但是，在 19 世纪后期至 20 世纪前期的近一个世纪中，情况却并非如此。日本和欧洲的文化差距，相比今天要大得多。在巴黎和柏林的日本人，只有不到 1000 人。即便是日本人最多的伦敦，也没有超过 1500 人。自然而然，因为日本人社群之小，在面临一些困难的时候，就没有足够的经验去解决问题。在面对一些意想不到的问题时，语言则成为巨大的阻碍。

旅行所具有的意义，到了 20 世纪后期发生了巨大的变化。19 世纪后期至 20 世纪前期的旅行，并不像现在这样在飞机里看完几部电影就抵达目的地那么简单。旅途中不仅要体验不同文化圈的文化差异，还要花时间去反复琢磨其背后的文化内涵。当时前往欧洲的日本人，大多数利用的是以日本邮船为主的欧洲航路。他们在起程当天就开始了异文化的体验，而不是抵达目的地后才着手进行。一个半月的旅程中，因时代不同，也有花四个月的情形，游客们在反复体会旅行的意义。

本书中包含有多幅不同性质的地图。从 19 世纪后期至 20 世纪前期的东海、南海、印度洋、阿拉伯海、红海、地中海的海港城市、海峡、运河、要塞岛、灯塔、制海权、船舶所构建的列强的势力图是其中的地图之一。在这个地图中，体现出了殖民地化（世界分割）的结果。日本开始明治维新之时，这个地图已经被英国、法国、荷兰等国家分割殆尽。但是，这种瓜分结果并不是永久的。通过第一次世界大战这样的再次分割世界的尝试，世界地图在不停地被修正。

在欧洲航路上旅行的日本人，通过接触亚洲、中东、地中海的异域风土和文化，在内心形成的心像地图也是"海上世界地图"的一种。从日本国内出发的船舶，虽然因时代和国籍不同而有所区别，但基本都是经由上海、香港、新加坡、槟城、科伦坡、亚丁、苏伊士、塞得港到达马赛和伦敦的。利用在停靠港口的停泊时间，旅行者们会下船去体验异国的风土、气候、居住情况和饮食。趁机可以对自己的文化进行换位认识，也可以重新确认自己的身份。

通过他者这面镜子认识到的自己，是多元的。在这一过程中，自己的故事和国家、民族、人种等相共通的故事常常重叠在一起。本书中也涉及了意图在远东地区确立帝国地位的日本的海外扩张情况，以及像"大东亚共荣圈"这样的未来构想蓝图。在追溯欧洲航路历史的过程中，浮现在眼前的是为了获取殖民地而不断扩张的日本的发展历程。

站在当下回望过去，发现自己在这十年间，已经写了包括《飞行之梦——从热气球到投放原子弹 1783～1945》（藤原书店，2005）、《西伯利亚铁道纪行史——连接亚洲和欧洲的旅程》（筑摩选书，2012），以及本书在内的，关于热气球、汽艇、飞机、铁路、船舶的三本书了。虽然我并没有打算以交通为题写一套海陆空三部曲。只是若想要把贯穿日本近代的现代化描述清楚，就需要我关注体现了日本现代化的光明与暗影的交通问题吧。

在收集大量的资料并进行分析的过程中，我期待中的书的模样已经一点一点初见端倪。但不管是哪本书，不到实际出版，作者都无法真正感受到这本书的存在。写完原稿，收齐插图，将这些发给编辑之后，这本书的面世工作才刚刚开始。这本书已经是我和岩波书店的编辑桑原凉先生及版面设计松村美由起女士一起合作完成的第三本书，我们一直以来的合作都非常愉快。

二〇一五年九月二十九日

和田博文

欧洲航路相关年表

[凡例]

· 本年表以 1858 年万国苏伊士海洋运河公司成立之始起，至 1964 年日本人海外旅行实现自由化的一个多世纪为对象。

· 以编年体的顺序记载了各年度欧洲航路的相关事项，以及与欧洲航路相关的图书、杂志增刊等。后者仅标注了已经确认过实物的图书与杂志。

· 由于阴历的关系，年号如有重复的情况，则并列标记了出来。

· 记录相关事项时，除了一手资料以外，还参照了日本邮船公司编的《日本邮船公司五十年史》（1935 年 12 月，日本邮船）、日本邮船公司编的《七十年史》（1956 年 7 月，日本邮船）、神田外茂夫编《大阪商船公司五十年史》（1934 年 6 月，大阪商船）、岩波书店编辑部编《近代日本综合年表》第二版（1984 年 5 月，岩波书店）等书目。

· 欧洲航路相关的新闻报道，在和田博文编《收藏·现代都市文化 91——欧洲航路》（2013 年 12 月，Yumani 书房）中收录的"相关年表"中有详细记载，请一并参考。

1858 年（安政五年）	12 月，万国苏伊士海洋运河公司成立。
1862 年（文久一、二年）	1 月，以竹内保德为正使的第一次遣欧使节从品川出航（21 日）。5 月，伦敦世博会开幕（5 月 1 日—11 月 1 日）。6 月，《伦敦备忘录》（6 日）。
1863 年（文久三年）	6 月，长州藩士伊藤博文、井上馨等人从横滨出发前往英国（27 日）。
1864 年（文久三、四年 元治一年）	2 月，池田长发担任正使的第二次遣欧使节前往法国（6 日）。9 月，长州藩与英美法荷四国联合舰队于下关海峡交战（5 日）。

1865 年（元治二年、庆应一年）	6 月，柴田刚中等第三次遣欧使节从横滨出发（27 日）。
1867 年（庆应二、三年）	1 月，德川昭武从横滨出发，去参加巴黎世博会，涩泽荣一随行（11 日）。
1868 年（庆应四年、明治一年）	9 月，改国号为明治（8 日）。
1869 年（明治二年）	4 月，村田文夫《西洋见闻录（井筒屋胜次郎）》。10 月，允许普通人持有西式汽船、帆船许可权（7 日）。 11 月，苏伊士运河开通（17 日）。
1870 年（明治三年）	美国的太平洋钢铁公司开通了横滨与上海之间的定期航路（17 日）。
1871 年（明治四年）	5 月，长崎制铁所改称为长崎造船厂（27 日）。 12 月，以岩仓具视为正使的岩仓使节团从横滨起程（23 日）。
1872 年（明治五年）	4 月，制定了《海上里法》（24 日）。 11 月，把阴历改为阳历（9 日）。
1873 年（明治六年）	3 月，荷兰开始进攻苏门答腊的亚齐苏丹国。
1874 年（明治七年）	5 月，政府开始采购外国邮轮，到第二年 3 月买进外国邮轮 13 艘（11000 多吨）。
1875 年（明治八年）	2 月，三菱商会以四艘汽船打开横滨至上海的航路（3 日）。5 月，三菱商会改名为三菱汽船公司（1 日）。9 月 18 日，又改称邮政轮船三菱公司。11 月，埃及的伊丽塔伊尔·帕斯将苏伊士海洋运河公司的股份卖给了英国。
1876 年（明治九年）	6 月，出台了西式商船船长、汽车司机、火车司机的考试规则（6 日）。
1877 年（明治十年）	2 月，在西南战争中将三菱公司的船舶征用作御用船。4 月，俄罗斯与奥斯曼帝国（土耳其）之间的俄土战争开战（24 日）。
1878 年（明治十一年）	5 月，英国为了保护苏伊士运河向塞得港派遣舰队。8 月，英国人就任埃及财政部长，法国人就任埃及公共事业部长（15 日）。10 月，久米邦武编《特命全权大使欧美访问实录》第五编（博闻社）。
1879 年（明治十二年）	6 月，伊斯迈尔副王被迫强制退位（26 日）。8 月，日本首家海上保险公司东京海上保险开业（1 日）。10 月，三菱开通香港航路（4 日）。
1881 年（明治十四年）	2 月，三菱开通浦盐斯德（海参崴）航路（28 日）。
1882 年（明治十五年）	4 月，官立东京商船学校开校（1 日）。6 月，亚历山大港发生暴动（11 日）。7 月，英国舰队炮轰亚历山大港（11 日）。8 月，英军登陆塞得港（19 日）。9 月，英军占领开罗（15 日）。

1883 年（明治十六年）	5 月，林董编《有栖川二品亲王欧美巡游日记》（回春堂）。6 月，师冈国编《板垣君欧美漫游日记》（松井忠兵卫）。
1884 年（明治十七年）	1 月，英国将查尔斯·戈登将军派往苏丹的喀士穆（18 日）。5 月，大阪商船公司成立（1 日）。8 月，马江海战中法国舰队击败清政府福州舰队（23 日）。
1885 年（明治十八年）	1 月，喀士穆沦陷，戈登将军战亡（26 日）。4 月，中法战争停战（6 日）。6 月，中法签订《天津条约》（9 日）。10 月，三菱与共同运输公司合并成日本邮船公司（1 日）。
1886 年（明治十九年）	6 月，野津道贯《欧美巡回日志》（广岛镇台文库）。
1887 年（明治二十年）	6 月，长崎造船厂被三菱收购（7 日）。
1889 年（明治二十二年）	5 月，巴黎世博会开幕（5 月 6 日～ 10 月 31 日），埃菲尔铁塔对外开放。
1890 年（明治二十三年）	3 月，日本邮船派遣两艘轮船绕香港、西贡、爪哇等地航行。7 月，山边权六郎《海外旅行见闻志》（气关社）。10 月，日本邮船开设香港支店（13 日）。
1891 年（明治二十四年）	1 月，依光方成《三日元五十钱周游世界实录》（博文馆）。3 月，日本邮船开通神户牛庄线。高田善治郎《出洋日记》（川胜鸿宝堂）。
1893 年（明治二十六年）	9 月，日本邮船开设孟买分公司（30 日）。 11 月，孟买航路开通（7 日）。开设科伦坡支店（30 日）。
1894 年（明治二十七年）	6 月，末广铁肠《哑之旅行》的第七版修订本发行（青木嵩山堂）。8 月，甲午战争开始（1 日）。日本邮船的大部分船舶被征作军用。9 月，黄海海战中日本联合舰队击败清朝的北洋舰队（17 日）。
1895 年（明治二十八年）	4 月，中日签订《马关条约》（17 日）。
1896 年（明治二十九年）	3 月，日本邮船欧洲航路的第一艘船"土佐丸号"从横滨出发（15 日）。出台《航海奖励法》《造船奖励法》（24 日）。4 月，出台《移民保护法》（8 日）。日本邮船开设伦敦支店（17 日）。欧洲航路第二艘船"和泉丸号"出航（18 日）。7 月，英国结成马来联合州（1 日）。10 月，日本邮船开通濠州航路（3 日）。11 月，欧洲航路的姬路丸号在南海的西沙群岛触礁（1 日）。
1898 年（明治三十一年）	4 月，美国宣布与西班牙正在进行美西战争（25 日）。5 月，日本邮船欧洲航路由每月 1 次改为隔周 1 次（14 日）。12 月，美西战争结束，美国占领了菲律宾（10 日）。托马斯·库克旅行社的优惠券可以在日本邮船公司所有航路上使用。（20 日）。
1899 年（明治三十二年）	3 月，欧洲航路邮船返航时开始停靠科伦坡。9 月，《出埃及记》（圣书馆）。同年日本邮船加入欧洲远东去程同盟。

1900 年（明治三十三年）	4 月，巴黎世博会开幕（4 月 15 日～11 月 12 日）。 5 月，义和团运动，各国列强第一次出兵（31 日）。 水田南阳《大英国漫游实记》（博文馆）。 6 月，清政府向出兵北京的八国宣战（21 日）。 11 月，《环游世界 太阳临时增刊》（博文馆）。 12 月，大桥又太郎《欧山美水》（博文馆）。
1901 年（明治三十四年）	3 月，黑岩泪香《万朝报》开始连载《史外史传岩窟王》（18 日）。7 月，大桥新太郎编《欧美小观》（博文馆）。10 月，正木照藏《漫游杂录》（正木照藏）。
1902 年（明治三十五年）	1 月，《日英同盟协约》缔结（30 日）。欧洲航路去程开始停靠上海。达姆·西尔塞编著，长谷川善作译《渡欧指南》（骎骎堂）。4 月，日本海军的浅间和高砂前往英国参加皇帝加冕仪式（7 日）。12 月，建部遯吾《西游漫笔》（有朋馆）。同年日本邮船加入欧洲远东返航同盟。
1903 年（明治三十六年）	4 月，河内丸号汤姆逊船长从苏伊士出港后失踪（10 日）。严谷小波《小波洋行土产上》（博文馆）。小笠原长生《出席英皇加冕仪式赴英日记》（军事教育会）。6 月，大田彪次郎编、涩泽荣一删补《欧美纪行》（文学社）。11 月，因幡丸号于安特卫普与比利时船相撞（27 日）。同年，日本邮船向各船轮流派遣外国教师，旨在指导司厨、西餐厨师和烘焙师。
1904 年（明治三十七年）	2 月，日俄战争开始（10 日），日本邮船的船只被征作军用。3 月，押川春浪编《身无分文冒险骑自行车周游世界 中学世界春期增刊》（博文馆）。6 月，常陆丸号在玄界滩被海参崴巡洋舰队击沉，和泉丸号和佐渡丸号也沉没了（15 日）。
1905 年（明治三十八年）	1 月，旅顺的俄军投降（1 日）。 5 月，对马海战中日本联合舰队击败了俄罗斯的波罗的海舰队（27 日）。7 月，日本首个浮艇造船所神户造船厂成立（20 日）。9 月，日俄两国在朴次茅斯缔结了日俄讲和条约（5 日）。
1906 年（明治三十九年）	5 月，日本邮船欧洲航路恢复了 12 艘轮船隔周 1 次的定期航行。7 月，岛村抱月《滞欧文谈》（春阳堂）。
1907 年（明治四十年）	2 月，长谷场纯孝《欧美游历日记》（长谷场纯孝）。10 月，释宗演《欧美云水记》（金港堂书籍）。12 月，贺茂丸号在长崎三菱造船厂下水（24 日）。
1909 年（明治四十二年）	5 月，二叶亭四迷在航行于孟加拉湾的贺茂丸号中去世（10 日）。12 月，樱井鸥村《欧洲游览》（丁未出版社）。
1910 年（明治四十三年）	1 月，实施《远洋航路补助法》（1 日），将欧洲航路的船舶由 12 艘减至 11 艘。8 月，签署《日韩合并条约》（22 日）。

1911 年（明治四十四年）	1 月，末松谦澄《孝子伊藤公》（博文馆）。6 月，在伦敦举行乔治五世的加冕仪式（22 日）。9 月，意大利和土耳其之间的伊土战争开战（29 日）。12 月，朝报社编《立身到富海外渡航向导》（乐世社）。
1912 年（明治四十五年、大正一年）	1 月，"中华民国"成立（1 日）。5 月，长谷川万次郎的《伦敦》（政教社）。7 月，改国号为大正（30 日）。桥本邦助《巴黎绘画日记》（博文馆）。12 月，鸟居赫雄《托腮凝思》（政教社）。
1913 年（大正二年）	5 月，石井柏亭《欧洲美术巡礼·上卷》（东云堂书店）。
1914 年（大正三年）	5 月，与谢野宽、与谢野晶子《巴黎小记》（金尾文渊堂）。小杉未醒《画笔的痕迹》（日本美术学院）。7 月，第一次世界大战爆发（28 日）。8 月，巴拿马运河开通（15 日）。日本向德国宣战（23 日）。9 月，出台战时海上保险补偿法（11 日）。11 月，德国东洋舰队的巡洋舰埃姆登战败，印度洋航行恢复安全（9 日）。
1915 年（大正四年）	1 月，日本邮船启动世界航路。11 月，山下轮船的靖国丸号在地中海被德国潜艇击沉（3 日）。12 月，日本邮船八阪丸号在塞得港附近被德国潜艇击沉（21 日）。三岛丸号自此不再经由苏伊士，而是改为绕道好望角（31 日）。
1916 年（大正五年）	2 月，大谷光瑞《放浪漫记》（民友社）。6 月，对马丸号从横滨起航，经由巴拿马，成为纽约航路的第一艘船（21 日）。11 月，货运船永田丸号于威桑岛北部被德国潜艇击沉（30 日），12 月，日本邮船设立纽约办事处（1 日）。
1917 年（大正六年）	1 月，德国决定开始无限制潜艇作战（9 日）。3 月，俄国二月革命（15 日）。横滨开出的宫崎丸号等开始实施武装化（20 日）。5 月，宫崎丸号在英吉利海峡入口触到德国潜艇的鱼雷沉没（31 日）。9 月，常陆丸号在印度洋上被假扮的德国巡洋舰扣押（26 日），11 月 7 日爆炸沉没。11 月，俄国十月革命（7 日）。欧洲航路绕东行的第一艘船龙野丸号从横滨起航（27 日）。
1918 年（大正七年）	5 月，加藤久胜《横渡魔海记》（大江书房）。8 月，西伯利亚出兵宣言（2 日）。9 月，从利物浦起航的平野丸号被击沉（5 日）。11 月，第一次世界大战结束（11 日）。12 月，日本邮船设立新加坡办事处（1 日）。从横滨开船的加贺丸号等欧洲航路的船舶重新开始经由苏伊士运河航路（5 日）。优质船也从美国航路改回欧洲航路。
1919 年（大正八年）	1 月，大阪商船加入欧洲远东同盟（22 日）。3 月，埃及的反英游行不断扩大（9 日）。6 月，《凡尔赛条约》签订（28 日）。推定 10 月，《欧洲航路指南》（日本邮船）。11 月，小野贤一郎《世界观察记》（有精堂）。

1920 年（大正九年）	1 月，日本邮船将纽约、西雅图、新加坡的办事处改为支店（1 日）。国际联盟成立（10 日）。5 月，小野贤一郎《西行茶话》（正报社）。高桥峰《从伦敦到东京》（三友堂书店）。7 月，三宅克己《趣味照相术——实地指导》（阿尔斯）。12 月，高山谨一《西航杂记》（博文馆）。
1921 年（大正十年）	3 月，《印度洋讲演集》（岛津常三郎）。7 月，沟口白羊《东宫御渡欧记》（日本评论社出版部）。12 月，三宅克己《欧洲写真之旅》（阿尔斯）。
1922 年（大正十一年）	1 月，加藤久胜《船头的日记》（目黑分店）。 2 月，英国宣布埃及独立，放弃保护统治（28 日）。7 月，《欧洲航路指南》（大阪商船）。11 月，荒木东一郎《欧美巡回梦之旅》（诚文堂）。
1923 年（大正十二年）	2 月，日本邮船开通了长崎上海线（中日联络线）（11 日）。4 月，埃及宪法颁布（19 日）。5 月，富田铁夫《东京起点最新欧美旅游指南》（太洋社）。6 月，林安繁《欧山美水》（林安繁）。8 月，大阪时事新报社编，黑田重太郎记《欧洲艺术巡礼纪行》（十字馆）。《第二次印度佛迹礼拜旅行团趣意书 附旅程》（日本邮船）。9 月，关东大地震（1 日）爆发，船舶被用来运送避难人员、粮食和救济品。
1924 年（大正十三年）	9 月，大阪每日新闻社编《奥运会的礼物》（大阪每日新闻社、东京日日新闻社）。10 月，冈本一平《纸上世界漫画漫游》（实业之日本社）。
1925 年（大正十四年）	1 月，3 日从伦敦开船的热田丸号等开始停靠那不勒斯。英国新造的内燃机船飞鸟丸号抵达神户（29 日）。2 月，《日苏基本条约》公布，日苏邦交恢复（27 日）。3 月，守屋荣夫《欧美之旅》（芦田书店）。 5 月，上海发生五卅运动（30 日）。《埃及游览》（日本邮船）。 6 月，上海大罢工引起中日联络线以外的各条航路休航或减航（6～8 月）。12 月，二荒芳德、泽田节藏《皇太子殿下出国旅行记》（大阪每日新闻社、东京日日新闻社）。石津作次郎《欧罗巴之旅》（内外出版）。下河内十二藏《东西万里》（此村钦英堂）。田子静江《为了爱子寻访欧美》（东京宝文馆）。《欧洲大陆旅行日程》（日本邮船）。
1926 年（大正十五年、昭和一年）	2 月，山崎直方《西洋及南洋》（古今书院）。4 月，洗泽七郎《护照在手》（明文堂）。6 月，《（B）东京起点最新欧美旅游指南 附赴欧通信》第 8 版（太洋社）。《西伯利亚铁路旅行指南》（铁道部运输局）。9 月，金子健二《欧美游记 马儿的喷嚏》（积善馆）。10 月，下位春吉编《死都庞贝寻访 附那不勒斯市内及郊外参观》（日本邮船）。12 月，改国号为昭和（25 日）。
1927 年（昭和二年）	2 月，《欧洲大陆旅行日程》再版（日本邮船）。4 月，上村知清《欧洲旅游指南》（海外旅行向导社）。6 月，大石喜一《新国旧国》（吉村重辉）。9 月，日本邮船开始发行环游世界的船票。

1928 年（昭和三年）	2 月，《渡欧指南》（日本邮船）。泷本二郎与德·布莱斯特的《欧美漫游留学指南》（欧美旅行向导社）。6 月，烟山专太郎《再生的欧美之我见》（实业之日本社）。9 月，《欧洲大陆旅行日程》3 版（日本邮船）。10 月，大阪每日新闻社编《欧洲观光记》（大阪每日新闻社、东京日日新闻社）。11 月，三宅克己《世界巡游》（诚文堂）。12 月，近藤浩一路《现代幽默全集 9 近藤浩一路集 异国膝栗毛》（现代幽默全集刊行会）。《世界地理风俗大系》第十七卷《非洲》（新光社）。
1929 年（昭和四年）	2 月，市村羽左卫门《欧美歌舞伎纪行》（平凡社）。3 月，《世界地理风俗大系》第四卷《南洋》（新光社）。4 月，《遣外使节日记纂辑二》（日本史书协会）。8 月，下位春吉编《死都庞贝寻访 附那不勒斯市内及郊外参观》再版（日本邮船）。10 月，世界经济危机开始（24 日）。11 月，《乘坐邮船周游世界》（日本邮船）。12 月，本间久雄《滞欧印象记》（东京堂）。《埃及游览》再版（日本邮船）。塚田公太《外游漫想精髓》（浅井泰山堂）。
1930 年（昭和五年）	1 月，伦敦海军裁军会议召开（21 日）。《遣外使节日记纂辑三》（日本史籍协会）。6 月，吉屋信子《异国点景》（民友社）。7 月，户田一外《船医风景》（万里阁书房）。10 月，今村忠助《世界游记》（帝国教育会出版部）。11 月，八木熊次郎《挥毫彩笔纵横欧亚》（文化书房）。
1931 年（昭和六年）	1 月，《渡欧指南》新修订版（日本邮船）。2 月，木村毅《巴黎情痴传》（千仓书房）。6 月，加藤久胜《海员夜话》（祥光堂书房）。9 月，满洲事变爆发（18 日）。
1932 年（昭和七年）	1 月，第一次上海事变（28 日），日本邮船的船只用来运送难民。3 月，满洲国建国宣言（1 日）。5 月，中日《上海停战协定》签订（5 日）。"五·一五事件"发生（15 日）。12 月，竹中郁《象牙海岸》（第一书房）。
1933 年（昭和八年）	3 月，日本邮船的笃崎丸号在门司港与大阪商船的马尼拉丸号相撞（11 日）。伏见丸号在科伦坡发生火灾（13 日）。日本退出国际联盟（27 日）。5 月，林芙美子《三等旅行记》（改造社）。7 月，市河三喜、晴子《欧美面面观》（研究社）。
1934 年（昭和九年）	1 月，仓田龟之助《欧美行脚》（杉野龙藏）。4 月，佐藤次郎在马六甲市海峡从箱根丸号上跳海自杀（5 日）。6 月，神田外茂夫编《大阪商船公司五十年史》（大阪商船）。9 月，《白人集》（白人会）。
1935 年（昭和十年）	8 月，政府发布"国体明征"的声明（3 日）。《埃及游览》第 3 版（日本邮船）。9 月，和辻哲郎《风土——人间学的考察》（岩波书店）。10 月，第二次埃塞俄比亚战争开始（3 日）。12 月，日本邮船编《日本邮船公司五十年史》（日本邮船）。

1936 年（昭和十一年）	2 月，"二·二六事件"发生（26 日）。7 月，西班牙内战开始（17 日）。IOC 总会选定东京为 1940 年奥运会举办地（31 日）。8 月，《渡欧指南》新修订本再版（日本邮船）。高浜虚子《渡法日记》（改造社）。9 月，松波仁一郎《明理人的窥探》（大日本雄辩会讲谈社）。11 月，在柏林签署《日德防共协定》（25 日）。
1937 年（昭和十二年）	5 月，乔治六世的加冕仪式在伦敦举行（12 日）。浣泽敬一《法国通信》（岩波书店）。7 月，卢沟桥事变（7 日）。日本邮船开启向东周游世界的航路（15 日）。8 月，第二次上海事变爆发（13 日），日本邮船的船舶用来运送难民，各航路客船不再经停上海。南京渡海轰炸（15 日）。日本军占领南京（13 日）。
1938 年（昭和十三年）	1 月，日本邮船重新开始停靠上海（16 日）。3 月，不来梅港停泊的但马丸号发生爆炸事件（2 日）。4 月，《国家总动员法》公布（1 日）。推定在春天，日野根太作《前欧洲大战中——东半球环游记》（日野根太作）。10 月，日本军占领武汉三镇（27 日）。
1939 年（昭和十四年）	3 月，德国占领波西米亚和莫拉维亚。捷克斯洛伐克被攻陷（15 日）。5 月，德意结成军事联盟（22 日）。8 月，14 日从那不勒斯出港的白山丸号之后，日本邮船欧洲航路不再运输犹太人。汉堡线停止。9 月，第二次世界大战爆发（1 日）。海运统治措施要领实施（1 日）。英国和法国向德国宣战（3 日）。10 月，新加坡日本人俱乐部《行走在赤道》（新加坡日本人俱乐部）。11 月，照国丸号在英国的哈里奇海域遭雷击沉没（21 日）。从年末开始，欧洲的日本人陆续撤离回国。
1940 年（昭和十五年）	4 月，德国袭击挪威（9 日），欧洲战线扩大。5 月，德军开始攻击比利时、荷兰、卢森堡（10 日）。比利时的布鲁塞尔沦陷（17 日）。26 日从马赛出港的伏见丸号成为经过苏伊士运河的最后一艘船。日本邮船向东周游世界航路停止。6 月，意大利参战，挪威向德国投降（10 日）。德军进入巴黎（14 日）。武者小路实笃《湖畔的画商》（甲鸟书林）。7 月，3 日从神户出港的筥崎丸号成为经由开普敦的第一艘船。9 月，日本军队进驻法属印度北部（23 日）。《德意日三国同盟条约》签订（27 日）。10 月，"船员征用令"施行（22 日）。日本邮船停止了横滨—伦敦航路。金子光晴《马来兰印纪行》（山雅房）。11 月，日本的海运报国团组成（22 日）。

1941 年（昭和十六年）	3 月,《船舶保护法》颁布（17 日）。武者小路实笃《欧美旅行日记》（河出书房）。4 月, 日本邮船停止纽约航路（13 日）。5 月, 马德拉斯线停止（31 日）。6 月, 加尔各答线停止（25 日）。7 月, 孟买线停止（8 日）。巴拿马运河被封锁（16 日）。西雅图线停止（17 日）。桑港（旧金山）线停止（18 日）。日军进驻法属印度支那南部（28 日）。9 月, 森三千代《女性之旅》（富士出版社）。野上丰一郎《西洋游览》（日本评论社）。12 月, "大东亚战争" 爆发（8 日）。香取丸号于加里曼丹遭雷击沉没（24 日）。日军进攻香港, 英军投降（25 日）。
1942 年（昭和十七年）	1 月, 日军占领马尼拉（2 日）。2 月, 日军侵入新加坡, 英军投降（15 日）。3 月, "战时海运管理令" 颁布（25 日）。决定国家使用船只统一运营。新加坡日本人俱乐部《行走在赤道》新修订版（新加坡日本人俱乐部）。4 月, 日本海军的航母机动部队空袭科伦坡（5 日）。5 月, 船舶的国家使用正式开始（10 日）。野上弥生子《欧美旅途》（岩波书店）。6 月, 中途岛海战（5 日）。7 月, 榛名丸号在御前崎海域触礁（7 日）。日英外交官交换船龙田丸号从横滨出发（30 日）。8 月, 日英外交官交换船镰仓丸号从横滨出发（10 日）。
1943 年（昭和十八年）	2 月, 伏见丸号于御前崎南部受到雷击沉没（1 日）。龙田丸号于御藏岛东部受到雷击沉没（8 日）。3 月, 诹访丸号于大鸟岛附近被雷击沉（28 日）。4 月, 镰仓丸号于菲律宾岛附近被雷击沉（28 日）。9 月, 意大利无条件投降（8 日）。鹿岛丸号于金兰海域被雷击沉（27 日）。11 月, 箱根丸号于厦门海域受到空袭而沉没（27 日）。
1944 年（昭和十九年）	1 月, 靖国丸号在关岛受到雷击沉没（31 日）。6 月, 白山丸号于硫黄岛以西受到雷击沉没（4 日）。马里亚纳海战进行（19 日）。10 月, 莱伊特海湾战（24 日）。11 月, B29 轰炸机进行东京空袭（24 日）。
1945 年（昭和二十年）	1 月, 船员动员令（20 日）。3 月, 笃崎丸号在东海受到雷击沉没（19 日）。5 月, 德国无条件投降（7 日）。8 月, 日本战败（15 日）。9 月, 日本船舶由联合军总司令部接管（3 日）。日本邮船总部的日本邮船大楼被接管（15 日）。10 月, 联合国成立（24 日）。
1950 年（昭和二十五年）	6 月, 朝鲜战争爆发（25 日）。8 月, 日本船只获准巴拿马运河通航。（4 日）。
1951 年（昭和二十六年）	4 月, 获须高德《巴黎画信》（每日新闻社）。8 月, 日本航空成立（1 日）。9 月,《旧金山对日和约》《日美安全保障条约》签订（8 日）。12 月, 日本邮船重新加入欧洲返航联盟（1 日）。
1952 年（昭和二十七年）	2 月, 日本邮船重新加入欧洲去程同盟（18 日）。 6 月, 日本邮船恢复欧洲定期航路, 平安丸号从横滨起航（24 日）。

1953 年（昭和二十八年）	7 月，签署《朝鲜休战协定》（27 日）。10 月，旧日本航空解散，日本航空公司成立（1 日）。
1954 年（昭和二十九年）	2 月，日本航空开通了东京至旧金山的首条国际航线（2 日）。16 日，阿苏丸号从横滨出航经由巴拿马前往欧洲，这是重新开通此航路后的第一艘船。
1956 年（昭和三十一年）	6 月，欧洲航路同盟应许了三井造船经由苏伊士环游世界（7 日）。7 月，埃及宣布苏伊士运河国有化（26 日）。日本邮船编《七十年史》（日本邮船）。10 月，苏伊士战争爆发（29 日）。12 月，联合国承认了日本的加盟（18 日）。英军和法军从苏伊士运河撤退（22 日）。
1957 年（昭和三十二年）	3 月，以色列从苏伊士运河撤军（4 日）。4 月，苏伊士运河开始运行（26 日）。
1958 年（昭和三十三年）	2 月，日本邮船营业部编《欧洲航路三井问题解决经过记录》（日本邮船）。
1960 年（昭和三十五年）	3 月，日本航空开通经由北极的东京—巴黎航线（31 日）。
1961 年	2 月，三井造船应许了正式加入欧洲航路同盟的条件（17 日）。6 月，日本航空开始经由北极的欧洲航线自主飞行（6 日）。
1964 年（昭和三十九年）	4 月，日本人的海外旅行实现了自由化（1 日）。

人名索引

图书在版编目（CIP）数据

海上新世界：近代日本的欧洲航路纪行 /（日）和
田博文著；王丽华译. -- 北京：社会科学文献出版社，
2018.11
　　（樱花书馆）
　　ISBN 978-7-5201-3295-4

　　Ⅰ. ①海…　Ⅱ. ①和…　②王…　Ⅲ. ①航海 - 史料 -
日本 - 近代　Ⅳ. ①U675-093.13

中国版本图书馆CIP数据核字（2018）第185977号

·樱花书馆·

海上新世界：近代日本的欧洲航路纪行

著　　者 / 〔日〕和田博文
译　　者 / 王丽华

出 版 人 / 谢寿光
项目统筹 / 杨　轩
责任编辑 / 杨　轩　黄盼盼

出　　版 / 社会科学文献出版社·北京社科智库电子音像出版社（010）59367069
　　　　　　地址：北京市北三环中路甲29号院华龙大厦　邮编：100029
　　　　　　网址：www.ssap.com.cn
发　　行 / 市场营销中心（010）59367081　59367083
印　　装 / 北京盛通印刷股份有限公司

规　　格 / 开　本：880mm×1230mm　1/32
　　　　　　印　张：11.375　字　数：305千字
版　　次 / 2018年11月第1版　2018年11月第1次印刷
书　　号 / ISBN 978-7-5201-3295-4
著作权合同
登 记 号 / 图字01-2018-1789号
定　　价 / 69.00元

本书如有印装质量问题，请与读者服务中心（010-59367028）联系